JN178209

ココ・シャネルの真実

山口昌子

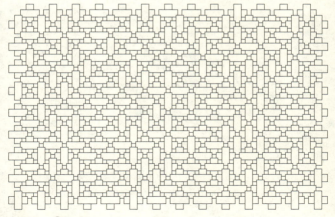

講談社+α《プラスアルファ》文庫

シャネルの真実　目次

第1章

第2章

第3章

第4章

第5章

注　本文中の地理・経済等に関する情報は、取材当時のものです。

第1章

シャネルが死んだ日

一九七一年一月十日は日曜日だった。その日、クロード・ドレイはヴァンドーム広場にあるホテル、リッツにシャネルを訪ねた。冬の広場は深い霧に覆《おお》われ、中央の青銅の塔の頂上にあるナポレオンの像はかすんでいた。この塔はナポレオンが戦利品の一二五〇門の大砲を溶かして作らせたもので、いわば十九世紀のフランスの栄光の象徴でもある。しかも広場は、「太陽王」とも「大王」とも呼ばれ、絶対君主制の頂点にいたルイ十四世（一六三八―一七一五）が作らせたもので、フランス革命までは、国王を記念して「ルイ・ル・グラン（ルイ大王）広場」と呼ばれていた。

ルイ十四世は広場の周囲に王室図書館や各国大使館などを建てさせた。これらの壮麗な建物群は二十世紀の消費社会を迎えて、徐々に老舗《しにせ》の宝飾店に代わったが、この広場がパリで最も豪華な雰囲気を醸《かも》し出す場所であることに変わりはなかった。しか

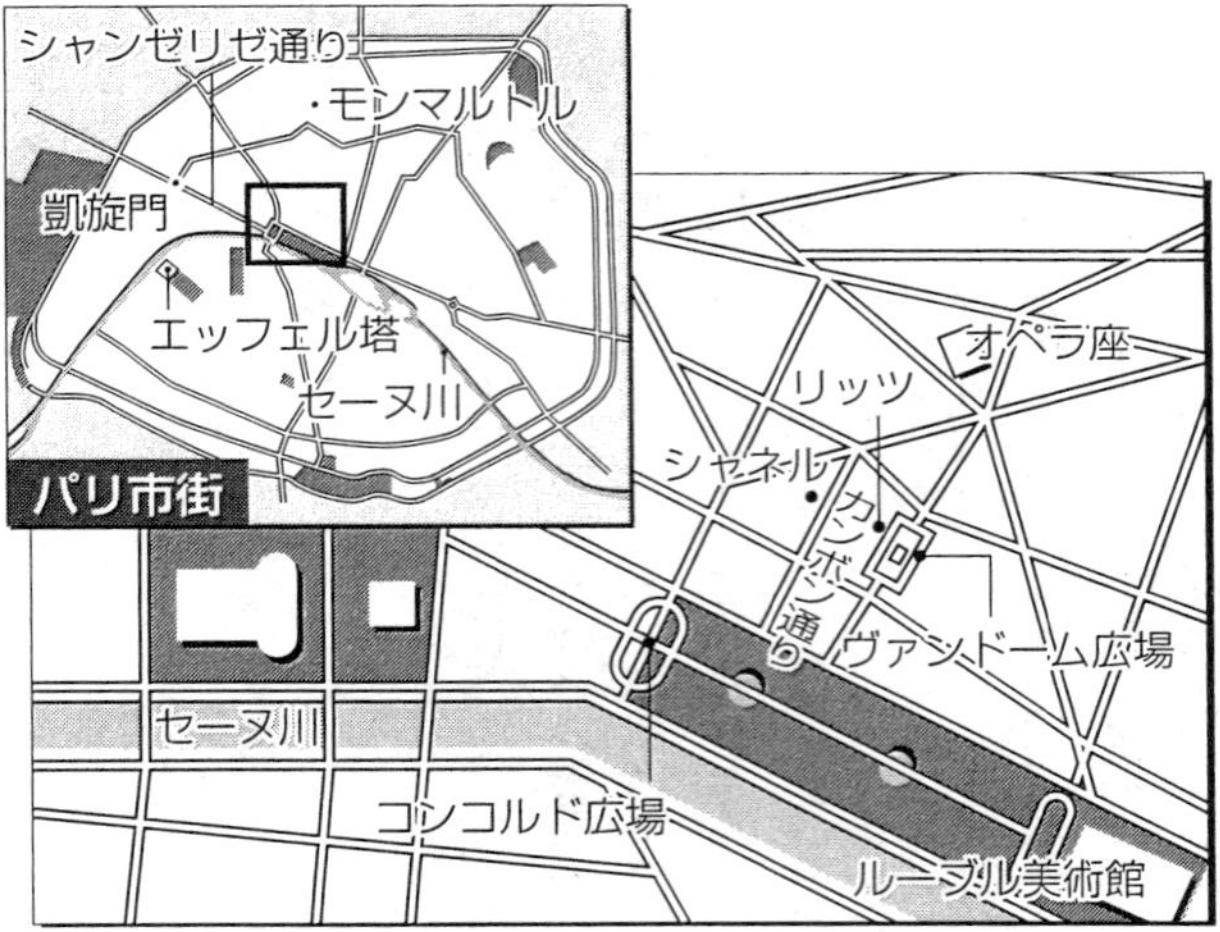

し、その日は深い霧と寒気のせいか、陰鬱《いんうつ》な灰色に覆われていた。
　クロード・ドレイはまだ新年の飾り付けが残っている華やかなリッツの長いロビーを通り抜け、カンボン通り側にあるシャネルの部屋へと急いだ。シャネルは第二次世界大戦の戦雲が近づいた一九三九年に店を閉めるまでは、ホテルの正面玄関側、ヴァンドーム広場に面した贅沢《ぜいたく》なスイートに住んでいた。一八九八年創業のリッツには、シャネルをはじめ数多くの賓客の逸話が残されている。開館式には、喘息《ぜんそく》で蟄居《ちっきょ》する前のマルセル・プルーストが出席し、ロンドンからパリにしばしばやってきた皇太子時代の英国の国王エド

ワード七世の定宿でもあった。第一次世界大戦後、パリで一九二〇年代の「レザネ・フォール（狂気の時代）」を過ごした「失われた世代*」のアメリカの大作家、アーネスト・ヘミングウェーは、パリ解放の一九四四年八月二十五日、米軍とともにナチス・ドイツに接収されていたリッツに一番乗りし、「リッツを解放する！」と叫んでいる。リッツにはその後、一九九七年八月にパリのアルマ橋下のトンネルで交通事故死した英国のダイアナ元皇太子妃が、ホテルの所有者の息子であるエジプト人の恋人、ドディ・アルファイド氏とともに、ルームサービスで夕食をとり、最後の時を過ごした逸話も加えられた。ホテル前では各国からやってきた観光客が記念写真を撮影しながら、この恋の遍歴者から突然、聖女へと祭り上げられた美しい元皇太子妃を偲《しの》んでいる。「イエスと言って！」と命名されたダイヤ入りの婚約指輪をドディ・アルファイド氏が購入した宝石店もホテルとは目と鼻の先にある。

こうした逸話の持ち主の名がついた部屋がリッツにはいくつかあるが、最も人気の高い部屋は、シャネルが戦前に使っていたスイートだ。まず空き部屋になったことがない。何年も前から予約が入っており、とくにパリ・コレクション（通称パリコレ）

失われた世代　戦争の残酷さを実感し、既成の価値観に絶望した第一次大戦後の米国の文学青年らを指してガートルード・スタインが命名。

の期間は世界各国のデザイナーやバイヤー、記者などが一度、シャネルの部屋で「モードの女王」の気分を味わいたいと、この部屋に殺到するので予約さえも困難とか。

シャネルがリッツに居を構えたのは一九三四年である。一九二一年に販売開始された香水「シャネルの五番」は売上№1を誇り、デザイナーとしてのシャネルの名を不朽にした「プティット・ローブ・ノワール（小さな黒い服）」も一九二六年に発表され、当時のシャネルは第一次黄金時代を築きつつあった。店も一九二八年にはカンボン通り二十一番地から現在の三十一番地に引っ越した。寸暇を惜しんで働いた〝キャリア・ウーマン〟のシャネルにとって、このカンボン通りの店から徒歩約五分のホテルは、決して贅沢からではなく、まさに職住近接という意味で理想的な住居だった。

シャネルがこの贅沢なスイートからカンボン通り側にある地味な部屋に引っ越したのは第二次大戦開戦後だ。小さなキッチンとバスルームがついていたが、寝室の壁の色は白で装飾らしいものは何もなかった。寝室の唯一《ゆいいつ》の装飾品の屏風《びょうぶ》には、友人らが旅先やヴァカンス先から送ってきた絵葉書がピンで留めてあった。まるで、寄宿舎の女子学生の部屋のようだ、とクロード・ドレイは思った。シャネルには、誰にも決して話したことがない秘密、胸の奥の奥に蔵《しま》ってある少女時代の思い出があるが、その思い出が、戦後の長くて暗いトンネル、ほとんど亡命生活同然だったスイスの隠遁《いんとん》生活から再びパリに戻った時に蘇《よみがえ》ったのだろうか。唯一、華やかな存在はベッドのそばの机の上に置いてある七宝《しっぽう》の小箱だった。愛人だったウエストミンスター公からの贈り物だった。シャネルは就寝の前に、「私の武器」と言って、店でいつも首からぶら下げているハサミを蔵った。

この日、クロード・ドレイがシャネルの自室に到着したのはちょうど、約束の午後一時だった。シャネルは鏡に向かって、化粧している最中だった。いつもの白いサテンのパジャマに、スグリ色（淡赤色）の上っ張りを羽織っていた。シャネルの店に一九二九年に十三歳でお針子見習いとして入り、戦後は片腕として最も信用され、シャネル自身が着るスーツなどもすべて縫っていたマノン・リギュエールは、「シャネルはだんだん、厚化粧をするようになったが、早朝、縫い上がったばかりの作品を私が届けると、よく素顔で出てきた。その時のほうがずっと美人だった」と証言す

ホテル・リッツの表玄関

るが、クロード・ドレイはシャネルの素顔を見たことはない。シャネルは脚にもクリームを擦り込み、部屋係のセシルを呼んで着替えをすると、「化粧は、ほかの人のためにするのではなく、自分のため」と言った。

クロード・ドレイがシャネルと知り合ったのは偶然だった。パリ大学で心理学を学んでいた学生時代、カンボン通りのシャネルの店でスカーフを選んでいると、シャネルが通りかかり、声をかけたのがきっかけだった。本をたくさん抱えていた彼女を見て、シャネルはこう言った。

「本を読む時間があっていいわね」

彼女が本を差し出すと、「私には時間がないの。でも、あした、お昼を食べにいらっしゃい」。

それからしばしば、クロード・ドレイはリッツでシャネルと昼食を共にするようになった。クロード・ドレイの父親、ジャン・ドレイはパリ大学医学部教授でフランス学士院会員だった。十四歳で大学入学資格試験（バカロレア）に合格した大秀才だった。精神病患者を病室に閉じ込めたり監視する代わりに、初めて精神安定剤を治療に導入し、心の病をかかえた患者を人格を備えた人間として扱ったヒューマニストでもあった。一九五九年に学士院入りした時、学者としての功績はもとより、文学的にも優れた多数の著作も評価の対象になった。時間ができた晩年に、自分のルーツ探しを十六世紀、十三代まで溯《さかのぼ》ってまとめた全四巻の大著『記録の前』を出版したが、それによると、一族はルイ王朝、共和制、帝政、王政復古、第二共和制、そして第二帝

シャネルが愛用していたスイート・ルーム

ホテル・リッツでのパリ・コレクションの風景（1997年）

政とめまぐるしい体制の変化の中で、知識人、大臣、上院議員、芸術家など多くの人材を輩出している名門である。

クロード・ドレイはつまり、フランスの知的にも物質的にも恵まれたいわゆる大ブルジョア階級*の出身である。クロードの妹、フロランス・ドレイもこの父の血を引き、若いころから作家として注目され、二〇〇〇年にフランス学士院の会員に選出された。クロードは父の後を継いで、心理学を勉強したが、「シャネルの励ましもあって」作家になった。彼女が「シャネルはピグマリオン。*人の才能を引き出すのが上手」というゆえんでもある。そして優秀な医師と結婚し、二人の子供に恵まれた後もシャネルとの交際は続いた。

行商人の娘に生まれ、父母と早くから別れ、そして競争の激しいモード界を生き抜いてきたシャネルにとって、クロード・ドレイは別世界の人間ではあったが、多分、初めて何の利害関係もない心安らぐ相手だったはずだ。おまけに年齢も母子ほど離れていた。

この日、二人はいつものように、リッツのレストランの他の客から離れた目立たない席で昼食をとった。シャネルは塩気の少ないハムとリンゴ添えのレアのアントルコート（牛のあばら肉）、デザートにはメロンを注文した。飲み物はいつものように、よく冷やしたドイツ・ワインのリスリングだった。それからコーヒーを飲み、人気《ひとけ》の消えたレストランを見回すと、「みんな、ロンシャン（競馬場）に行ったんだわ」と言った。彼女たちが最後の客だった。

それから二人はいつものように、パリ市内のオートゥイユの競馬場*に行った。シャネルは最初の愛人、エティエンヌ・バルサンが馬を愛し、競走馬を所有していた馬主だったことに加え、初めて親しんだスポーツが乗馬ということもあって、競馬は人生の最後まで楽しみの一つだった。一時、馬主だったこともあり、かつて来日したことのある名騎手、イヴ・サンマルタンがシャネルの持ち馬に乗ったこともある。

クロード・ドレイは二人が運転手付きのキャデラックに乗って出掛けたこの日の光景を、きのうのことのように覚えている。「シャネルは寒がっていた。私たちがキャデラックで現代美術館の前を通ったとき、シャネルはここでサルバドール・ダリが舞

フランスのブルジョア階級　一般に富裕な商工業者や財産所有者で賃金労働者を雇う階級を指す。
ピグマリオン　ギリシア神話のキプロス島の王。象牙《ぞうげ》でつくった女像に恋したため、女神アフロディテがそれに生命を与えて妻にさせたという。
オートゥイユの競馬場　一八七三年、パリ十六区の大公園「ブーローニュの森」に建設された由緒ある競馬場。

踏会を開いたのよ、と懐《なつ》かしそうに言った」と振り返る。競馬場からの帰途、シャンゼリゼ大通りにさしかかるころには霧が晴れ、日が射《さ》していた。「夕日に大嫌い。サングラスを持ってくればよかった」とシャネルはつぶやいた。それからいつものように、トロカデロ広場まで行ってから引き返し、リッツに到着するころには、短い冬の日はとっぷりと暮れていた。

リッツの正面玄関で、シャネルはクロード・ドレイにこう言った。「あしたは一緒に昼食はとれないわ。会いたかったらカンボン通りにいらっしゃい。仕事をしているから」。それがシャネルと交わした最後の会話だった。この時、クロード・ドレイは、シャネルが昼食の時、たった一人で一月一日をリッツで過ごしたと話したことを思い出した。そして、食卓の飾りの小さなモミの木をみつめながら、「待つのが私の任務」と言ったことも。シャネルはいったい、何を待つのだろう、と考えたが、この時、答えが分かった。シャネルは新年や日曜日が終わるのを待っていたのだ。みんなの休日が終わり、仕事の時間がまた始まるのを。

前日の土曜日、シャネルは午後十時まで働いた。一月二十六日から始まるパリ・コレクションのためだ。マノン・リギュエールは金曜日にシャネルが「明日も働く」と言って、アトリエの総責任者を驚かせたことを覚えている。「とんでもない。この一ヵ月、土曜日は三回、日曜日は二回、出勤しています。これ以上は労働省の許可がおりませんよ」と彼は抗議した。

　フランスでは労働時間の延長は厳しく制限されている。フランスの労働法には、「有給休暇の目的は、労働者を休養させることにある。したがって、労働者にとって、有給休暇を取ることは、権利であるとともに義務である」と記されている。超過手当てを支払えばよいというものではない。違反すると雇用者は罰金や店の閉鎖などの処分を受ける。マノンはそれでもこっそりと土曜日に働いた。シャネルはため息をつきながら、よくこう言った。「みんな働きたくないの？　恥ずかしいことだわ。働くのは、あなたたちのためなのよ」。マノンはだから、シャネルが安息日の日曜日に死んだことに納得している。いかにも働き者のシャネルらしい最期《さいご》だと思った。

　ドレイがシャネルの部屋係、セシルから電話を受けたのは、シャネルと別れてから二時間後だった。シャネルは夕食を部屋でとり、それから寝る前の注射を打ち、セシルにこう言った。「こんな風にして人は死ぬのよ」。部

心理学者で作家でもあるクロード・ドレイ

シャネルの葬儀。モデルたちが最前列に並んだ

屋では、ドレイが届けた白いチューリップが微《かす》かに揺れていた。

一九七一年一月十日夜、ガブリエル・シャネルは死んだ。八十七歳だった。米紙『ニューヨーク・タイムズ』は「二十世紀最大のデザイナーの一人」と述べ、一面でその死去を伝えて哀悼の意を表した。戦争中、シャネルの愛人がドイツ人だったことを忘れなかったフランスの新聞は、戦後、シャネルには批判的だったが、今回は彼女にやさしかった。『ルモンド』紙は死亡記事の中で、彼女がディアギレフ*やコクトー（五五頁参照）を支援したことを強調した。各紙は一月十三日のマドレーヌ寺院*での葬儀に関しても、パリの全《すべ》ての有名人やサンローランらのデザイナー仲間、そしてシャネルの店の従業員三五〇〇人と伝えた。

のうちカンボン通りで働く二五〇人が出席し、モデルたちが棺《ひつぎ》近くの前列を占めた

しかし、クロード・ドレイは、シャネルの晩年は孤独だった、と言う。愛人でもあり、友人でもあったウエストミンスター公もディミトリ大公もすでに亡《な》くなっていた。一九二〇年代の「レザネ・フォール（狂気の時代）」を共に過ごし、シャネルの愛の遍歴や仕事への情熱を見守ってきた一種の共犯者だった女友達のミジア・セールも亡くなった。シャネルが死んだ時、衣装戸棚にはスーツが二着、残っていただけだった。マノンが縫った白地とベージュ地にそれぞれ紺の縁取《ふちど》りをしたシャネル・スーツである。シャネルはマノンにこの二着を何度も縫い直させては着た。

発表会の前は夜もほとんど眠らず、食事もほとんどとらなかった。そうやってシャネルが寝食を忘れて確立したのは、「単なるモードではなくスタイルだった」と、フランソワーズ・ジルー（一六三頁参照）は週刊誌『レクスプレス』の追悼記事に書いた。そして、シャネルがこのスタイルを一生かかって確立するまでの道程は、まさに

セルゲイ・ディアギレフ（一八七二〜一九二九）「ロシア・バレエ団」（バレエ・リュス）の創設者。バレエに音楽、美術、ドラマの要素を加え、総合芸術として復興させた。

マドレーヌ寺院　パリ市内のセーヌ川右岸にあるギリシア風の教会。

ロマンである。

シャネルが生まれた日

ガブリエル・ボンヌール・シャネルは一八八三年八月十九日、パリから南西約三〇〇キロのロワール川流域（地方行政上の正式名はペイ・ド・ラ・ロワール地方）の小さな町、ソーミュールで生まれた。シャネルは日曜日に死んだがこの日も日曜日だった。シャネルは自分の才能だけで、たとえ多数の愛人がいたとしても、父親や夫といった男性の後ろ盾もなく、たった一人で財政的にも精神的にも独立し、生涯、働き続けたフランスで初めてと言ってよいキャリア・ウーマンだが、その人生の最初と最後の日が安息日だったことは極めて象徴的といえないだろうか。

フランス最長のロワール川は水量も豊かで、静かに流れる川面《かわも》に木漏れ日が揺れる光景は、「フランスで最も美しい地方」の評判を勝ち得ている。フランス中世・ルネサンス期の代表的詩人、ロンサールが「恋人よ、いざ見にゆかん薔薇《ばら》の花」とうたったことでもよく知られている。十五、十六世紀から、時の王シャルル七世やアンリ三世が川沿いに競って城館を建てた。アンボワーズ伯爵《はくしゃく》の城館をシャルル八世が改修したアンボワーズ城――ここの礼拝堂にはレオナルド・ダ・ヴィンチの墓がある――やフランソワ一世が建てた雄大壮麗なシャンボール城、代々の城主が女性だった優雅なシュノンソー城、羊飼いの娘、ジャンヌ・ダルクがシャルル七世を訪ねて神のお告げを伝えたシノン城、「ヨハネの黙示録」を題材にした見事なタピスリーのあるアンジェ城などなど「ロワール川の城巡り」は、観光大国フランスが誇る名所コースになっている。

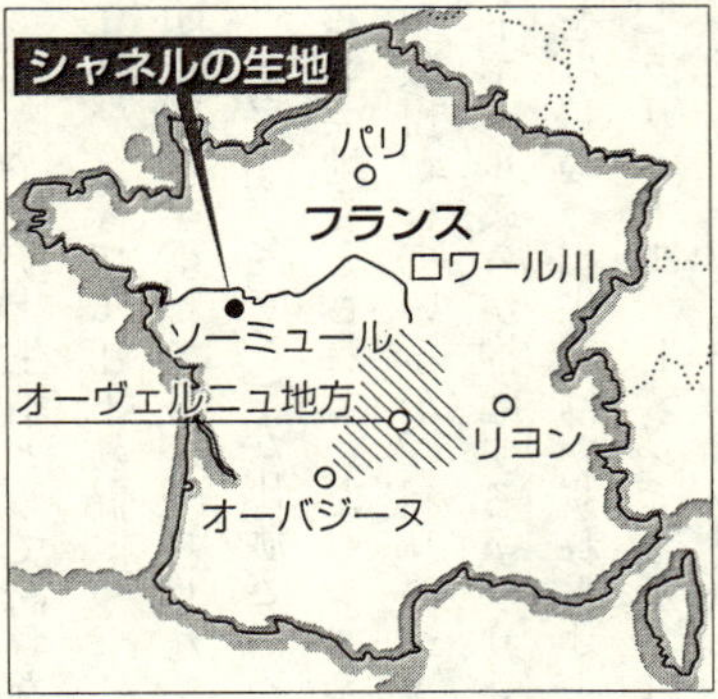

ソーミュールにもサン・ルイ（聖王）＝ルイ九世が建て、十四世紀にアンジュー公が再建した城がある。河畔に建てられたソーミュール城はルイ十四世時代には知事の官舎となり、ルイ十五世時*代には監獄として使用されたが、後に兵舎になり、現在は装飾美術館と馬の博物館として使われている。他のロワール川流域の城に比較すると小ぶりだが、城の尖塔《せんとう》の上からはバルザックが、純愛小説『谷間の百合《ゆり》』で描いたロワール川のなだらかな丘陵や町全体が見下ろせる。

シャネルが出生地として誇れないような町では決してないが、一九七四年にゴンクール賞作家でモード雑誌『ヴォーグ』の元編集長、エドモンド・シャルル＝ルーが克明な取材を重ねて書き下ろしたシャネルの伝記『リレギュリエール』（邦題『シャネルザ・ファッション』）が出版されるまで、シャネルの出生地はフランス中央部オーヴェルニュ地方とされていた。シャネル自身がそう語っていたからだ。シャネルの伝記は多数書かれているが、パリのシャネル本社の広報部長、マリ＝ルイズ・ド・クレモントネール氏らが推薦する『ラリュール・ド・シャネル』（邦題『獅子《しし》座の女シャネル』）をはじめ、出生地はいずれもオーヴェルニュ地方となっている。

『ラリュール・ド・シャネル』は、外交官で作家だったポール・モーランがシャネルの死後の一九七六年に発表したシャネルの伝記だが、第二次大戦後、スイスでともに隠遁生活を送っていたシャネルと一九四七年に行なった対話を土台にしている。伝記としての正統性を主張する条件――作者としての力量や本人からの直接取材や相互の信頼度など――はすべて整っている、と言える。この中に、次のような記述がある。

「私は消えることのないオーヴェルニュの唯一の火口だ。馬のたてがみのように黒い髪や煙突掃除夫のような黒い眉毛《まゆげ》、それに故郷の山の熔岩《ようがん》のように黒い肌を持っている……」。日本では虚実混同、シャネルの生地については、「オーヴェルニュ地方ソーミュール」などと紹介されている。

こうした経緯もあり、生誕百年を過ぎた現在も、ソーミュールでは大半の市民が、「シャネルの家」の所在地どころか、わが郷土がシャネルの生地であることさえも知らない。情報化にそれほど毒されていない地方の小さな町の彼らにとっては、タクシーの運転手が首をかしげたように、そもそもが、「シャネル、フー？」という認識である。さすがに町の中級程度のホテルのコンシエルジュ（案内係）はシャネルの名前や生地であることを辛《かろ》うじて知っていた。しかし、ただ町のすみずみの情報を隈無《くまな》く知っているべきはずの彼らも、正確な生地の所在は知らなかった。

そんな中で市庁舎の窓口係はただちに、シャネルの出生証明書を探し出して、コピーしてくれた。これはナポレオン法典以来の行政王国、フランスの良い面である。そこにはこう記されている。

ルイ十五世（一七一〇～七四） 十四世のひ孫。一七一五年、フランス王に即位。七四年までの在位期間にポーランド継承戦争、オーストリア継承戦争、七年戦争などが起きた。

シャネル株式会社 フランスのデラックス産業の代表的企業の一つ。オートクチュール（高級仕立服）とプレタポルテ、アクセサリー類のモード部門、香水・化粧品部門、宝石・時計部門の三つの部門に分かれている。

シャネルが生まれたソーミュールの病院

「一八八三年八月二十日午後四時、ソーミュール市救済院の職員、ジョゼフィーヌ・ペルラン、独身、六十二歳が出頭し、同救済院で昨日午後四時に出生した女児の出生証明書を申告。女児は商人アルベール・シャネル、二十三歳、住所サンジャン通り二十九番地、同じく女商人ジャンヌ・ドゥボール、二十歳の子で、同女は夫と同所に住んでいる。女児の名前はガブリエル」

シャネルが生まれた翌日、市庁舎には助産婦と思われるジョゼフィーヌ・ペルランのほかに救済院の職員二人が出頭したが、三人とも文字が書けなかったため市長が署名した。また女児の両親の結婚証明書などの必要書類もなかったために、届け出は口頭で行なわれ、「シャネル」の綴《つづ》り字も「ＣＨＡＮＥＬ」ではなく「ＣＨＡＳＮＥＬ」と間違って記入された。両親が籍を入れるのは翌年十一月だ。

シャネルは父親のアルベール・シャネルについて、成人した後は友人や知人に、「ブドウ栽培人」とか「ネゴシアン（ブドウ仲買人、貿易商）」と語り、少女時代は「父親はアメリカ在住のため、めったに会えない」と不在の父の言い訳をした。これはシヤネルの創作で、実際は典型的な父親失格者、根っからのヴァガボン（放浪癖のある者）だった。町から町を渡り歩く行商人だったり、あるいは時に気に入った町に逗《とう》留《りゅう》して市場や道端で荷を開く露天商だった。

シャネル一家のそもそものルーツは南仏ラングドック・ルーシヨン地方ガール県の北部の寒村、セヴェンヌである。山間《やまあい》にあるため、南仏にもかかわらず、冬には雪に閉じ込められる苛酷《かこく》な土地だ。十八世紀後半にシャネルの曾《そう》祖父、ジョゼフ・シャネルが暮らしていたころの主な収穫物は栗《くり》だった。夜になると住民は村にたった一軒しかない居酒屋に集まり、ダンスをしたり歌ったりして、長い冬の夜や長い夏の夕暮れを過ごした。

この居酒屋の主人こそが、フランス革命*の最中の一七九二年にこの村で生まれたジョゼフ・シャネルだった。畑仕事を嫌い、結婚後、妻と共に居酒屋を開き、農民相手に強い酒を売り、パンやニンニク入りのソーセージを食べさせた。パンは村の共同ガ

フランス革命（一七八九〜九九）一七八九年、革命派市民がバスチーユ監獄を襲撃、立憲君主制が樹立された。九二年に第一共和制を樹立、ルイ十六世は処刑された。やがて恐怖政治が敷かれるようになって指導者の処刑が相次ぎ、九九年にナポレオンがクーデターによって政権を掌握した。

マで焼いたものだが、村一番のパンとの評判だった。ジョゼフはなかなか器用で、自分で椅子《いす》や机、物入れなどの家具を作り、自分の作品であることを誇示するために、自分の名前を彫り付けた。シャネルの器用さと誇り高さはこの曾祖父譲りかもしれない。しかも曾祖父の鑿《のみ》の道具があまり精巧ではなかったのか、苦心の末に彫ったジョゼフ・シャネルのイニシャル、「J・C」は、実に暗示的なことだが、ココ・シャネルのイニシャル、今やモード界に君臨する商標、「C・C」と読めた。

ジョゼフ・シャネルには四人の息子と一人の娘がいた。このうち、一八三二年生まれの二男、アンリ＝アドリアン・シャネルがシャネルの祖父である。当時のフランスの伝統は、戦前の日本と同様、家督を相続するのは長男だったので、長男がこの繁《はん》盛《じょう》していた居酒屋を継いだため、二男は畑仕事をする以外なかった。

しかし一八五〇年代、この地方は重大な危機に見舞われた。栗が一種の枯れ葉病にかかり、農民たちの必死の祈りにもかかわらず、栗は実らないまま、枯れ葉と共に地上に落ちた。農民は労働力を必要とする他の地方に移動していった。特に若者はほとんど、村から消えた。アンリ＝アドリアンも一八五四年に村を後にした。二十二歳だった。

しかし、初めて暮らす町は、田舎しか知らない若者にとって魅力的に映るどころか無力感しか味わわせてくれなかった。アルルなどいくつかの町で就職口を探した末、たどり着いたのがサンジャン・ド・ヴァレリスクルという小さな町の養蚕業の家だった。外部の人間とは接することなく、住み込みで蚕に桑の葉の餌《えさ》などをやる仕事は田舎育ちの青年の性《しょう》に合っていた。まじめな働きぶりで主人も満足していたが、しかし、ドラマが起きた。

この家に年頃の娘がいたのである。シャネルは生涯に多数の愛人を持ったが、どうやらシャネルの家系には情熱的な血が流れているようだ。ヴィルジニ＝アンジェリナという美しい名前の娘はたった十六歳だった。だが、恋をするには決して早い年齢ではない。ところが小さな村でのこの恋物語はたちまち、周囲に露見した。娘の両親はもちろん、怒り心頭に発した。カバン一つで流れ込んできたこんな貧しい青年に大事な娘を惑わされるとは！　十九世紀後半のカトリックの戒律の厳しいフランスの田舎である。住み込みの青年との恋の噂《うわさ》をたてられた少女は将来、他の青年と結婚する可能性を奪われてしまった。二人を結婚させる以外、選択の余地はなかった。

青年の方は彼女と結婚したかったのだろうか。ただ、この際、青年の意思など問題ではなかった。娘の両親は、もし、娘と結婚しないなら、娘はまだ未成年なのだから、憲兵隊に突き出す、と脅した。若いカップルは村の好奇の目から逃れて一八五四年に隣町でこっそりと式をあげると、誰も彼らのスキャンダルなど知らないこの地方最大の都市、ニームへと移り住んだ。

それに両親から勘当されてしまった未成年の娘にとって、頼る先はニームで魚屋を営んでいた兄、エルネストだけだった。若いカップルは魚屋のある市場近くで新婚生活をはじめた。何の準備もないまま、妻を養うはめになった夫は市場で露天商をはじめたが、この商売とて、競争は激しかった。栗と蚕の相手しかしたことのない農民にとって、マフラーやベレー帽、中古の洋服などを売るのは至難の業だった。それで行商人になることにした。こちらの方が競争が少なそうに思えたからだ。

それに町から村へ、村から町への旅の生活は、身の不幸を嘆いてばかりいる若い妻のいる家庭から逃れられるだけでも居心地が良かったにちがいない。村の農民相手なら、彼もうまく商品を売りつけることができた。それに、もともとヴァガボンの血も流れていたのかもしれない。しかし、小さな荷車を引いて、南仏のあちこちの村や小さな町に出没する間にも、子供が次々に生まれ、最終的には一九人に達した。長男のアルベールがシャネルの父親だ。十九番目の娘こそ、シャネルがのちに唯一、親戚《しんせき》の中で心を許して付き合ったアドリエンヌだ。彼女はシャネルが生まれた後に誕生しており、姪《めい》の方が叔母より年上という妙な関係だった。

アルベール・シャネルは一八五六年に生まれた。長男として少年時代から父の仕事を手伝った結果、当然のなりゆきとして行商人になった。父親と異なり、アルベールは口が達者で、行商人にはぴったりだった。しかも、根は農民の用心深さを残していた父親と異なり、大胆で商才もあった。シャネルは成功した後、ポール・モーランにこんな言い訳をしている。《手にふれるすべてのものを黄金に変えるほど商才にたけているように思われている。これはまとはずれ。計算するときは、いまでも五本の指で勘定する》と。だが、無意識のうちに時代の空気を読み取る才能は、この父親譲りかもしれない。アルベールは行商先も南仏の範囲を越えて、ロワール川の上流の地域、オート・ロワールや、さらにロワール川を先へ先へとたどって行った。

アルベールが一八八一年十一月にたどりついた先は、オーヴェルニュ地方の小さな町、クールピエールだった。ヴィシーやクレルモンフェランにも近く、町の中心のサンピエール教会の前では、にぎやかな市が立った。アルベールはこの町で、冬場を静かに過ごすことを決めた。彼が泊めてもらったのは腕の良い職人との評判が高い若い木工職人、マルタン・ドゥボールの家だった。マルタンが十歳の時、母親が亡くなり、十七歳の時には父親も亡くなったが、彼には十代の若い妹、ジャンヌがいた。ジャンヌはブドウ栽培業の伯父の家で、将来はお針子になるつもりで修業中だった。

アルベールとジャンヌがどんな風に親しくなったのかは不明だ。ただ、一八八二年一月のある朝、木工職人は兄弟のように仲良くしていたアルベールのベッドがもぬけの殻になっているのを発見する。あれほど気が合い、三月以上も泊めてやった男が何の挨拶《あいさつ》もなく、消えてしまったのだ。しかもそれから数週間後、目に涙をいっぱいためた妹から辛《つら》い告白を聞かされるはめになる。ジャンヌが妊娠し、それを知ったアルベールが逃げ出したというのである。

アルベールは父親の轍《てつ》を踏んだわけだが、もっと始末が悪かったわけだ。木工職人だけではなく、町中がアルベールの仕打ちにかんかんに怒った。町長も乗り出して、逃亡者、アルベールの行方捜しが行なわれた結果、アルベールの実家が突き止められた。

アルベールの両親から聞き出した住所を頼りに、今度はジャンヌがアルベール追求の旅に出発する。なにしろ相手は、旅から旅への行商人である。行き先を突き止めた時には、もう次の町に出発しているという繰り返しだったが、ジャンヌは執念深かった。そしてついに、オウブナの町の宿屋に逗留中のアルベールを探し出す。ジャンヌの姿を見た時、アルベールがどんな顔をしたかは不明だが、歓迎の笑顔で迎えなかったことだけは確かだ。ほっとしたジャンヌはここで長女、ジュリアを出産する。シャネルの姉である。アルベールは二十六歳だった。一児の父となりながら、アルベールは自分の父親のように、すぐには結婚の届けを出さなかった。ジュリアの出生届には、両親は判明している旨だけ記入され、ジャンヌとアルベールの名前はなかった。

しかしさすがのアルベールも、赤ん坊と若い妻をかかえて、住所不定の行商人というわけにはいかないと考えたのだろう。ただ、両親や妻の縁戚の住むオーヴェルニュ地方からは逃れたいと思っていた節がある。以前、行商に行って良い印象をもったソーミュールに住むことを決める。それにソーミュールのワインは荷車に積んだ行商の品物の中でも人気があった。ソーミュールで長年の夢であるブドウ栽培業に転じられるかもしれない。

アルベールがジャンヌと生後間もないジュリアを連れてソーミュールに到着したのは一八八三年二月だった。

生まれた町ソーミュールは騎兵学校の地

《日本の陸軍省は毎年、ヨーロッパに士官を送り、教育の仕上げを行なっている……特別な士官学校の教官のKIGOSHI大尉《たいい》とHAYAKAWA中尉は今春、ドイツに出発し、連隊で二年間の任務につく。騎兵部隊のＨＡＮＡＳＨＩＭＡ少尉は十一月に日本を出発して三年間、フランスに留学するが、ソーミュールの学校で授業を受ける予定だ……》

これは一八八三年十二月三十一日、東京の駐日フランス公使館からフランス陸軍大臣に宛《あ》てた公式文書の一節である。この文書の表紙には「一八八四年二月二十一日到着」の印が押されており、当時の郵便事情がしのばれる。パリ郊外ヴァンセンヌにあるフランス国防省公文書館にはフランス陸軍の解禁機密文書が保管されているが、この中には日本関係の書類もあり、「ソーミュールの学校」に関する記述も何度か出てくる。

一八八三年はシャネルが生まれた年である。明治維新後の日本は当時、さかんに海外に士官を留学生として送っていたわけだ。この「ソーミュールの学校」の存在こそ、シャネルの父親アルベールが妻のジャンヌと生まれたばかりの長女ジュリアを連れて、この地に移転した理由にほかならない。ソーミュールの名は、町の中心にあるロワール川沿いの中世の城よりむしろ、十八世紀から現在に至るまで、騎兵学校の所在地として内外に広く知られている。

この点からもシャネルがロワール川流域のフランス一の美しい風景を持つこの地で

生まれたことを恥じる理由はないように見える。女たらしではあったが、商才もあった露天商アルベールが目を付けたのは毎年、この騎兵学校前の広場シャルドネールで開催される騎兵たちの騎馬ショー「カルーゼル」を見物にやってくる観光客だった。彼らにクレープ菓子やソーセージを売ろうというわけだ。

この「ソーミュールの学校」の起源は、ルイ十四世の弟が率いる騎兵連隊が一七六三年にこの地に駐屯した頃に溯る。騎兵を重視したショワズール*は一七七六年から八〇年にかけて広大な訓練場と校舎を建設し、騎兵養成学校を開校する。床や階段が大理石で建てられている壮麗な校舎は現在も、フランス陸軍所属の「陸軍機甲・偵察訓練学校」として使用されており、欧州最強だった太陽王、ルイ十四世時代のフランス陸軍の栄光をしのばせる。

上　19世紀末のソーミュールの騎兵学校。ウエストがきつく絞られているものが注目される女性たちの服装
下　騎兵学校の騎兵たち（陸軍機甲・偵察訓練学校提供）

ナポレオンは騎兵の用兵に天才ぶりを発揮したが、彼がイタリア戦線やオース

トリア戦線で率いた騎兵隊もソーミュールで鍛えられたものだ。ロシア帝政時代のツァーの近衛兵《このえへい》など外国から修練にきた将校も多かった。日露戦争で最左翼を守って活躍した秋山好古《よしふる》*は当時、パリ郊外にあったサンシールの陸軍士官学校で騎兵学を学んだが、最右翼を守った「宮さま旅団」を指揮した閑院宮載仁親王《かんいんのみやことひと》*はサンシールのほかに、この「ソーミュールの学校」でも学んだ。ヴァンセンヌのフランス国防省の解禁機密文書の中には、一八八八年五月十二日付の東京・フランス公使館戦争省軍事アタッシェ、ブーグイン大佐からフランス戦争相宛ての書簡があり、その一節には、「閑院宮が現在、ソーミュールの学校の生徒である」との記述が見られる。

これらの機密文書には当時、ロシアと同盟国であったフランスが日露戦争を前に、日本に関する情報をかなり収集していたことがうかがえる記述も散見される。また日本海軍は英国式を取り入れたものの、日本陸軍は当初、徳川幕府がフランス陸軍を手本に軍隊教育を行なったこともあり、フランス式の影響が見られる。当時の日仏軍事関係は現在よりずっと密接だった。明治政府は後に、プロイセン（ドイツ）が普仏戦《ふふつせん》争*に勝利したため、陸軍をドイツ方式に切り替えたが、このことを残念がるフランス人が未《いま》だにいるのには驚かされる。つまり、彼らは第二次大戦でドイツと組んだ日本が敗戦した遠因はここにある、というのだ。

ただし明治政府は、騎兵隊のみフランス式をそのまま堅持した。司馬遼太郎《しばりょうたろう》の『坂の上の雲』によると、日本陸軍の騎兵隊の生みの親、秋山好古がフランス留学中、硬直美を基本とするドイツ式は、《人間の姿勢としては不自然であるため騎手は長時間の騎乗にたえられなくなり、疲労がはなはだしい》と見て、おりから訪仏した山県有朋にフランス式の有利さを直訴したからだ。

《――ドイツ騎兵の鈍重さ。というのは、フランスだけでなくヨーロッパの馬術界の定評になっていた。あきらかにドイツ人の規律と形式を好みすぎる性癖からきた弊害だが、ドイツ人たちはこの不便さに気づきながらもなおかつこの教範を改正しようと

ショワズール　ルイ十五世時代の軍人、オーストリア継承戦争、七年戦争を経験。

秋山好古（一八五九～一九三〇）　陸軍大将。松山藩藩士の三男として生まれる。一八八七～九一年フランス留学。日清戦争では騎兵第一大隊長。日露戦争では自ら育てた騎兵第一旅団を率いた。

閑院宮載仁親王（一八六五～一九四五）　伏見宮邦家親王の第十六王子で、一八七二年（明治五）、閑院宮家を継いだ。一八八二年フランスに留学。帰国後は騎兵旅団長、第一・近衛師団長などを経て、一九三一（昭和六）～四〇年陸軍参謀総長。

普仏戦争（一八七〇～七一）　統一ドイツ実現を目指すヴィルヘルム一世のプロイセンが、それを阻もうとしたナポレオン三世のフランスを破った戦争。フランスは多額の賠償金を払い、アルザス・ロレーヌ地方の大半を割譲するなど大きな痛手を受けた。

しないのは、個人の性癖がなおしにくいのと同様、民族の性癖というものも、どうにもならぬものらしい》(『坂の上の雲』)と司馬遼太郎も喝破している。フランス人の敗因に関する指摘もあながち、ひとりよがりとも言えないようだ。

『坂の上の雲』によると、秋山好古は後年、陸軍大学校で講義したとき、講義の最初に《騎兵の特質はなにか》の命題をかかげ、言い終わると、かたわらの窓ガラスを拳《げん》固《こ》で突き破り、《これだ》と言った。《騎兵は……地上にたかだかと肉体を露出している》。このため《容易に敵の銃砲火をうけ、全滅する例も戦史にはざらにある》。《が、いかなる兵科よりも機動性に富み……効果的な奇襲に成功することができる》。《しかも、騎兵は……一騎々々はよわいが、これを密集させてよき戦機に戦場に投入すれば信じがたいほどの打撃力を発揮する》

この「打撃」を好古はガラスを突き破ることで示すと同時に、「打撃」を発揮した後に全滅するかもしれないことを素手が傷つくことで示したわけだが、シャネルの生き方にも、どこかこの騎兵の特徴に似たところがある。機を見るに敏だったところや、いつも頭《こうべ》を高々と上げて人生と時代に果敢に挑戦しつづけたところだ。人は生まれた瞬間に、初めて吸ったその土地の空気を胸の奥深くに生涯、蓄えているという話だが、シャネルも生まれた瞬間に騎兵魂を吸い込んだのかもしれない。

『坂の上の雲』には久しぶりに会った兄の好古の服装を見て弟の真之《さねゆき》*がそのはなやかさに驚くシーンもある。好古は《身辺は単純明快でいい》と言い、真之の服装のことでも、《歴《れっき》とした男子は華美を排するのだ》と大声で叱責《しっせき》したことがあるというのに、陸軍士官学校から帰ってきた馬上の兄の服装は、《肋骨三重の上衣というのは他の兵科とおなじであったが、金条《きんすじ》の入った真赤なズボンをはき、サーベルを吊《つ》る刀帯《とうたい》も革《かわ》ではなく、グルメットという銀のくさり》という華やかさだった。

《騎兵将校というのは各国とも他の兵科の将校と服装がちがっている》といわれるが、日本の場合、軍服の中でも騎兵の制服が飛び切り華やかなのはドイツ式ではなく、お洒落《しゃれ》なフランス陸軍の影響を受けたからに違いない。ソーミュールの「陸軍機甲・偵察訓練学校」の附属博物館には歴代の騎兵の制服が展示されているが、黒、ブルー、ベージュの色を基調にした制服と金ボタンや詰め襟スタイルはどことなく、シャネル・スーツの特色に似ている。それに、シャネルのモード哲学が騎兵の特質を示している。二十世紀を迎え、女性が一人で自由に車の乗り降りができるということを前提にしたそのモードは、十九世紀の絞りに絞っていたウエストをゆったりと解放

秋山真之（一八六八〜一九一八）　秋山好古の弟。海軍中将。海軍きっての戦略家として知られ、日露戦争では連合艦隊作戦参謀として日本海海戦（一九〇五）などの作戦を指揮した。

ソーミュールの「陸軍機甲・偵察訓練学校」の附属博物館

し、床に引きずっていたスカート丈も短めにするなど何よりも機動性を尊重しているからだ。

シャネル・スーツの原型が騎兵の制服にあったことも今では殆《ほとん》ど定説になっているのもうなずける。騎兵の町、ソーミュールはシャネルの生地であるばかりか、シャネル・スーツのルーツでもあるわけだ。

ところで、ソーミュールの名所には学校と並んでもう一つ、文学名所がある。「ウジェニー・グランデの家」である。バルザックはこの地方が気に入り、『谷間の百合』の主人公にもこの地への愛着を述べさせているが、一八三三年に発表した純愛小説、『ウジェニー・グランデ』のヒロインはこの地の住人になっている。だから、「ウジェニー・グランデの家」は正確には、ヒロインのモデル、「マリー・オーギュスティーヌ・ニヴローが美しい家具に囲まれて住んでいた家」だが、町の人間で、この「ウジェニー・グランデの家」の所在地を知らない者はいない。市が作製した標識が掲げられ、町中がその存在を誇っている。

シャネル一家の住んだサンジャン通りは現在は住宅と商店が建ち並んでおり、二十九番地には「ル・プティット・リモージュ」の名を掲げた、その名の通り、リモージュ製のコーヒー・カップやテーブルセットを並べた店がある。しかし、ここには「シャネルの家」の標識はない。

シャネルは「顧客の家に招待された初めてのデザイナー」とも言われた。一九〇〇年代までは、どんなに成功した大デザイナーでも、「出入り業者」として顧客の家に出入りしても、社交界には招待されなかった。コルセットから女性を初めて解放したといわれ、第一次大戦前のフランスのモード界に君臨したポール・ポワレ*も例外ではなかった。フランスは現在も少数エリートが支配する国だが、こうした階級意識の残存が、実在の人物、「シャネルの家」より文豪バルザックの小説の主人公の家を優遇する背景となっているのかもしれない。

ところでシャネルの父親、アルベールはソーミュールでも腰を落ち着けなかった。

ポール・ポワレ（一八七九〜一九四四）　第一次大戦前のパリで最もファッショナブルとされたデザイナー。婦人服にモダン・アートの雰囲気を最初に送り込んだとされ、「次の世代の女性はズボンをはくだろう」と予言している。

ロワール川沿いのアンジェの町などに行商のためにしばしば出掛け、時には三日も四日も家を空けることがあった。ただジャンヌには露天商や行商人ではなく、もっと落ち着いた仕事を探しているのだ、と説明した。しかし、いったい、どんな仕事ができるというのだろうか。アルベールは相変わらず、ジャンヌに将来はブドウ栽培業やネゴシアンになる夢を語って聞かせていたが。

夫の収入がまったく当てにできないジャンヌはホテルの部屋係や配膳《はいぜん》係、皿洗いにアイロンかけなどをして働いたが、愛想の悪いジャンヌは雇用主からはあまり好感を抱かれなかったようだ。それにジャンヌが当時の下女の仕事を手早く片付けられたとは想像しにくい。もともとは建具屋の娘で、両親が早く亡くならなければ、平凡な村娘から主婦になっていたのだから。しかもアルベールが絶えずどこかに出掛けるので、ジャンヌは時々、彼の後を追って、浮気をしないか見張る必要もあった。アルベールの方で呼び出すこともあり、それで仕事も絶えず変えなくてはならず、それだけ疲れも増し、ますます愛想が悪くなる、という悪循環だった。

一八八三年八月十九日は暑い日だった。午後四時前、二十歳になったばかりのジャンヌは病院を目指して急いでいた。陣痛が始まったからだ。二度目の出産だったが、それでも誰一人、家族も友人も付き添ってくれない出産は心細かったにちがいない。

こうしたジャンヌの環境にこの病院はぴったりだったかもしれない。病院の高いポーチには「救済院」の文字が記されていた。中庭には礼拝堂もあり、修道女がいつも、祈りを捧《ささ》げていた。

この修道女たちに見守られる中で、ジャンヌは予定日より早く女児を生んだ。この時も夫は不在だった。出産の翌日も夫は現われなかった。二日後の二十一日には礼拝堂で新生児の洗礼が行なわれたが、これにも家族が誰ひとり、出席しないという寂しさだった。ジャンヌ自身、出産直前まで働き通しで、すっかり弱っていたので、とても出席できるような健康状態ではなかった。

ソーミュールのシャネルの生家（手前から２軒目）

名付け親もおらず、シャネルの名前、ガブリエルはその場でいいかげんに付けられたようだ。多分、付き添いが誰もいない孤児同然の赤ん坊を哀れんだ誰かが、大天使の名前をつけたのだろう。確かにシャネルにとって、ソーミュールは出生地どころか、自分の記憶から抹殺したい地名だったに違いない。そしてアルベールとジャンヌも結局、良い思い出の少ないこの地を後にした。今度の行き先は伯父と伯母が住むクールピエールだった。シャネルがこのクールピエールの町に到着したのは三歳の時だった。それから約七年、シャネルはこの町で暮らすことになる。もちろん、アルベールはあいかわらず、旅から旅への生活を続け、ジャンヌもあいかわらず夫の後を追う生活が続いたが、シャネルにとっては次から次へと妹や弟が生まれたものの、比較的、穏やかな日々だったといえよう。

クールピエールの町の一家が住んだミニム通りは、今では「ココ・シャネル通り」と呼ばれている。

母親が死んだ日

シャネルが生まれた時、アルベールとジャンヌが結婚していなかったことは、ソーミュールの市庁舎に保管されているシャネルの出生証明書でも明らかだが、シャネルが生まれた翌年、アルベールはついに、渋々、結婚に同意して、「ウイ」という。二人の幼い娘を抱えたカップルは結局、ソーミュールを引き払って、ジャンヌの伯父夫婦の住むクールピエールに戻ったわけだが、それはアルベールの商売の調子が悪かったことに加え、二人の子供の世話に追われたジャンヌの健康がますます優れず、生活費を賄《まかな》うために、以前のように十分に働くことができなかったからだ。それに二十一歳の娘を亡くした伯父夫婦が、なによりも姪のジャンヌとの同居を望んでいた。

ただし、伯父夫婦は一つだけ条件を付けた。アルベールとジャンヌの結婚である。

アルベールがいつ、この条件を受け入れて結婚に同意したのかは不明だが、一八八四年五月二十日、アルベールがソーミュールを引き払ってオーヴェルニュ地方の小さな町、クールピエールに移転する住所変更届を提出したことは確かだ。

また六月に入ると、法律に従ってクールピエールの市役所には二人の結婚予告の告示も出された。フランスでは、この告示期間に結婚に異議がある者は申し出ることができる制度になっている。離婚が禁止されていたうえ、二重結婚や結婚詐欺《さぎ》、あるいは遺産相続の権利のある子供の存在が明らかになるなどの結婚に伴うあらゆる不都合を未然に防止しようという一種の予防制度である。

ところが、なんと、土壇場《どたんば》でアルベールとジャンヌの結婚に異議を申し立てた者がいた。結婚に怖《お》じ気《け》をふるったアルベール自身だ。前代未聞《みもん》の大スキャンダルになるところだったが結局、アルベールはジャンヌが五〇〇フランの持参金を支払うことで合意した。現在の金額に換算すると、全産業一律スライド制最低賃金（ＳＭＩＣ）

の年収に相当する大金だ。スキャンダルを恐れた伯父と伯母はアルベールが挙式まで、この持参金に手をつけないことを条件に支払いに合意するが、これは後に実に甘い条件だったことを思い知らされる。

一八八四年十一月十七日、とにかく二人は幼い二人の娘を従えて結婚する。伯父、伯母のほかに一時は妹を傷物にした仇《かたき》としてアルベールを殺したいほど憎んでいたジャンヌの兄、それにアルベールの両親も生まれたばかりの十九番目の娘、アドリエンヌを連れて参列する。シャネルのこの年下の叔母は生涯、シャネルの良き相談相手かつ協力者になる。シャネルの服の最初のモデルという光栄もこの美人のアドリエンヌに輝いた。いずれにせよ、この日はジャンヌにとっても二人の娘にとっても生涯の最良の日だったにちがいない。

アルベールにとってはほとんど生涯の最悪の日だったようだ。結婚から一年も経ない一八八五年九月に早くもクールピエールから消えた。そして約五〇キロ先のイソワールで例によって仕事探しをはじめるが、実際はワインと女性に明け暮れる毎日で、ジャンヌの持参金はたちまち、こうしたさまざまな〝投資〟で消えた。

その一方でアルベールは時々、クールピエールに顔を出し、ジャンヌも懲《こ》りずにアルベールを追いかけ回し、イソワールで暮らしたこともある。一八八五年には三番目の子供、男子のアルフォンスが生まれたほか、一八八七年にはアントワネット、一八八九年にはリュシアン、一八九一年にはオーギュスタンが生まれた。ただ六番目の子供は数週間後に亡くなり、このころからジャンヌの健康も目に見えて悪くなった。夜になると激しい咳《せき》が止まらない日が続くようになる。ジャンヌの母も病んでいた喘息だったのだろうか。それともシャネルが後に強調したように、「椿姫《つばきひめ》」のヒロインのように結核だったのだろうか。喘息より結核の方がロマンチックだ、とシャネルが思っていたことは確かだ。

それでもジャンヌはアルベールを追いかけることをやめなかった。一八九三年、ジャンヌは上の二人の娘を連れて旅に出た。アルベールからめったに来ない手紙が届いたからだ。妻と子供を自ら呼び寄せることなどめったになかったのに、弟のイポリットとリムーザン地方*の都会、ブリーブで宿屋を開くことに決めたので来るように、という内容だった。今度こそ、落ち着くのだろうか。実際はアルベールはこの宿屋に雇われており、妻を呼び寄せたのはこの宿屋で女中として働かせるためだった。

そして一八九五年の二月の寒い朝、シャネルはなかなか起きてこなかった母親がべ

リムーザン地方　フランス中部。オーヴェルニュ地方の西隣にあたり、フランス国内で最も農村的な要素を残す地方といわれる。

ッドで死んでいるのを発見する。熱と咳、時には呼吸困難に陥りながらも、最後まで愛する男のために身を粉にして働いた妻は、まともな看病も受けず、誰にも看取《みと》られずに世を去った。三十三歳だった。そしてシャネルは十一歳だった。この時も、三十九歳という分別があるべき年齢にもかかわらず、アルベールは不在だった。独身の弟のイポリットが死亡届を出し、葬儀を行なった。ジャンヌの死亡した日は不明だが、ブリーブの市役所にはイポリットの届け出によって、二月十六日に葬儀が行なわれたことが記されている。

アルベールがついに現れた時には、五人の子供の身の振り方だけが残されていた。十一歳のシャネルのほかに一歳上の姉、二歳下の弟、四歳下の妹、六歳下の弟が遺《のこ》されていた。アルベールの決断は早かった。一九人も子供のいるアルベールの両親が長男の五人の子供、彼らの孫を引き取る余裕はないに決まっていた。ジャンヌの親戚にしても同様だった。それに妻の持参金を使い果たし、困窮の中で死なせた夫としてはさすがに、ジャンヌの親戚を訪れる勇気はなかった。

彼は長女と次女をブリーブに近いどこかの孤児院に連れて行った。幼い一番下の娘アントワネットは親類に預けたようだ。しかし年端《としは》もいかない二人の息子は、町の公共援助機関が「捨て子」扱いにして引き取り、「十三歳まで（子供の）養育費が公金から月額で支払われる正直な農家」に連れて行かれた。この制度を悪用して、金目当てに引き取った子供に食べる物も食べさせず、ウシやニワトリと一緒に納屋《なや》に寝かせ、奴隷《どれい》同然に子供たちをこき使った農家がいかに多かったかは、「正直な農家」とわざわざ、文書で規定しているところからもうかがえる。

十九世紀末のフランスでは人口の約半分、約二〇〇〇万人の農民がいた。彼ら自身の生活も貧しく、そして苛酷だった。かれらの生活をしのぶには、フランスの典型的農村風景画家、ミレーの作品を見れば想像がつく。女も男も泥が跳ね上がった着古した衣服に身を包み、毎日、日が暮れるまで働き、村の教会の晩鐘が鳴るとやっと労働から解放される……シャネルの弟たちは、こうして十三歳までただ働きさせられてから、職業を身につけるために農家を後にしたが、兄弟のたどった道は父と同じ道だった。つまり露天商である。

娘たちの人生も息子たちに劣らず、苛酷だった。父親はシャネルたち二人の娘を孤児院に預けると、二度と姿を現わさなかった。シャネルの洗礼名「ボンヌール」は、「幸福」の意味だけに、哀れだ。しかし母親の病死も父親が行商人であることも貧困層の出身であることも孤児院で育ったこともシャネルに責任はないし、まして非難されるべきことでもない。米国なら輝かしいサクセス・ストーリーを際立《きわだ》たせるはずのこうした少女時代を、シャネルは生涯、ひた隠しに隠すことになる。

シャネルの伝記を書いたポール・モーランの本職は外交官で、第一次大戦の前後、ロンドン、ローマ、マドリードの大使館などを経て、当時のシャム（タイ）の駐在臨時代理大使にも任じられた。第二次大戦中はヴィシー政府の外交官として、ロンドン、ブカレストの全権公使などを歴任した後、自由解放当時はスイスの駐在大使だった。当然ながら、戦後は「コラボ（対独協力者）」として外交官を免職になり年金も剥《はく》奪《だつ》され、スイスで亡命生活を余儀なくされていた。

ただ、モーランは外交官としてよりはむしろ、第二次大戦前、流行作家として知られていた。第一次大戦から第二次大戦にかけての無秩序と狂騒の時代、一九二〇年代の「レザネ・フォール」*——それは同時にフランス芸術の栄光の時代だったわけだが、その時代に独特のコスモポリタン的作風で当時の時代を鋭く捕らえ、二度目の大戦の足音とドイツの復讐《ふくしゅう》に脅《おび》えながら、繁栄をかりそめであることを感じ取りつつも謳《おう》歌《か》していた多くの人の心を魅了した。フランスでは戦後、一時、発禁処分になったが、代表作『夜ひらく』『夜とざす』『恋の欧羅巴』は今でも文学作品としての評価は高く、愛読者も多い。

しかし、モーランは作家としても反ユダヤ主義のドリュ・ラ・ロシェル*が編集長を務めた『新フランス評論（NRF）』の常連だったので、戦後の対独協力のレッテルは免《まぬか》れなかったろう。ドリュ・ラ・ロシェルは一九四四年夏に自殺未遂を起こした後、一度、身を隠すが、結局、「私は裏切り者だ。そうだ、私は敵と共謀した。……われわれは賭《か》けをして、私が負けたのだ。だから死を求めよう」との遺書を遺して自殺した。

このモーランが流行作家として活躍していたころ、シャネルもそれまでの十九世紀的な装飾過剰なモードとは正反対なシンプルで着易《きやす》いという革命的デザインで認められはじめたころだった。この十九世紀的なものすべてを葬《ほうむ》り去ったシャネルの本質をいち早く見抜いて、「皆殺しの天使」と名付けたのはモーランである。

二人は戦後、スイスで再会する。シャネルにも当時、「対独協力者（コラボ）」のレッテルが張られていなかったろうか。第二次大戦中の最後の愛人はドイツ人で、スパイの疑いがあったのではなかったか。いずれにせよ、二人がパリから遠く離れ、隠遁生活を送っていたことは事実だ。輝くレマン湖のさざ波を見つめながら、あるいはホ

コスモポリタン　自国に定住することなく、世界を股にかける人。
ドリュ・ラ・ロシェル（一八九三〜一九四五）フランスの作家。第一次大戦から復員後、ファシズム政党のフランス人民党に入党。第二次大戦中は雑誌『NRF』の編集長として独に協力した。

テルの暖炉のたき火を見つめながら、二人の頭をよぎったのは、燃えるような青春時代の「レザネ・フォール」のパリの輝きではなかったか。

シャネルが語り、そしてモーランがメモを取ってまとめたのが、後にシャネルの店推薦となる正統派伝記、『ラリュール・ド・シャネル』だ。シャネルはこの中で、戦前、あらゆる機会に自ら流布《るふ》した《履歴書》を忠実に再現したが、その虚偽の過去からは、おのずと孤独なシャネルの素顔が浮かび上がり、シャネルの真実を伝えている。その意味では、確かに優れた伝記と言える。

シャネルはこの再会した旧友に夜を徹して自分の半生を語りつづけた。この中でシャネルは少女時代について、孤児同様の寂しい少女時代を送ったものの、フランス北西部ブルターニュ地方の金持ちの二人の叔母に預けられ、修道院経営の学校で立派な教育を受けたと述べている。

実際はフランス中部リムーザン地方の孤児院で育ったことを明らかにしたエドモンド・シャルル＝ルーは、「本が出版された時はシャネルの神話を壊した、と非難囂々《ごうごう》でした」と告白した。カンボン通り三十一番地のシャネルの店からはその後、パリコレの招待状も届かず、「追放」されてしまった、と苦笑する。彼女はモード記者として生前のシャネルとは、「殆ど、毎週会って食事をした」という親しい仲だった。それだけにシャネルの実像を解き明かした彼女を裏切り者扱いする人は、シャネルに近い人ほど多い。

シャネルは生前、コレット、ジョゼフ・ケッセル、ルイーズ・ド・ヴィルモラン、ミシェル・デオンら名のある作家に伝記を書かせようとしたが、結局、実現しなかった。ミシェル・デオンは今はアイルランドで暮らしているが、一九九七年にパリにやってきた時にガリマール書店近くの定宿のホテルのロビーで会って、「ココ・シャネル……」と懐かしそうにつぶやいた。

シャネルについて語る
エドモンド・シャルル＝ルー

奇妙な符合だが、デオンも第二次大戦中、極右政治組織「アクシオン・フランセーズ」を結成した詩人で評論家のシャルル・モラスの秘書だった。モラスは反ユダヤ、反民主主義を主張した超国粋主義者で、機関紙『アクシオン・フランセーズ』によってフランスの青年たちに多大な影響を与えた。戦後は戦犯となって終身禁固刑に処せられた。

デオンは一九四四年に極右との決別を告げた処女作、『さらば、シェイラ』を発表して以来、作家の道を邁進《まいしん》した。五〇年代に当時一世を風靡《ふうび》した実存主義への反動から登場した「軽騎兵」と呼ばれる作家の一員として活躍し、モーラン同様、七八年には名誉あるフランス学士院の会員に選出された。

シャネルとの交友は二年間と短かったが、そのうち半年間はシャネルのところに日参して話を聞き、メモを取った。「私もまだ若かったし、彼女の話は実に興味深かった。アメリカ、イタリア、オランダ、スイスなどあちこちに連れて行ってもくれた。彼女は運転手付きの車で移動し、私は自分で運転して、彼女のあらゆる行き先にお供した」。そう語った時、デオンと会ったことのある人なら必ず魅了される大きな力強い黒い瞳《ひとみ》が一瞬、寂しそうに曇った。

デオンがある日、聞き書きを元に原稿にまとめたことを報告すると、シャネルはその原稿を即刻届けるように命じた。そして、一晩で読み終えると翌日、こう言った。

「私らしく私を書いた言葉が一言もない。私はこれを発表したくない」

デオンはなぜ、シャネルが発表を拒否したか、その理由をこう解説した。

「私には解《わか》る。彼女は自分の出生や生い立ちを決して知られたくはなかった。しかし文学を愛し、理解し、敬意を払っていた。だから、彼女は自分が語ったこと、つまり自分がでっちあげたこと、自分が友人や周囲に語った少女時代、青春時代、出会いを、私の原稿の中に見いだして、自分が発表したかった伝記とは非常に異なると感じ、それで発表したくなかったのだと思う。彼女は自分の神話を語ったが、彼女が築いた虚偽の人生は、結局、印刷して残しておきたい人生ではなかった。彼女が私の原稿を拒否したのは、文学への敬意だ。彼女が『発表したくない』と言ったのは、完全に正しいと私は思う」

それから、こうも言った。「私には彼女の生存している従兄弟《いとこ》や姪、甥《おい》などに話を聞き、彼女の無名時代の写真を見つけ、出生証明書を探し出し、第二次大戦後のスイスの生活を加え、彼女が語る自伝とは別の伝記を書くことも可能だったかもしれない。しかし彼女への友情、愛情、尊敬がそれを阻《はば》んだ。彼女の嘘《うそ》をそのままにしておきたかった」と。

そして、「今も当時のメモは全部、保管している。発表するつもりはまったくないが」とも。

デオンは、こんな風にシャネルの思い出を語った翌年の一九九八年、八十歳で『マダム・ローズ（薔薇夫人）』を発表した。年齢不詳の老婦人「マダム・ローズ」は、パリのリュクサンブール公園近くのア

ミシェル・デオン

ール・デコの装飾も贅沢なアパルトマンで従僕と女中にかしずかれて暮らしている。外出する時は運転手付きのロールスロイスに乗る。年若い従弟《いとこ》、ガストンがほぼ毎日、彼女の若き日の思い出を聞きにこのアパルトマンに通う。

老婦人は何度も結婚しており、交友のあったコクトー*やヴァレリー*など詩人たちのことは覚えているのに三度目の夫の名前は思い出せない。過去の話には潤色や虚偽がふんだんにちりばめられているが、ガストンにはかえって、それが楽しい……。「レザネ・フォール」に社交界に君臨したこの老婦人をシャネルに、ガストンをデオンに置き換えることもできる。デオンは結局、この本を通して、シャネルの伝記を書いたのかもしれない。

シャネルの生まれた時代

シャネルが生まれた当時のフランスはどんな時代だったのか。一八八三年八月十九日付の『フィガロ』紙にはいかにも十九世紀のフランスの世紀末らしい事件が報じられている。この日のトップ記事は、二件の人妻の不倫事件で、見出しは「二つの裁判」とある。

第一の事件は副知事と情事を重ねていた人妻を夫が告訴。人妻は三ヵ月の禁固刑になったが、副知事の方は無罪放免となった。なぜか？　彼が公務員だったからである。

第二の事件は二年間、南米に出掛けた夫の留守に、《当然のことながら愛人を持った》人妻の不倫事件である。ある日突然、帰国した夫がわが家に、《自分の後任者どころか後継者がいるのを発見》して妻を不倫で告訴する。

妻は《私は夫を裏切ったわけではない。死んだと思ったからだ》と懸命に弁解したが、判決はやはり二年の禁固刑だった。夫は《妻の相手も訴えたかったが公務員だか

アール・デコ　一九二〇―三〇年代の装飾様式。二五年にパリで開かれた現代装飾・工業美術国際展（アール・デコ展）にちなんで名付けられた。十九世紀末のアール・ヌーヴォーが曲線を主にして装飾過剰気味なのに対し、アール・デコは実用的で単純な直線的デザインを好んだ。

ジャン・コクトー（一八八九～一九六三）フランスの作家、画家、映画監督。ピカソ、モディリアニ、アポリネール、ラディゲらと知り合い、モダニスム芸術運動の旗手として詩や小説、評論、戯曲など多方面で活躍した。映画監督としては「オルフェ」、ルネ・クレマンと共同監督の「美女と野獣」などの作品がある。

ポール・ヴァレリー（一八七一～一九四五）フランスの詩人、批評家。文学論や文明批評の『ヴァリエテ』五巻は二十世紀前半の批評文学の最高峰といわれる。

らできなかった》と悔しがった――。

　フランスに限らず、本来、役人は国家のために私を捨てて奉公するからこそ、恩給などいくつかの恩典を与えられているわけだが、本末転倒はどこの世界にもある。フランスは当時、第三共和制が開始したばかりだったが、結局、半世紀以上の長期にわたった。その結果、もっともフランス的な栄光の時代を迎えたものの、最後は高級官僚をはじめ、この国のエリートが共和国の理念も国家への奉仕も忘れ、全体主義、人種差別を臆面《おくめん》もなく極端に進めたナチス・ドイツにあっけなく屈服し、ほとんど亡国の憂《う》き目を見ながら崩壊した。

L'ILLUSTRATION
JOURNAL UNIVERSEL

LE FIGARO

上　シャネルが生まれる前日の1883年８月18日付の『リリュストラシオン』紙。表紙にはエジプトでコレラが発生し、ヨーロッパに船で引き揚げる人たちが描かれている
下　不倫事件がトップの1883年８月19日付『フィガロ』紙

もっとも、当時は十三年前の一八七〇年から七一年の普仏戦争でプロイセン（ドイツ）の猛攻に敗れ、戦争によって田園も耕地も荒らされた。パリ市民はまだ、「ネズミをかじって飢えをしのいだ」という思い出の中で暮らしていた。その一方で、一七八九年のフランス革命以来、一八〇四年から一四年までのナポレオン一世の帝政、一八一四年から三〇年までのルイ十八世とシャルル十世によるブルボン王朝の王政復古、この間のナポレオンによる百日天下、一八三〇年から四八年までのルイ・フィリップによるオルレアン家系のブルジョア王政、一八四八年から一八五二年までの第二共和制、そして第二共和制の初代大統領のルイ・ナポレオン（ナポレオン三世）による第二帝政、次いで普仏戦争による第二帝政の崩壊……と、フランスは考え得るほとんどありとあらゆる政治形態を経験した末に、体制的には成熟にたどりついていた。

もっとも、一八七五年の第三共和制の憲法制定まで、政治家たちの一部はブルボン家出身の正統王位継承者で子供のいない五十三歳のシャンボール伯をまず王位に就かせ、次にルイ・フィリップの孫で、まだ三十五歳と若いオルレアン家のパリ伯を王位に就けようと画策していた。ところが、この計画はシャンボール伯が三色旗を嫌い、王家の白旗に頑強に固執したため挫折《ざせつ》した。ナポレオンを懐かしむ帝政派も少数ながらいた。

シャネルが生まれた時代のフランス

1852年	ナポレオン3世による第2帝政
53年	パリ市街の全面的改造に着手
58年	インドシナ出兵
62年	ヴィクトル・ユーゴー『レ・ミゼラブル』発表
70年	第2帝政崩壊（普仏戦争）。第3共和制宣言
71年	パリコミューン（3～5月）
77年	エミール・ゾラ『居酒屋』発表
79年	『ラ・マルセイエーズ』がフランス国歌に
83年	ココ・シャネル誕生。ユエ条約締結
84年	清仏戦争（～85年）
87年	仏領インドシナ連邦成立
88年	仏領ソマリランド建設
89年	エッフェル塔建設
91年	露仏同盟
95年	シャネル、オーバジーヌ孤児院へ
96年	マダガスカル島領有
98年	キュリー夫妻がラジウム発見

「王座はひとつしかない。三人が一緒に座るわけにいかない」と、こうした状況をいみじくも指摘したのが、普仏戦争の敗北後、フランス大統領に就任したアドルフ・ティエール*である。彼がエリゼ宮（フランス大統領府）入りした当時の正式な肩書は「臨時政府首班」だった。一八七一年二月に国民議会がフランス南西部ボルドーに招集され、議員たちがまず、共和制か王政かなどの新政体や憲法を決める前に、ひとまず自分たちのトップを選出することでお茶を濁したからだ。しかしこの時、すでに七十四歳だったティエールにとっては二十年間、待ちに待ったトップの座だった。

一方、七〇年九月にセダンの激戦でプロイセンの捕虜になったナポレオン三世は七一年三月、このボルドー議会で退位が決まり、英国に亡命後、彼《か》の地で七三年一月に没した。しかし、この「馬上のサン・シモン」と呼ばれた一代の放蕩児《ほうとうじ》、ナポレオン三世とモードに異常な関心を示したウジェニー王妃のカップルが作り出した第二帝政時代の典雅でかつ自堕落な雰囲気もまだ、あちこちに漂っていた。ナポレオン三世の時代はまた、フランスが本格的な産業革命に取り組み始めた時代でもあり、鉄道網は飛躍的に発達した。パリはオスマン男爵《だんしゃく》の都市計画によって狭い曲がりくねった道路が拡充整備された結果、薄暗かった街路に光が入り、印象派を生み、パリ的なもの——凱旋門《がいせんもん》が完成し、シャンゼリゼ大通りが出現した。

女性の地位はどうだったのだろう。ヨーロッパは長年、《自然が完全なる性を作りそこねた時、女性が生まれる》と言ったアリストテレスの言葉を賢者の言葉として信じ、キリスト教徒もタキトゥスの時代から、《女性は劣性》であるとしたローマ法に支配されていた。もちろん、女性がルイ十五世に対するポンパドゥール侯爵夫人*のごとく、ナポレオン一世に対するジョゼフィーヌのごとく、時の権力者に強い影響を与

ルイ・アドルフ・ティエール（一七九七〜一八七七）　一八三〇年の七月革命でルイ・フィリップを立て七月王政を樹立、内相、首相などを務めた。四八年の二月革命後の第二共和制を経てナポレオン三世の第二帝政下では勢力を失ったが、七〇年の第二帝政崩壊後、国防政府に参加。翌七一年二月の国民議会で行政長官（大統領）となった。パリコミューンを鎮圧後、急進共和派のガンベッタとひそかに協力して王党派を抑え、第三共和制樹立に尽力した。

えることはあった。しかし、法的にはローマ法と本質的に変わらない「女は果樹が園芸家の所有物であるように、男の所有物だ」と述べたナポレオンの法典によって厳しく規制されていた。

女性解放運動の闘士で弁護士のジゼル・アリミはフランスで女性解放が遅れた決定的理由は、この一八〇四年制定のナポレオン法典にある、と憤慨する。もっとも、ナポレオンは遠征中に妻のジョゼフィーヌがパリ郊外マルメゾンの館《やかた》を衝動買いしたのをきっかけに、女性の不動産売買禁止やあるいはジョゼフィーヌの浮気封じなどを念頭にこの法典を作成したという風説があり、法で縛らなければならないほど、妻の力が強かったという逆説が成り立つ。いずれにせよ、一九三八年に一部が改正されるまで約百三十年間、フランス女性は未成年扱いされていたのは事実だ。

二十世紀に入ってもフランス女性は銀行口座さえ、夫の名義を借りなければ開けなかった。身分証明書も一九九〇年代まで、「だれそれの妻」なる記述があった。パスポートなどの書類には現在でも、旧姓欄がある。女性は未婚時代は父親の、結婚後は夫の付属物、との観念がこの事実にもみてとれる。

特に結婚制度や出産問題は、一九七四年に女性の厚生相、シモーヌ・ヴェイユ*の手でやっと、中絶解禁法や協議離婚法が成立するまで旧態依然だった。中絶解禁法成立に関しては、シモーヌ・ド・ボーヴォワールはさておき、政治運動とは無縁のフランソワーズ・サガンまでが自分は「中絶した」との署名を週刊誌『ヌーヴェル・オプセルヴァトゥール』誌上に掲載し、中絶解禁の運動を展開したほどだ。

また離婚は、相手の不貞の現場の証拠を添えるなどして裁判に訴えて獲得しなければならない厳しい制度下にあったため、裏で愛人を持つのもやむを得ないとして、不倫、不貞が認められていた節がある。フランスが特に中絶法に厳格なのは、イエス・キリストより聖母マリアを敬慕、敬愛する母性尊重のカトリックの倫理観が世間を支配しているからでもあろう。

第二次大戦中のフランスの対独協力政権だったヴィシー政府*は、憲法で、「労働、家族、祖国の諸権利を保障する」と規定し、一九四三年には中絶罪で女性をギロチン

ポンパドゥール侯爵夫人（一七二一～六四）　裕福な徴税役人の娘としてフランス国王ルイ十五世の愛人となった。温和な性格のルイ十五世よりも国政に影響力を持ったとされる。

シモーヌ・ヴェイユ（一九二七～　）　フランスの政治家。法務相官房参事官などを経て、一九七四年に厚生相、七九年には欧州議会議長となった。ミッテラン政権時代の九三年にも社会問題・厚生・都市問題相に就任。

ヴィシー政府　一九四〇年にドイツに降伏した後、フランスのペタン内閣はロワール川支流のアリエ川沿いの温泉町ヴィシーに首都を移したため、ヴィシー政府と呼ばれた。

台に送っており、母性尊重が徹底していた。それ以前は女性の死刑囚は、大統領恩赦で減刑になるのが通常だったが、これもまた、母性尊重の違った形ではある。

シャネルの生まれた約十年後、実はフェミニズムという言葉がやっと日常語になった。この年、パリ五区の区役所で、女優であり、女性政治家であったマルグリット・デュランが議長を務めた女権会議が開催された。フェミニズムという言葉自体は一八三〇年ごろ、無尽蔵に新語を発明した空想家、シャルル・フーリエが使い出した言葉だ。シャネルの母親が、女性の権利どころか、人権もまったく無視されるような環境で娘を生んだころ、女性の権利という観念がフランス人の意識に上り始めていたわけだ。

先述の「二つの裁判」の執筆者の『フィガロ』紙の記者、アルベール・デルプルは公務員重視の《裁判の不公平》を批判し、夫の後任者のみならず後継者まで作ってしまった人妻を《ちょっと早すぎる》と批判してはいるものの、突然帰国した夫に対しても《予測できた事態》と、その無分別さを嘲笑《ちょうしょう》している。

そのうえで、《現代に適合しないこうした古い法律の下》では、《バルザックの小説のようなことが沢山ある》と慨嘆している。彼はかなり進んだ考え方の持ち主で、女性の味方だったと言えそうだ。

シャネルは沢山の愛人を持ちながら、結局、一度も結婚せず、過去も必死に隠したが、こうしたシャネルの態度もナポレオン法典に支配されていたフランスの社会制度と無縁ではなかったはずだ。あるいはフロイト的に、祖母も母親も夫に苦労した影響で、男性に対する不信感ゆえに結婚しなかった、という解説も成り立つが、シャネルがこうした陳腐な説を聞いたら、それこそ、柳眉《りゅうび》を逆立てて怒りそうだ。

一方、当時の高級週刊紙で「世界新聞」と副題を掲げた『リリュストラシオン』はどんな記事を掲載していたのだろう。週刊紙だった同紙の一八八三年八月二十五日号には、十九日の日曜日に地方議会選挙が実施され、共和党が一四四五議席中、一〇一二議席を獲得して勝利したことを伝えている。

共和党は一八七一年に第三共和制の初代大統領に選出されたティエールらが育てた党だ。ブルジョア的共和主義を掲げ、二月革命の実現に努め、普仏戦争の開戦に反対し、パリコミューン*を生き抜き、徐々に支持を伸ばしていた。

同紙はまた一八八三年の一月―七月のフランスの貿易収支も報告している。それによると、輸入が約二八億フラン、輸出が約一九億五〇〇〇万フランで前年度比では輸

パリコミューン　普仏戦争に勝ってパリに入城したプロイセン軍が三日で撤退した後の一八七一年三月十八日から七十二日間、パリに樹立された労働者の革命自治政府。

入が五八〇〇万フラン増加し、輸出は五〇〇〇万フラン減少と述べ、「あまり好ましくない状況」と指摘している。

では当時の物価はと言えば、十九日付の『フィガロ』紙の記事が参考になろうか。グレヴィー大統領が自分のアパートを、家賃一年一万七〇〇〇フランで貸していたが三年後に五〇〇〇フラン値上げし、代償として借家人にレジオン・ドヌール勲章を与えたと報じている。ちなみに約十年前の普仏戦争で、フランスがドイツに支払った戦争賠償金は五〇億フランだった。

さらに同紙はインドシナのトンキンで戦闘が続き、「安南（ベトナム）人に多大な戦死者が出たがフランス軍は二人が戦死、六人が負傷と善戦」と報じる一方で、フランス遠征軍を率いるバデン大佐が苦戦している状況も伝えている。自国の戦闘報告はいつの時代もどの国にとっても頭痛の種だったようだ。フランスはシャネルが誕生した六日後の八月二十五日にはユエ条約*を締結し、安南を保護国化した。

フランスは八三年にはマダガスカル島遠征、八八年には仏領ソマリランドの建設など植民地政策が活発化するが、トンキンでは中国と軍事対立が起きたほか、多額の軍事費と人命の投入がクレマンソー*ら急進派の攻撃の的となり、結局、時の首相で共和党の領袖《りょうしゅう》、フェリーの敗北につながる。シャネルの生まれた日のフランスの政治、外交、経済状況は決して平穏ではなく、かなりの波瀾《はらん》ぶくみだったといえる。

一方、同日付の『リリュストラシオン』の「パリ通信」の欄では、チュイルリー公園で開催中の「パリ－イースキア祭り」の記事が掲載されている。イースキア（イスーキとも発音）島はイタリア南部、ナポリ湾北西部の火山島だ。夏季の避暑地で、温泉・海水浴場がある。紀元前八世紀にギリシア人が建設した町なので、遺跡も多い。同記事は、「パリをまだ離れられないパリジャンがチュイルリー公園にイースキア祭りを見に行けば、この村祭りの切符を買った入場者は失望しないはずだ」と述べ、この有料のイベントがかなり充実していたことを伝えている。

フランスが有名な有給休暇制度を開始し、一般国民がヴァカンスに出掛ける習慣を持ったのは、一九三六年のレオン・ブルム*の人民戦線からだが、この記事はすでに十

ユエ条約（一八八三）　ベトナムをフランスの保護国とする条約。フランスはさらに同条約締結の翌八四年から八五年にかけての清仏戦争に勝って清と天津条約を締結。
ジョルジュ・クレマンソー（一八四一～一九二九）　第二帝政崩壊期にパリのモンマルトル区長として政界に入り、一八七一年に下院議員に当選。一九〇六～〇九年、首相。第一次大戦末期の一七年に再び首相となり、一九年のパリ講和会議でドイツに対する厳しい制裁を主張した。
レオン・ブルム（一八七二～一九五〇）　フランスの最初の社会主義者の首相。社会党党首を経て一九三六～三七年の「人民戦線」内閣で首相となった。

九世紀末から、パリジャンが夏になるとヴァカンスに出掛けていたことを示している。

『リリュストラシオン』は題字が示す通り、イラストが売り物だ。シャネルが成人し、オペレッタの歌手を夢見ていたころは同紙の服飾ページを参考にしたものだ。この号ではアムステルダムの万国博覧会やフランス中部トゥールの町の火事現場や騎兵部隊の演習風景が全ページのイラストで紹介されている。さらに「馬のプロポーション」と題する記事もあり、これには理想的な数値を記入した馬のイラストが付いている。シャネルの生地、ソーミュールは騎兵学校の所在地だが、シャネルと馬はどうやら生まれた時から縁があったようだ。シャネルの最初の愛人エティエンヌ・バルサンも、シャネルが生涯で唯一愛したと言われる英国人、アーサー・カペルも、シャネルにプロポーズしたとされるウエストミンスター公も馬を愛していた。

第2章

オーバジーヌの孤児院

初春の柔らかな陽射《ひざ》しの中、森に囲まれた曲がりくねったなだらかな坂道を車で上って行くと、突然、前方に視界が開け、丘の上に十字架を戴《いただ》いた教会の尖塔《せんとう》が見えてきた。その十字架は横木も縦木も太めで、ちょっとずんぐりしているが、それだけに、不思議な暖かみをたたえている。あれが、オーバジーヌの町のエティエンヌ修道士の僧院の教会にちがいない。胸が高鳴りはじめる。

パリから約五〇〇キロ。フランス中部リムーザン地方コレーズ県の小さな町、オーバジーヌに行くにはフランス国有鉄道（SNCF）なら四時間かかる。フランス自慢の新幹線（TGV）が停車しないからだ。ブリーブはシャネルの母、ジャンヌが行き倒れ同様に死去した土地である。さらにこの駅から一〇キロ東のオーバジーヌに行くには一日二本程度しかない電車を利用するか、車で行く以外、交通手段はない。空路ならパリからロンドンは三〇分、サラエボも二時間の距離だが、フランス中部の町に行くには、数時間かかるところが珍しくない。それだけ都会の喧噪《けんそう》とも隔絶されているわけだ。標高三〇〇メートルの小高い丘にある小さな町は、中世がそのまま凍結したような静寂に包まれていた。二軒ある町のホテルも、本格的な春がやってくるまでは休業だ。

坂道の頂上にたどり着き、教会と僧院を間近に仰ぎ見た時、「あっ、シャネルの色」と思わず声が出た。先入観のせいだろうか、黒い屋根とベージュ色の壁は、パリのカンボン通りの店の黒とベージュと同じ色だった。そして、この黒とベージュはシャネルの基本色として、世界中のシャネルの店で使われており、室内装飾を勝手に変えることは契約違反となる。

もちろん、この基本色はシャネル・モードの基本色でもある。それに無駄をいっさい排した峻厳《しゅんげん》としたこの典型的なロマネスク様式*も、ある意味でシャネルの原型と言えないだろうか。シャネルの伝記を書いたシャルル゠ルーはシャネルが十一歳半から十八歳まで暮らしたのは、この中世の僧院だった、と推定している。

シャネルの母親が、五人の子供を遺《のこ》して、一八九五年二月に亡《な》くなった後、父親のアルベールは最寄りの孤児院にシャネルと長女ジュリアを預けると、そのまま姿を消した。幼い妹アントワネットは親類に預けられた。二人の弟は労働力を見込まれて奴《ど》隷《れい》同然の条件で農家の養子になったが、シャネルはこの弟たちも含め、親類縁者のことを積極的に話したことはない。

もちろん、孤児院生活のことは口をつぐんだままだった。ただ一九四七年の冬、ポール・モーランに自分の少女時代を振り返った時、自分の生地と語っていたオーヴェルニュ地方の思い出について、こんな風に述べている。

《六歳で、私はすでにたった一人だった。母は死んだばかりだった。父は私をまるで重い荷物のように叔母たちの家に預けて出発し、やがてアメリカに行ったまま二度と戻ってこなかった。孤児、その時以来、この言葉が私を恐怖で身動きさせなくした。いまでもなお、小さな女の子たちのいる孤児院を見に行き、『あの子たちは、孤児です』という言葉を聞くたびに涙が出る》

この最後の一文は、シャネルが語った数々の偽りの過去の中で、最も真実を語った部分といえよう。

ロマネスク様式　十世紀後半から十二世紀後半にかけて中世ヨーロッパで多く見られた建築様式。それまでの木造屋根に代わり、石造で永遠性を持つアーチ型の丸天井や窓の小さな壁構造が特徴となっている。

シャネルが少女時代を過ごしたと推定されるオーバジーヌの僧院

オーバジーヌの僧院は十二世紀に、ローマ教皇グレゴリウス七世による教会改革運動が広がる中、オーヴェルニュ地方とリムーザン地方の境界の辺鄙《へんぴ》な村からやってきた隠遁者《いんとんしゃ》、エティエンヌ・ドーバジーヌが建てたものだ。彼は厳しい自給自足の戒律の中で、あらゆる欠乏と神との対話だけに明け暮れながら、森を拓《ひら》き、水を引いた。やがて、この世捨て人を慕って、支持者が集まり、共同体が形成された。

この聖なる隠遁者は一一三〇年から正式に僧院を建設する許可をアルプス山中のカルトジオ会の修道院に申請したが、女性が共同生活者に参加していたため、拒否される。五年後に二度目の申請をした時は、男女の修道者が個々に僧院を建てることを条件に許可が出る。男性用の僧院は、従来の共同体のある場所、つまり現在、僧院と教会が建っている場所に、女性用の修道院はそこから約六〇〇メートル、離れた所に建てられることになった。現在、この女性用の修道院は長い年月の末にほとんど跡形もなく崩壊し、わずかに塀の一部を遺すだけだ。

しかしエティエンヌ・ドーバジーヌは一一四七年にもう一度、男女が一緒に共同体で生活できるように、今度はベネディクト系のシトー会の本拠地、ブルゴーニュ地方のディジョンに近い小村、シトーを訪問する。そしてやっと僧院建設の許可を得た。異例の許可だった。聖者エティエンヌ・ドーバジーヌの燃えるような信仰心と信念が実を結んだわけだ。


フランス革命後、廃墟《はいきょ》同然に荒れたこの僧院を孤児院として買い取ったのがマリア聖心修道会である。同修道会に残っている書類によると、一八五九年六月二十一日に二万六〇〇〇フランで購入したとの記述がある。そして女性が共同体に参加していたことが、のちに女児収容の孤児院になったことと無関係ではないかもしれない。

孤児院には当初、孤児のほかに寄宿生徒もおり、一八九〇年には孤児二六人、寄宿生徒六人の記録がある。元来、壮麗、優美なゴシック建築*に比較して、十二世紀に建

ゴシック建築　上昇への意志を示すような尖塔や色鮮やかなステンドグラスにより聖堂全体が石の聖書ともいうべき強い精神性を持つ建築様式。

設された典型的なロマネスク様式の僧院には無駄な飾りはいっさいないが、有料の寄宿生徒の共同寝室は広いホールで、高い天井には天使の絵が描かれ、暖房もされていた。一方、孤児の共同寝室は屋根裏部屋で暖房もなかった。

教会の地下には今もエティエンヌ・ドーバジーヌの墓があり、聖者の石像が横臥《おうが》しているが、その顔の部分は擦り減って光っている。男女共同体の僧院建設を申請し、最後に願いがかなえられたこの聖者の顔を熱心に愛撫《あいぶ》すると、願い事がかなえられる、という言い伝えがあるからだ。シャネルも密《ひそ》かに地下に降り、静謐《せいひつ》と薄闇《うすやみ》が支配する中で、願いを込めて聖者の顔を何度か愛撫したのだろうか。

あるいは教会の聖歌隊席の近くに置かれている聖母マリアのピエタの像の前で物思いにふけったかもしれない。この像は十五世紀末に多色性の石灰で製作されたもので、マリアもキリストの顔も実に素朴で、悲哀よりむしろ、母子の深い情愛がしみじみ感じられる作品だ。かつては鮮やかだった色彩は今はところどころにオレンジ色とベージュ色が残っているだけだ。肉親の愛情に薄かったシャネルにとって、この像は慰めになったはずだ。

僧院の黒い屋根とベージュ色の壁は孤独な少女たちの目には冷酷に映ったはずだ。シャネルがこの僧院の凜《りん》とした姿形と、ほとんど色彩らしい色彩のない美しさに気が付いたのは、いつごろのことだろう。孤児院の生活を忘れたころに、その美しさが蘇《よみがえ》ってきたのだろうか。

そして孤児たちが着ていた白と黒の制服。「黒」はシャネルにとって、最初にデザイナーとして注目された「小さな黒い服」以来、「シャネルの色」となっているが、その起源は孤児たちの着用した黒いスカートかもしれない。

《黒のスカートは、長持ちするように、そして大股《おおまた》で歩けるように、ボックス・プリーツに裁ってあった。修道女たちのヴェールは黒く……彼女たちの頭を締め付けている糊《のり》のよくきいたまっ白なバンド……》（『リレギュリエール』）

ロマネスク様式を色濃く残すオーバジーヌの旧僧院

白もまたシャネルが生涯、愛した色だ。人々の記憶に残るシャネルのパジャマは常に白のサテンだった。死んだ日も彼女は、この白のサテンに包まれてベッドに入っている。孤独だった少女時代について、シャネルはポール・モーランにこう語っている。

《自由であるためにはお金が必要だった……カタログをながめては、お金を湯水のように使う夢にひたっていた。敷布《しきふ》のように真っ白な服、白塗りの部屋に白いカーテン。この白い色は、私が閉じ込められていたうす暗い家とは対照的だ》(『ラリュール・ド・シャネル』)。ここでもシャネルは真実を語っている。

孤児のクラスはいくつかに分かれており、十二―十四歳が「守護天使組」と呼ばれてニワトリやウサギの世話をし、十四―十六歳の「聖ジョゼフ組」は畑仕事、十六―十八歳の「聖母組」は年少者の世話のほか牛乳やチーズ作り、裁縫などの作業を行なった。夏は午前七時、冬は午前八時起床、夕食は夏が午後七時、冬が午後六時、就寝は午後八時三〇分だ。

シャネルは第二次大戦前の絶頂期を迎えていた一九三一年九月に、米国の作家、デユーナ・バーンズのインタビューに次のように答えている。この若い作家はシャネルより一歳年上で、一九二〇年代後半から第二次大戦までパリに住み、ジェームズ・ジョイスやガートルード・スタイン*らと交流があった。

《睡眠は七時間か八時間が必要。窓は開けたまま寝ること。早起きして仕事は懸命に一生懸命にやりなさい……。夜更《よふ》かしは禁物……。耳や目、考えや神経を研ぎ澄ましておきなさい……。夜更けすぎに面白いことなんか何もない》

シャネルは当時、社交界にも君臨し、一九二一年に発表した香水「シャネルの五番」は世界中で売れ行きNo.1を誇り、一九三一年にはハリウッドを制覇《せいは》。グレタ・ガルボやマレーネ・ディートリッヒが争ってシャネルと交際することを名誉としていたころだから、この回答はアメリカ人の女性作家には意外だったかもしれない。

しかし、シャルル＝ルーをはじめシャネルをよく知る人は、「シャネルはアルコールもほとんど口にしなかった」と証言する。社交界に出入りし、毎晩、夜更けまでパリの夜を楽しみ、生活も不規則だったと思いがちだが、その正反対の規則正しい日常と生活態度は、孤児院時代に養われたのかもしれない。

シャネルはポール・モーランにこうも述べて、警告している。《キスや愛撫や教師やビタミン剤が、子供を殺してしまうだけではなく、不幸にし、ひよわな人間に仕立ててしまう》

孤児院での授業は孤児も寄宿生も合同で行なわれた。子供はしばしば残酷だから、孤児と寄宿生との間にはさまざまな争いや葛藤《かっとう》があったに違いない。そして、いつもじっと自分の境遇に耐えたのは、無料で面倒を見てもらっていた孤児たちのはずだ。

寄宿生はその後、姿を消し、「孤児（約三〇名）がトゥルソー（僧院や寄宿舎に入る者が持参する衣類一式）の製作を修道女と裁縫室で行なっている」（一九〇二年三月四日付

ガートルード・スタイン（一八七四～一九四六）　米国の女性詩人、小説家。一九〇三年にフランスに渡り、彼女の家はパリに住む前衛芸術家や文学青年のサロンとなった。

のブリーブ市の副市長からコレーズ県知事に宛《あ》てた書簡）状態になる。

当時の孤児院の生活をしのばせる記録がある。一九〇五年に作成された孤児院所有の家具などの目録だ。それによると、食堂には「二つの引き出し付きの長さ四メートルの木製のテーブル二台」「二つの引き出し付きの三メートル八〇センチのテーブル一台」「四メートルのベンチ一台と三メートルのベンチ二台」「小さな二メートルのベンチ一台」「スプーン二五個とフォーク二五個」「二五個のコップ」など。

教室には「壁にかかった黒板」「教師用の小さな机と網藁《あみわら》張りの椅子《いす》」「生徒用の状態の悪い机二台とその木製の椅子」「フランスと欧州の地図二枚」「宗教ものの額縁四個」など。

共同寝室「藁入り、マットレス付きの鉄製のベッド八台、各ベッドに敷布二枚」「古い藁入りだけの鉄製のベッド五台」「小さな鉄製のベッド一六台」などなど。

さらに図書室には「ジャンヌ・ダルク五幕もの、ジョゼフ・ド・ムーラン作」「ジャンヌ・ダルクに関する他の本、ジョゼフ・ド・ムーラン作」「気で病む男、ジョゼフ・ド・ムーラン作」「聖エティエンヌ・ドーバジーヌの生涯」などなど。

ジョゼフ・ド・ムーランの名は通常のフランス文学史などには記載されていないマイナーな劇作家だ。しかし感受性の鋭い少女時代、シャネルが多分、繰り返し読んだであろうのは、火刑となった救国の聖女と、世捨て人同然の極貧の生活を送りながら、当時としては珍しく男女混成の共同体を容認し、男女双方の熱い支持を得て、この僧院の建立《こんりゅう》に成功した聖者の伝記だったかもしれない。

第二次大戦中、シャネルと交友があった元ナチス将校、テオドール・モムは戦後、シャネルの伝記を執筆中のエドモンド・シャルル＝ルーの質問に書簡で答えているが、その書簡の中で、シャネルが第二次大戦の末期に柄にもなく、ドイツとの休戦を画策した件に触れて、「彼女にはジャンヌ・ダルクの血が流れている」と言ったことがあるという。元ナチス将校の言葉をロマネスクな推量として批判する者もいるが、あながち的はずれとも、突飛な比較とも言い切れないかもしれない。

オーバジーヌ僧院内の食堂

シャネルら孤児が修道女の指導の下で熱心に行なったのが裁縫だった。孤児たちはトゥルソーを仕上げ、それは地方の町やパリの街に卸され、孤児院のわずかな収入となった。

シャネルのアトリエの主任でシャネル自身の服も縫っていたマノン・リギュエールは、「マドモワゼル・シャネルはいつもハサミを首から鎖でぶらさげ、気に入らない作品は、パリコレの前日でもさっさとほどいたが、針を持っていたのは見たことがない。店の上階にあったアトリエに来たこともない」と証言するが、孤児院時代にみっちりと裁縫の技術を習得したことは間違いない。ただ、シャネルは裁縫自体は孤児院の思い出とも結び付いて、あまり好きではなかったのではないか。

孤児院でシャネルが毎日着ていたのが白と黒の制服なら、毎日目にしていたのも修道女の黒と白の制服。そして毎日縫っていたのも他人の制服だったわけだ。幼い目に映ったであろう生地ソーミュールの騎兵学校の士官たちの制服に、孤児院を出て最初に行った町、ムーランの猟騎兵部隊の制服、それにこれらの少女時代の制服群。制服の持つ機能性と持久性と合理性、そこからくる独特の美しさ——シャネルのモードの基本が制服を通して形成されていったことがうかがえる。

こうした孤児院の孤独で屈辱的ともいえる生活を、シャネルは頭を上げ、誇り高く耐えた。ポール・モーランにもこう強調する。《私はいつも、とても傲慢《ごうまん》だった。頭を下げたり、ぺこぺこしたり、卑下したり、自分の考えを押しまげたり、命令に従うのは、大きらいだった》と。《傲慢さは、私の性格のすべての鍵《かぎ》となっただけでなく、独立心ともなり、非社交性ともなった。それは同時に、私の力や成功の秘密にも

なっていった》

シャネルがオーバジーヌのこの孤児院にいた、という正確な記録は今のところ何もない。孤児院は一九六五年に廃止になり、現在は宗教団体「生命の言葉」が研修などの合宿用に使用している。シャルル＝ルーは、「ありふれた不幸というものはない。あるのは、その時代のさまざまな不幸だ」と指摘しているが、社会保障制度が進み、それが財政赤字を拡大するフランスの現代では、孤児院はもはや過去の遺物なのかもしれない。

ちなみにコレーズ県は、第五共和制*五人目の大統領であり、保守本道、共和国連合（RPR。その後、国民運動連合［UMP］を経て、現・共和党［LR］）の生みの親ジャック・シラクの選挙区だ。同県ブリーブ市近くの小村、サント・フェレオールにはシラクの両親がかつて住んでいた家もある。実業家だったシラクの父親は主としてパリに住み、シラク自身もパリ生まれだが、少年時代は時々、両親に連れられてこの田舎の家にやってきた、という。夫人のベルナデット・シラクも同県選出の県会議員だから、フランス人にとっては、コレーズ県は第五共和制の五人目の大統領と結びついて

第五共和制（一九五八〜）　第四共和制の欠陥を補うため、議会の力を抑え、大統領権限を強化する新憲法を発布、ドゴールが初代大統領に選ばれた。

いる。日本ならさしずめ、地元の陳情があり、早々に新幹線の停車駅になったかもしれない。

シャネルは孤児院から出た数年後に出会った最初の愛人、エティエンヌ・バルサンに、《前にもエティエンヌという名前の保護者がいた》と告げたことがあるが、孤児院の創始者の聖者、エティエンヌ・ドーバジーヌこそ、シャネルの最初の〝愛人〟だったと言えよう。

ココ！　ココ！

パリから南に約三〇〇キロのところにフランス中部ブルボネ地方の中都市ムーランがある。中世の建物が残る典型的な地方都市だ。アリエ川の流れに沿って中世から農業や農機具の生産を中心に、徐々に形成されたあまり特徴のない町だ。町の中央にある十五世紀から十七世紀に建設されたノートルダム寺院が目を引くぐらいで、これとてフランスの全国津々浦々に見られる平凡な光景である。ただ、フランスの歴史に十世紀から名を記したブルボン王朝の祖、ブルボン閣下の領地であることを示すこの地方名は、この地方の人々になにがしかの矜持《きょうじ》を与えているのかもしれない。

人口約二万七〇〇〇人のこの平凡な町で、ちょっと自慢したい場所があるとしたら、中央広場に面した、「ル・グラン・カフェ」だろう。ベル・エポック*の典型的レストランであるパリの「マキシム」*と同時代に建設されたカフェには、「マキシム」と同じように、店内に鏡が張り巡らされ、高い天井には蔦《つた》模様のフレスコ画が描かれている。ルイ王朝の十八世紀に大流行し、第二帝政時代に復活し、そしてまた世紀末に蘇ったロカイユ様式（貝、小石をモチーフにした装飾や複雑な曲線が特徴）を取り入れた室内装飾は、地方都市にはちょっともったいないような凝りようだ。

店の奥にはスタッコ（大理石の粉の入った化粧漆喰《しっくい》）の付け柱（壁の一部が張り出している柱）風の飾り露台も見える。隅におかれたピアノからは、ベル・エポックの陽気なシャンソンが今にも聞こえてきそうだ。

「私は可哀想《かわいそう》なココを見失ってしまった、大好きな私の犬のココを……」

ベル・エポック　「良き時代」の意味で、パリの十九世紀末から二十世紀初頭にかけての時期を指す。この時期のパリは文化や芸術が栄え、外国人芸術家や若く貧しい芸術家たちも数多く集まってきた。
マキシム　一八九三年にマキシム・ガイヤールがパリ・ロワイヤル通りのアイスクリーム店を買収して開店した高級レストラン。

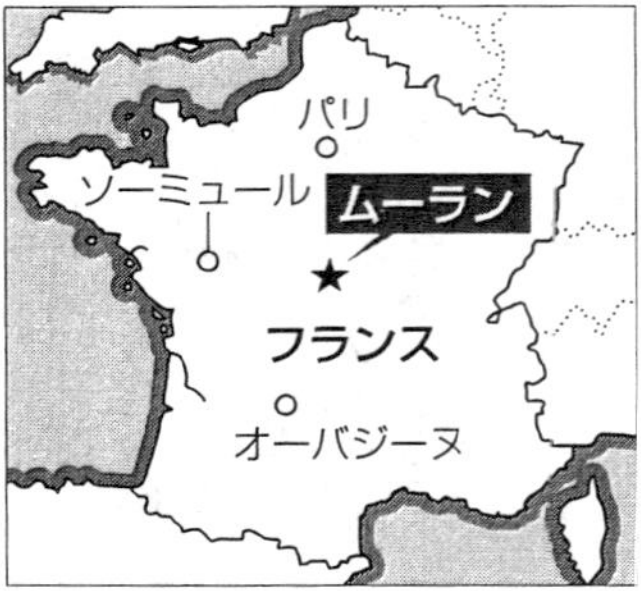

シャネルは十七歳の時、ちょうど十八歳になった姉のジュリア、そして親類の家にいた妹のアントワネットと共にムーランの宗教施設の寄宿舎に送られ、ここで二年間を過ごす。孤児院の規則が十八歳以降は修道女を目指す者だけを預かるとなっていたからだ。ムーランの近くの町には鉄道員を夫に持つ叔母が暮らしており、シャネル姉妹を引き取る能力はなかったものの、ヴァカンスには一緒に過ごしていた。ムーランにはシャネルの年下の叔母、アドリエンヌもいた。

シャネルの伝記作者、シャルル＝ルーはこうした関係でシャネル姉妹はムーランの施設に送られたと推察している。そして、十八歳に達し、孤児院を引き払わなければならない年齢になったシャネルはこの町で、最初に働きはじめたと見られている。多分、修道院の紹介でお針子として働く道を選んだはずだ。ところが、この町には、当時、パリから流行が伝わってきたカフェで行なうコンサート、「カフェ・コンセール」用の「ル・グラン・カフェ」のようなカフェがいくつかあった。「カフェ・コンセール」こそは、十九世紀末とベル・エポックの象徴だ。

シャネルがこの時代の先端を行く「カフェ・コンセール」の歌手を目指したとしてもふしぎではない。まだ自分の本当の才能に気が付かず、手探り状態で将来に賭けていた若い女性、それも、自分は「ひとかどの者」であるとの自負心が強い女性が、こうした時代の先端を行く職業を目指すことは珍しいことではない。

シャンパンなどを飲みながら、風刺のきついシャンソンを聞き、手品や軽業を楽しむ娯楽場兼社交場である「カフェ・コンセール」は、パリでは一八六〇年代から出現した。一八八九年にはモンマルトルに、例のちょっとエロチックで粋《いき》で陽気ないかにもパリジェンヌらしいフレンチ・カンカンが呼び物の「ムーラン・ルージュ」が開店し、「カフェ・コンセール」は全盛期を迎えた。ロートレックは、モンマルトルのカフェ、「ディヴァン・ジャポネ（日本の長椅子）」を愛したが、こうした人気カフェではお針子出身の大テレサやモデル出身のイヴェット・ギルベール*が大スターとして人気を集めていた。彼女たちの収入は女優より多かったと言われる。ムーランのような田舎町にまで「カフェ・コンセール」が浸透したことで、その人気の高さが偲《しの》ばれ

イヴェット・ギルベール（一八六七〜一九四四）パリ下層階級の生活を歌い、人気を博したベル・エポック時代のシャンソン歌手。ロートレックのポスターにもトレードマークの黒手袋で登場する。

上　ロートレックの「ムーラン・ルージュのラ・グリュ（大食い女）」
下　「ディヴァン・ジャポネ」のポスター

る。中でも、「ル・グラン・カフェ」は最も洗練された、つまりパリ風のカフェであることを誇っていた。

「ル・グラン・カフェ」の現オーナー、モーリス・ポシュロン氏によると、同店が建設されたのは一八九九年。建設費は二五万フラン（約六九万ユーロ＝約一億一〇〇〇万円）。シャネルがムーランに住んでいた当時は、開店早々の豪華カフェだったわけだ。オーバジーヌの静謐で硬質な孤児院とは何という相違だろう。だが若い女性にとってどちらが魅力的だったかは容易に想像がつく。

シャネルがこのカフェに出入りするようになったのはいつ頃だろう。いずれにせよ、ムーランはシャネルにとって最初の世間だったとも言える。町には孤児院では見かけなかった男子学生がいた。少年たちは黒い学生服を着て、白いワイシャツに花形結びにしたネクタイをしていた。ネクタイはシャネルによって一九二〇年代に断髪のボブ・ヘアと共に「ギャルソンヌ（ボーイッシュな）・スタイル」として大流行することになる。

再会した叔母のアドリエンヌは美しい優雅な女性に成長しており、親類にはなじめなかったシャネルもすぐ親しくなる。二人は寄宿舎を出ると、修道会の世話で、町の中心街で、時計台があるところから命名されたオルロージュ（時計）通りの「サント・マリ」という名の洋裁店で働き始めた。この通りは現在、時計台も町の繁華街という地位もそのままの姿を留めているが、残念ながら「サント・マリ」という洋裁店はない。店は繁盛《はんじょう》していた。周辺に城館があり、その貴族たちの通う競馬場があり、そして町のはずれのアリエ川の向こうにはフランス陸軍の誇る猟騎兵連隊の宿舎があったからだ。この宿舎は現在、フランス陸軍の兵舎として使用されている。

それにしても、またしても騎兵に馬である。シャネルと騎兵と馬はよほど縁があり相性が良いのだろう。しかもこの時代、ここに駐屯していたのは、騎兵の中でも《フランス最高の精華というべき男の集団》（『リレギュリエール』）の猟騎兵第十連隊だっ

ムーランのカフェ

た。姓の前には貴族を表わす「ド」が付く優雅で勇敢な青年が多く、《武装を解くと、すぐに川の流れに沿って繰り出した。……規範を破ってふくらませた深紅の乗馬ズボンをはき、軍帽はあまり目立たないようにかぶっていた……》。

もちろん、彼ら自身も十分に目立っていた。《彼らは薄地の絹製の軍帽や、金色の三列のボタンが付き、凝った山羊《やぎ》の毛をつけた七本の肋骨《ろっこつ》模様紐《ひも》飾りのある軍服、それに裏付きの空色の長外套《がいとう》》（同書）で町を闊歩《かっぽ》した。

シャネル・スーツの原型が騎兵の制服とするなら、ムーランの町も生地ソーミュールと並んで、シャネル・スーツのルーツの一つといえよう。

彼ら猟騎兵は、こうした三列の金ボタンや飾り紐を縫い付けた軍服や騎兵の特徴の空色の長外套などはパリの最高級店に注文したが、飾り紐の繕いや金ボタンのつけ替えにはシャネルの勧める洋裁店にやってきた。若い騎兵がシャネルとアドリエンヌの二人の美しい娘に気がつき、「ル・グラン・カフェ」など流行のカフェに誘うようになるのは時間の問題だったはずだ。

当時のアドリエンヌの写真を見ると、ふっくらとし、官能美に輝いているが、シャネルの方は痩《や》せて大きな目と口、鼻ばかりが目立ち、お世辞にも美人とはいえない。しかし、人をハッと引き付ける強い個性がうかがえる。後にシャネルの友人でロートレックやルノワール、ボナールのモデルも務めたパリの社交界の女王、ミジア・セールは、シャネルと一九一七年に初めて会った時の印象をこう記している。

《食卓で、私の注意はたちまち非常に濃い褐色の髪の、一人の若い女性に引かれた。彼女は一言も発言しなかったが、抵抗しがたい魅力を発散していた》（アーサー・ゴールド、ロバート・フィズデール著『ミジア』）

この日、一世を風靡《ふうび》した女優、セシル・ソレルの家の夕食会に招待されていたシャネルは女盛りの三十四歳だったが、どこか自信のなさそうな少女のような表情もときおり見せていたという。

ところで、一九〇三年、二十歳を迎えたシャネルはムーランで何を考えていたのだろう。士官たちに囲まれながら、いつか田舎町からもお針子仕事からも解放され、パリで暮らす日を夢見ていたのだろうか。

アンドレ・グリュックスマン（Sho）

フランス文明の輝かしい一ページ、ベル・エポックの定義は様々だ。大修館書店の新スタンダード仏和辞典では「二十世紀初頭の古き良き時代」となっている。一方、哲学者、アンドレ・グリュックスマン*はこう定義する。

「二つの戦争の間、普仏戦争と第一次大戦の間（一八七〇—一九一四年）の悲劇的時代。フランスはドイツとの戦争という固定観念と脅威に捕らわれていた時代」

「だからこそ人々は消費社会に快楽を求め、今の人生をより良く生き、謳歌《おうか》しようとした。水平線の彼方《かなた》には戦争が感じられ、早晩、危険（戦争）という運命を避けられないと感じていた。危険と香水、快楽、女性、オペラ、オペレッタで代表されるベル・エポックは結びついた隣り合わせのもの」

一九〇五年、兵役制度は二年になり、兵役免除も廃止された。同年三月には日露戦争でフランスの同盟国ロシアが敗勢となるのを見たドイツは、モロッコ・タンジールに上陸して、モロッコにおけるドイツの権益を宣言。単独でのドイツとの戦争を恐れたフランスは国際会議に訴え、米英などの支持を得てやっと解決したが、モロッコでは反仏民衆蜂起《ほうき》が起きるなど不穏な動きがつづいていた。

一九〇六年からは労働争議が頻発、労働総同盟（CGT）*はアミアン憲章を採択し、社会革命を目標にしたストライキなどあらゆる手段に訴えることを確認した。こうした中で急進派のクレマンソー内閣が誕生したが短命に終わり、一九〇九年にはかつてのゼネストの提唱者、アリスティード・ブリアン（一八六二—一九三二）が内閣を組織。一方で国家主義も台頭し、戦争の脅威も増大していった。

歴史学者、ピエール・ノラ*もベル・エポックを第一次大戦前までと定義する。「ある種のクラスにとってのある種の平等、国全体にとってはある種の均衡と一定の財政的繁栄、ある種の生活の楽しみ、ある種の平和、ある種の安定。つまり全《すべ》てが暫定的《ざんていてき》だった。一方でアナーキズム、社会主義があり、非常に惨《みじ》めな生活を送っていた労働

アンドレ・グリュックスマン（一九三七〜二〇一五）　フランスのヌーヴェル・フィロゾフィ（新哲学）の代表的論客。ソルボンヌで哲学者ミシェル・フーコーの助手だった。

フランス労働総同盟（CGT）　一八九五年結成のフランス最大の労働組合組織。一九二一年にアナキスト、共産党ら左派が追放され、「統一労働総同盟」を結成したが三六年に再合同、「人民戦線政府」に加わった。現在でも最強の労組。

ピエール・ノラ（一九三一〜　）　社会科学高等研究院教授。フランスの大手出版社ガリマール書店の文学部門責任者も務め、長編歴史シリーズ『場所の記録』の編纂を担当。

者がいたからだ」。そして「当時の人々は《第二帝政時代の祭典》と言ってナポレオン三世時代を古き良き時代として懐《なつ》かしんでいた。ベル・エポックはそれぞれの人間の記憶の中に存在する」と総括する。

一方、歴史学者のミシェル・ヴィノック*は、「ベル・エポックは神話だ」と指摘する。「幸福な時代は決して存在しないが、幸福な思い出というのは存在するからだ」

ムーランのシャネルにとって、この時代はベル・エポックだったのだろうか。彼女がカフェ・コンセールの人気歌手を夢見たのは、孤児院出身の若い女性にとって、手っ取り早い出世の道に見えたからだろう。

ムーランで最も繁盛していたカフェ・コンセールの一つ、「ラ・ロトンド」の主人は彼女の採用を決める。彼女の歌手としての才能より、集客能力を重視したのかもしれない。彼女にはすでに士官のファンが多数いたからだ。

一九〇五年ごろ、ムーランのカフェ・コンセールには「ポーズ嬢」という名の若い女性が働いていた。《スターの後ろに半円状に座った一〇人ほどの端役《はやく》、彼女たちはサロンのような雰囲気をかもしだして、店の格が高いように見せ……スターたちが舞台から消えると、彼女たちは立ち上がり、代わる代わるシャンソンを歌い始める》（『リレギュリエール』）というのが彼女たちの役割だ。シャネルはこの「ポーズ嬢」としてデビューする。持ち歌は二つしかなかった。「コ・コ・リ・コ」と「トロカデロでココを見たのは誰？」だ。いずれもパリのカフェ・コンセールで流行《はや》ったものだ。舞台にシャネルが登場すると、観衆はいっせいに鶏のコッコッという鳴き声を真似《まね》、《ついに彼女がしゃがれ声で、とても雄鶏《おんどり》の鬨《とき》の声だとは思えないくらいおずおずと、『コ・コ・リ・コ』を始めるのを勇気づけることになるのだ》（同書）。

シャネルは後に「ココ・シャネル」と愛称で呼ばれるようになる。彼女自身は、「父親がつけてくれた愛称」と説明したが、シャルル＝ルーは「トロカデロでココを見たのは誰？」が起源だと見ている。

「私は可哀想なココ、私の大好きな犬、ココを見失ってしまった。トロカデロで……私の最大の後悔だ、男に裏切られるよりもずっとつらい……」

歌のルフランの部分は「ココ！　ココ！」。ここで熱狂したファンたちはいっせいに「ココ！　ココ！」と叫び、アンコールを繰り返し求めた。士官たちをはじめ、彼女のファン、それに友人たちもいつしか、シャネルをココという愛称で呼ぶようになっていた。後に商標にもなり、香水名にもなったココ・シャネルの誕生である。

ミシェル・ヴィノック（一九三七～　）パリ生まれの歴史学者。パリ政治学院名誉教授。

しかしシャネルはこの大成功に満足しなかった。ムーランは田舎町にすぎない。五〇キロ先には、鉱泉で知られる保養地のヴィシーがあった。富裕階級が集まり、猟騎兵たちも休暇を過ごしにしばしば行っていた。競馬場もカフェ・コンセールももっと立派なものがある。シャネルはヴィシーで運を試す決意をする。その彼女を援助してくれたのが、シャネルの最初の愛人と言われるエティエンヌ・バルサンだった。

ヴィシーでの運試し

一九〇五年の夏、シャネルが一シーズンだけ働くつもりでやってきたヴィシーの町について、現在、一般のフランス人はどんなイメージを持っているのだろうか。「ヴィシー」には二つのイメージがあるはずだ。その一は、第二次大戦中の戦犯を裁いた粛清裁判で検事総長アンドレ・モルネが述べたように、「わが国の歴史から抹殺したいあの四年間」、すなわち、一九四〇年六月の仏独休戦協定によって、その年の七月から自由解放の一九四四年八月まで、ナチス・ドイツの対独協力（コラボ）政府、ヴィシー政府の置かれた都市としての悔恨と屈辱のイメージ。

その二は、肝臓病によく効くミネラル・ウォーターや化粧水の「ヴィシー」から連想される鉱泉のある保養地だ。

ヴィシー政府は第一次大戦の英雄でフランス陸軍の最高峰、元帥《げんすい》にまで上り詰めていたフィリップ・ペタン*に全権が委《ゆだ》ねられ、フランスが共和国ではなく、「フランス国家（エタ・フランセ）」と名乗った占領下の政府だ。フランス人にとっては今でも触れたくない深い傷口だ。ペタンは確かに、第一次大戦の激戦地、フランス側だけで八〇万以上の死者を出したヴェルダンを死守した英雄ではあるが、この時、八十四歳だった。

フランスの敗北を認めず、レジスタンス運動を率いたシャルル・ドゴールがいみじくも、《老齢は難破だ》と言ったように、一九四〇年六月にドイツとの休戦協定に署名したころのペタンはすでに亡骸《なきがら》だった。

アンリ・フィリップ・ペタン（一八五六〜一九五一）第一次大戦の活躍でフランスの陸軍元帥となり、国民的人気を集めた。しかし、第二次大戦では、すでにドイツ軍がフランスに侵攻を開始していた四〇年六月に首相に就任。対独降伏文書に調印してヴィシーに政府を置いた。自分が退陣すればドイツが全土を占領するとの考えから、対独協力派とされながらも政権の座にとどまっていた。戦後は国家反逆罪で死刑判決を受け、ドゴール将軍により終身刑に減刑されて服役中に死去した。

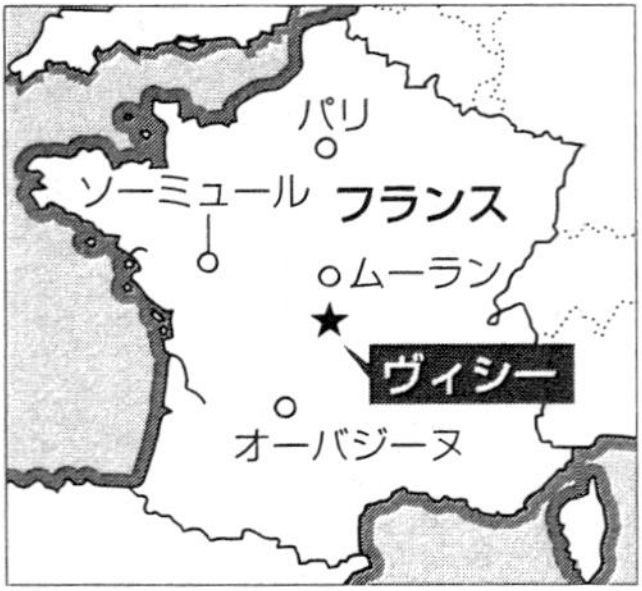

現在のヴィシーの町には、こうしたヴィシー政府を思い出させるものはできるだけ排除されている。鉱水の飲み場があるパルク・デ・スルス（鉱泉公園）はもとより、ルイ十三世時代に建てられ、現在はホテルになっている書簡文学のセヴィニェ侯爵《こうしゃく》夫人の邸宅もカジノもガイドブックに載っているが、ペタンの住んでいた公邸やヴィシー政府のあった建物の案内はない。目につくのはヴィシー政府の思い出の一掃を狙《ねら》ったかのような名前ばかりだ。シャルル・ドゴール広場に共和制広場、共和主義の作家ヴィクトル・ユゴー広場に第二次大戦の戦勝記念日である、一九四五年五月八日広場などである。もっともこれらの広場の名前はパリはもとよりフランスの全国の地方都市に見られるものだが。

ヴィシー政府の議会が置かれたのは、パルク・デ・スルスの正面にある催し場とオペラ座の共同建物、パレ・デ・コングレ＝オペラ座だが、ミシュランの緑色のガイドブックにも、町の公立観光案内所が配布している地図などにも旧議会は記載されていない。ただ、パレ・デ・コングレの入り口ホールの壁に一ヵ所だけ、ヴィシー政府の存在を示すプレートがある。それは、アッと言う間に前線を突破して進撃してきたドイツ軍を逃れるため、政府がパリからヴィシーに移動し、休戦協定も締結した後の一九四〇年七月十日に、「フランス国家の新憲法」起草の行動を政府の長であるペタンに与える法案、つまり第三共和制を葬《ほうむ》る法案の採決が行なわれた時、六六六人の議員中、反対した八〇人の議員の名前が記されたプレートだ。

フランス人の誰もが対独協力のヴィシー政府に賛成したわけではない、ヴィシー政府樹立に反対した者がこのようにいる、というまさにフランス人的な言い訳、アリバイにすぎない。換言すれば、六六六人中、たった八〇人しか反対せず、多数のフランス人は対独協力に甘んじたということの証明にほかならない。第三共和制はこの議決をもって崩壊したのだから。

第二次世界大戦前のシャネルが抱いたのは当然ながら二番目のイメージだ。ムーランは田舎町にすぎないが、その五〇キロ先には魅力的な保養地があるというのに、どうして片田舎に埋もれている必要があろうか。金持ちの保養客が多数集まり、猟騎兵たちも休暇を過ごしにしばしば行っているではないか。競馬場もカフェ・コンセールもムーランよりずっと立派なものがあるというではないか。シャネルがヴィシーで運を試す決意をしても不思議ではない。

ヴィシーはローマ時代から鉱水が出る町として知られていたが、中世に入ってからはアリエ川が一種の関所の役目を果たし、他の領土からの侵入者を厳しくチェックしていた。アンリ四世（一五五三―一六一〇）の時代に急速に発達し、ナポレオン一世が一八一〇年にパルク・デ・スルスを建設したことでさらに飛躍的に発展したが、十七世紀の書簡文学者、セヴィニェ侯爵夫人は、娘に書き送った書簡の中で、ヴィシー水について、こう書いている。

《今朝、お水を飲みました！　ああ、何てまずいんでしょう！　午後六時には噴水のところに行きます。みんながいるので、みんなに会えます。噴水のところで水を飲み、実にまずそうな顔をします……みんなはぐるぐる回ったり、行ったり来たりして散歩します。それから夕食を取ります。夕食後は誰かの家に行きます、十時には就寝します、今日から私はシャワーを始めました。それから暖かいベッドに潜り込みます。こうやって治すわけです》

一七九九年にはマリア＝レティシィア・ボナパルト、つまりナポレオン一世の母親がやってきた記録が残されており、息子の方も一八一〇年の絶頂期に訪れている。一世の甥《おい》のナポレオン三世時代にはワインや御馳走《ごちそう》に疲れた金持ちたちが重炭酸塩や炭酸が豊富な鉱水を飲みに競ってやってきた。一九四〇年夏にフランス政府がここに移動した理由も、「この都市にはホテルの数が多く、官庁をはじめ行政機関を収容するのに便利」（アンリ・ミシェル『ヴィシー政権』）だからだ。

今もヴィシーは、リューマチや肝臓病に効くと言われる鉱水を飲みに来たり、湯治にやってくる客で賑《にぎ》わっている。夏には特に鉱泉治療にやってくる富裕階級の年配客が多い。穏やかな気候や町の周辺を流れるアリエ川の風光も人を引き付けるのだろう。

町の中央にあるパルク・デ・スルスの真ん中にあるガラス張りの円屋根の建物の中には現在も共同鉱水飲み場があり、早朝から夕方まで、保養客が絶えない。「グラン

上　シャネルが働いていたヴィシーの共同鉱水飲み場の建物
下　その内部で水を飲む風景

ド・グリーユ」「ショメール」などの会社名が記されている下には蛇口が設置されていて、各自が自分で好きな銘柄の鉱水を飲める仕組みになっている。

シャネルがヴィシーに行こうと決意した時、誰もが賛成したわけではない。なにしろ、シャネルは声が良くなかった。彼女の人気は、ひとえにその独特の個性にあったからだ。美人でないにもかかわらず、人の心をつかむ不思議なオーラもあった。しかし、こうした彼女の個性が、耳も目も肥えたヴィシーの金持ちの保養客に通じるとは思えなかった。

そのことをはっきりと指摘したのがエティエンヌ・バルサンだった。本当に愛している者だけがあえて、相手の欠点を指摘し、真剣に将来を案じてくれるように、彼はシャネルを愛していたのだろうか。シャネルが彼を愛していたかどうかは大いに疑問だ。彼は花形の騎兵ではなく、なんと歩兵だったのだから。《大きくもなく、すらりともしていなく、口ひげも平凡で丸顔だった》（『リレギュリエール』）。要するにあまりハンサムでもなければ風采《ふうさい》も上がらなかったが、女性を愛し、馬を愛し、美味なワインと御馳走を愛し、なによりも人生を愛していた。つまり感じの良い陽気な男性だった。

ムーランが初めての世間だった孤児院育ちのシャネルにとっては、気取った猟騎兵に比較して、こういうバルサンの方が親しみ易《やす》かったことは確かだ。それにエティエンヌという名前はシャネルにとってはおなじみの名前だったはずだ。孤児院の聖人、エティエンヌ・ドーバジーヌと同じ名前なのだから。《前にもエティエンヌという名前の保護者がいたのよ。彼も奇跡をみせてくれた》とシャネルはバルサンに打ち明けたが、孤児院育ちを生涯隠していたシャネルが、自分の過ごした孤児院の前身、僧院の創始者の名前とは決して明かさなかったはずだ。

ムーランの士官学校

二人目の保護者のエティエンヌは聖人ではなく生身の若者である。また、騎兵に多い貴族出身者でもなかったが、バルサンの家族はフランス中部サントル地方の工業都市シャトールー出身の金持ちで堅実で真面目《まじめ》だった。第一次大戦前まで存在した典型的なフランスの大ブルジョア階級だ。バルサンは兵役に就く年齢になると地元のシャトールーの歩兵連隊に編入させられた。競走馬の飼育しか興味がなかったバルサンにとって歩兵部隊の新兵訓練はまさに地獄だった。そこで、彼は猟騎兵部隊が駐屯するムーランに東洋語学校があることを知ると、将来の植民地化に備えて、この東洋語学校でインドの言語を習うという最高の口実を見つけて配置替えを希望し、運よく成功した。

そしてその誰にでも好意を持たれる性格からたちまち騎兵たちと付き合うようになった。もちろん、馬ともだ。そして騎兵たちのアイドルのココ・シャネルとも親しくなり、二人の姿はよく、騎兵たちに交じってカフェ「ラ・ロトンド」で見られるようになった。バルサンはシャネルのヴィシー行きの決意が堅いことを知ると、今度は反対せずに財政的援助を申し出た。バルサンがシャネルの最初の愛人といわれるゆえんである。

シャネルと共にアドリエンヌも一緒に出発することになった。バルサンのお陰でもう働く必要がなくなった二人の若い娘は、自分たちが働いていたオルロージュ通りの洋品店で、今度は客となって布地などを選び、いそいそと都会行きの準備を開始した。

シャネルは自分のアイディアで作った帽子と服を身につけて颯爽《さっそう》とヴィシーに乗り込んだ。《きっちりとした肩、高いカラー、ぴったりした身頃、バックルできちんと締めたベルト……》（『リレギュリエール』）は、どこか猟奇兵の制服を連想させたが、シンプルなデザインは若い女性のしなやかな体を一層強調し、見る者をその新鮮さで魅了した。アドリエンヌがコルセット＊や紐でがんじがらめに締め付けた従来のお洒落《しゃれ》な服装をしていただけに、シャネルの服装は引き立ったのかもしれない。

シャネルが参考にしたのは例のイラスト入りの週刊紙、『リリュストラシオン』のモード欄だった。当時、この欄を担当していたモード評論家のはしりのスパール男爵夫人は、読者から圧倒的な支持を得ていた。男爵夫人は上流社会の婦人たちが高級娼婦《しょうふ》と誤解されないように、派手なラメ入りのサテンなどは避けるように忠告し、スーツについては、着心地の良いセル織りを勧めていた。シャネルも彼女の意見には従ったが、上品かつモダンで実用的なこの男爵夫人の好みとシャネルのそれは似ていたのかもしれない。

ただ帽子については、パリの事情に詳しい猟奇兵は恋人や母親などがそろって作らせていたオペラ座に近いラ・ペ通りのカロリーヌ・ルブという製作者の名しか知らなかったので、さすがのシャネルも不安になり、結局、自分で作ることにした。アドリ

コルセット　胸部の下から腹部を逆三角形に絞り上げて体形を整える下着。十五、十六世紀ごろから西欧で広く用いられた。

エンヌもシャネルに作ってもらったシンプルで小型の帽子を被《かぶ》っていたが、これがまるで、騎手の帽子のようで、新鮮だった。

しかし、ヴィシーでは、服装ほどには成功しなかった。彼女はアドリエンヌと一緒に質素な小部屋を借りて住み、レッスンを受け、衣装も自分で工夫して縫い、歌手を志して必死で頑張ったが、結局、ムーランのように雇用主はすぐには出現しなかった。ヴィシーでは、あまり品の良くない《ポーズ嬢》は、とっくに廃止になっていた。シャネルは教師について、ダンスや歌も習い、あちこちのカフェのオーディションを受けるが、結果はいつも同じだった。

あの大テレサ、パリの人気歌手のテレサ・バラドンもお針子出身だったし、今や大女優より収入の多いイヴェット・ギルベールもデビュー当時は一日二フラン、そしてモーリス・シュヴァリエ*も最初は一日三フランだった——こうした事実をシャネルが知っていたとしても、あまり慰めにはならなかったはずだ。

歌手の職探しに失敗したシャネルは結局、《この土地に明るい猟騎兵隊第十連隊のある士官の推薦に力を得て、鉱水会社の事務所に職を探しにいき、〝グランド・グリーユ鉱泉〟の鉱水汲《く》みに採用された》（『リレギュリエール』）。シャネルほど意志の強くないアドリエンヌの方は、さっさと見切りをつけてムーランに帰った。ヴィシーに来たのも、ただ、シャネルに熱心に誘われたからにすぎず、別に歌手になりたかったわけではなかったからだ。

シャネルが水汲みとして働いていたころ、水汲みは深い洞窟《どうくつ》のような奥の壁に並べられたコップを取りに行き、それに水を汲んで湯治客に差し出していた。彼女はここでも愛嬌《あいきょう》をふりまいたわけでもないのに、何か人を引き付ける力があったらしく、何本もの手がさし出されたという。

水汲みの制服は白衣に白い長靴だった。長靴は足が濡《ぬ》れないためだった。白はシャネルの基本色である。彼女が履いていた白い小さな長靴も後に、彼女の手でファッションとして蘇ることになる。彼女は何ひとつ見逃さなかった。しかしシャネルがジリジリして暮らしていたのは想像にかたくない。自分はこんなところで何をやっているのだろう。この低空飛行をしているような感じ。自分はもっと高く飛べるはずだ。自分には天職があるはずだ。

そのころ、両親から遺産を相続したバルサンはパリから北約八〇キロの地、コンピ

モーリス・シュヴァリエ（一八八八～一九七二）　フランスの映画俳優、シャンソン歌手。パリの貧民街に生まれ、一九〇一年にパリのカフェで歌手としてデビュー。二〇年代にはフランスのミュージカル・レビューで名を成し、トーキー時代のハリウッドに招かれて数多くの映画に出演。

エーヌの近くのロワイヤリュに広大な土地を購入し、厩舎《きゅうしゃ》を建て、馬を飼育し、騎手になることを夢見ていた。ロワイヤリュはサラブレッドの調教地として名を馳《は》せていた。

《女の騎手見習いはいらないの》(同)とシャネルはバルサンに言って、ロワイヤリュ行きの希望を告げた。

この時、シャネルはまさか、挫折《ざせつ》という苦い思い出と共に、第二次大戦後にヴィシーの名がもう一度、突然、悪夢のように蘇ってこようとは思わなかっただろう。ヴィシーは風光明媚《ふうこうめいび》な保養地だが、シャネルにとっては鬼門だったのかもしれない。

自分の才能への目覚め

シャネルの最初の愛人、バルサンは年頃の娘を持つパリの社交界の母親たちからは、〝理想の花婿《はなむこ》候補〟として名前が知れていた。そのバルサンがパリ近郊、ロワイヤリュに両親の遺産で領地を購入したのは一九〇四年十二月だった。元々は僧院だったこの広々とした土地には、バルサンが必要とした牧場も厩舎も館《やかた》もすべてそろっていた。彼はここに競馬用の種馬の飼育所を作った。そして馬主になると同時に騎手にもなるつもりだった。当時は、馬主が紳士《ジェントルマン》騎手として出場することも珍しくなかった。

おまけにロワイヤリュには本場の英国出身の調教師たちがそろっていた。競馬は貴族の遊びで、有名調教師はちょっとした名士で、日刊紙は競馬のニュースを争って伝えた。イラスト入りの『リリュストラシオン』にも競馬関係のニュースがひんぱんに掲載された。なによりも、ロワイヤリュの近くにはマロニエとプラタナスの樹木が影を落とす広大なコンピエーヌの森が広がっていた。森の中で馬を走らせるにも、その一角の競馬場に行くにも、絶好の場所であった。バルサンにとって、ロワイヤリュはかねてから夢見ていた理想郷だったと言える。

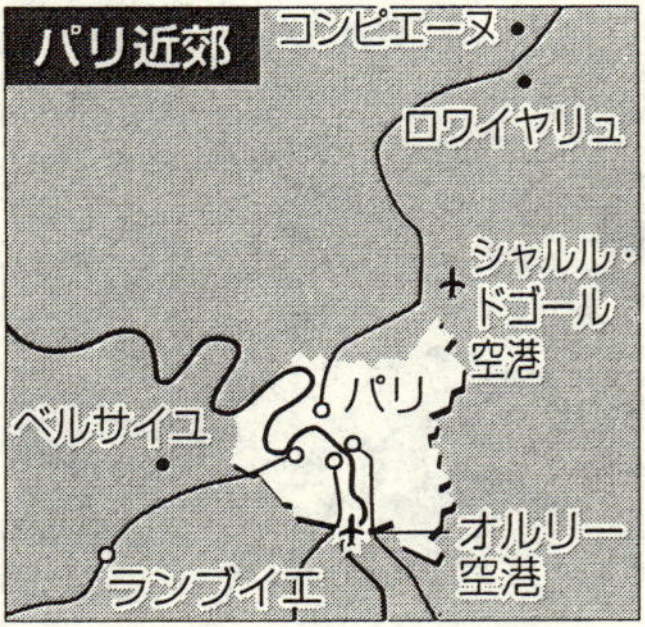

この「コンピエーヌの森」もフランス人にとっては「ヴィシー」と同様、特別の思い出を秘めた歴史的場所だ。欧州の覇者を誇ったフランスとドイツの二十世紀の歴史が刻まれているからだ。ただ、「ヴィシー」と異なり、ここにはフランスの屈辱だけではなく、栄光も輝いていた。まず、四年間の欧州ど

ころか世界を巻き込んだ文字通りの初の世界大戦の思い出だ。一九一八年十一月十一日に静かな森の中を走る列車の引き込み線に乗り入れた食堂車の中で、フランスが勝利した第一次大戦の休戦協定が結ばれた。

コンピエーヌの森の第一次、第二次大戦の記念碑

この地が選ばれた点について、コンピエーヌ休戦記念館のフランス側の資料には、「(本来、調印が行なわれるべき) 英仏連合軍総司令官フェルディナン・フォッシュ元帥の司令部サンリスは、首都パリに近かったので、(報道機関などからの) 隔離の必要と敗戦した敵の尊厳を保障するために」この地が選ばれたと記されており、フランスの敵国ドイツへの寛容性を強調している。

事実、フォッシュ元帥は食堂車の内部の写真の撮影を禁止したので、この時の歴史的写真は存在しない。フォッシュ元帥や背広姿のドイツ側の休戦委員会議長、マティアス・エルツベルガー (国務大臣) などが協定文を置いたテーブルの前に勢揃《せいぞろ》いしている挿絵が存在するだけだ。協定の調印が終了して、食堂車から出てきた一行を撮影した写真は存在し、この時の微妙な雰囲気を伝えている。胸を張ったフォッシュ元帥らフランス側の軍服姿の勝者は写っているが、ドイツ側代表のエルツベルガーら敗者の姿は見えない。ドイツ側が早々に退散したからだ。

この調印式の舞台となった食堂車はナポレオン三世時代のもので、室内のグリーンのサテンの壁布にはナポレオンの頭文字の「N」の縫い取りがされていた。フランスはすでに第三共和制時代だったが、アルザス・ロレーヌ地方*を分割された一八七〇—七一年にかけての普仏戦争の敗北をきっかけに崩壊した第二帝政時代の栄光を示すことで、フランスは「復讐《ふくしゅう》」を果たした格好だ。

翌年のヴェルサイユ条約*は、いっさいの戦争責任をドイツに負わせた苛酷《かこく》なものと

アルザス・ロレーヌ地方　フランスのドイツ国境沿いのアルザスとロレーヌ両地方は戦略上の要衝で、鉄鉱・石炭なども豊富なため独仏間で歴史的に争奪が繰り返され、普仏戦争の結果、フランスからドイツに割譲された。第一次大戦では激戦地となり、戦後のヴェルサイユ条約でフランス領に戻った。

ヴェルサイユ条約　第一次大戦のパリ講和会議の結果、一九一九年六月、ヴェルサイユ宮殿でドイツと連合国が調印した条約。ドイツは全植民地を放棄し、アルザス・ロレーヌ地方をフランスに割譲した。その後、厳格な軍備制限や約一三二〇億金マルクという巨額の賠償金を課された。

されているが、フランス側によれば、「実際はドイツの武装解除はごまかされ、ドイツの総参謀本部も一指もふれられず、賠償は、最初に、それもアメリカの金で、支払われたに過ぎなかった」(アンドレ・モーロワ『フランス史』)。その結果、両国は相手への復讐心をいっそう募《つの》らせ、第二次大戦へと発展する深い後遺症だけが遺った。

こうして二十二年後の一九四〇年六月二十二日、ヒトラーはフランスへの「復讐」のためにのみ、わざわざ休戦協定の場所として、このコンピエーヌの森の中の食堂車を選んだ。フランス側はこの時の情景を、「フランス代表団を騒音と白日の中にさらした」(同)として、第一次大戦の休戦記念日のフランス側の配慮を見習わなかったドイツを激しく非難した。この食堂車は第一次大戦後、一時、大統領専用車として使用された後、一九二一年から二七年まではナポレオン一世の墓があるパリのアンヴァリッド記念館に展示された。その後、当時のコンピエーヌ市長の運動と、第一次大戦に連合国として参戦した米国人の篤志家《とくしか》の寄付でコンピエーヌの森の展示場に移された。

ヒトラーは第二次大戦の休戦協定の調印後、この展示場を破壊し、食堂車をベルリンに輸送して、まるでさらし首のように公衆に展示した後、ベルリンに近い駅の構内に放置した。米軍が近づいた一九四五年四月には食堂車の焼却を命じた。ヒトラーのフランスへの復讐心と怨念《おんねん》の、なんとすさまじいことか。コンピエーヌの森には現在、記念館が建ち、食堂車の模型が置かれているが、これは一九五〇年十一月十一日の記念式典を機に復元されたものだ。一九九七年現在、ドイツ人を含む年間数十万の観光客が訪れる観光地になっている。

シャネルがロワイヤリュに移り住んだころは、コンピエーヌはただの森にすぎず、ロワイヤリュの栄光の陰に隠れていた。バルサンは入手したこの中世に建てられた元僧院の館をさっさと現代的に住みやすく改造して、周囲を驚かせた。当時のパリの社交界の伝統では、貴族もブルジョアも苦心して手に入れた古い館の美しさを礼讃《らいさん》し、なるべくそのままの形を保つのが常だった。そこにはまるで由緒《ゆいしょ》正しい先祖伝来の遺産をそのまま維持しているように見せかけようとの虚栄心もあったにちがいない。

バルサンは館を改造して、いくつもの贅沢《ぜいたく》なバス、トイレを設置し、キッチンも現代的に改装してオーブンを何台か置いた。体を鍛えるためのスカッシュ場まで作った。おまけにバルサンは風変わりな女性を連れてきた。シャネルは二十五歳を迎えようとしていたが、小柄で痩せていたので、まるで十代の少女のように見えた。

バルサンがパリの社交界で、〝理想の花婿候補〟と言われたのにはそれなりの理由があった。資産があるだけではなく、もっと大事な資質、決して女性に溺《おぼ》れないという資質を備えていたからだ。彼は一時、社交界の何人かの男性の愛人として勇名を馳せたエミリエンヌ・ダランソンと〝電撃的関係〟を持ったが、短期間でうまく手を切ったのである。

バルサンはまさに「ベル・エポック」が生んだ寵児《ちょうじ》だったわけだ。

パリのアパート管理人の娘のエミリエンヌは、パリ国立音楽演劇学校の入学試験で良い点を取り、あちこちの劇場からお呼びがかかった。《ジョッキー・クラブのメンバー、八人が会を作って、彼女に年金と馬や絵画の贈り物をし、その代わりに、めいめいが彼女の家で〝お茶を飲む〟権利を手に入れた》（『リレギュリエール』）という逸話もあった。

彼女のために、いったい何人の若くて前途のある青年が身を持ち崩したことか。たとえばデュゼス公爵《こうしゃく》はその典型だった。彼女のために、先祖伝来の素晴らしい宝石を次々と贈ったが、結局、彼女の心をつなぎ止めることはできなかった。母親は息子をコンゴに送って、やっと愛人と引き離すことに成功したが、息子は彼《か》の地で赤痢に罹《かか》り急死してしまった。

その〝理想の花婿候補〟が、美人でもなく身元もよく分からない若い女性を連れてきて暮らしている——母親たちが気を揉《も》むのも当然だった。彼女はバルサンの《リレギュリエール（不法な存在）》、つまり新しい愛人ではないのか、と誰しもが疑った。

一方のシャネルはロワイヤリュで、初めて怠惰に時を過ごすことを知った。バルサンは後に、昼頃までベッドにもぐりこんだまま何もしなかったシャネルを評して、《自分が出会った女性の中でいちばん無精だった》と回想したが、これは働き者のシャネルの名誉にかけて訂正すれば、それはロワイヤリュに到着した当初だけだったはずだ。それも、無精だったのではなく、生まれて初めて戒律もなければ金銭を稼ぐ必要もない生活が出現したため、何をしてよいのか解《わか》らず、ただ呆然《ぼうぜん》自失していただけだ、と思う。

だから、習い始めた乗馬には熱心で、稽古《けいこ》のある日は早朝から出掛け、たちまち上達した。そして、町の無名の仕立屋に行って、自分で乗馬服を注文した。バルサンが、パリの高級仕立屋で服を作ってくれなかったこともあるが、自分でデザインした服を着たいという欲望にも抗しがたかったからにちがいない。それに彼女は周囲からいわゆる、「リレギュリエール」に思われたくないという自尊心もあったはずだ。

シャネルは乗馬服を誂《あつら》えるために、ロワイヤリュにある仕立屋によく通った。この仕立屋はコンピエーヌの龍騎兵第五連隊で兵役を務め、その間に連隊の制服や馬係の服などの直しを通して腕を磨いていた。除隊して自分の店を開いたが、顧客にはこと欠かなかった。狩猟用の上等な服やフロックコート、シルクハットなどの注文はパリの高級店にしか出さなかったロワイヤリュの馬主たちも、彼らの召使や従者、調教師の服をはじめ、猟犬係や馬係の服は彼のところに注文したからだ。

シャネルが注文した乗馬服のズボンは膝《ひざ》から下が細くなっていた。これは英国人の馬係が穿いていたズボンと同じ形だった。当時の女性たちは、乗馬する時もスカートに長靴だったので、必然的に乗馬スタイルは横座りの格好になる。シャネルはこんな無理な姿勢ではなく、馬には男性のように跨《また》がって乗りたかったのだ。女性用の乗馬ズボンを初めて作らされた仕立屋は目を丸くした。

シャネルはこの仕立屋に、飾りのない上着や小さな蝶《ちょう》ネクタイも注文した。女性たちがまだヴェールやリボンで飾り立てていた時代である。貴婦人と称される女性の服装は、ロングスカートにツバの広い帽子を被り、踵《かかと》の高いハイヒールだった。その結果、まるでアヒルのように、胸と腰を突き出してヨチヨチ歩きをせざるをえなかった。

それだけに彼女の服装は注目の的になった。男物のようなテーラード・カラーのスーツを着て、それに水玉模様のリボンを巻いたカンカン帽を組み合わせることもあった。バルサンのワイシャツの硬いカラーやネクタイ、それに大きな革のボタンのついたスポーツ用の冬のオーバーを利用して作った服やネクタイ、カラーもあった。特にシャネルがこうした服装に合わせて自分で作った黒い帽子は新鮮だった。後にロワイヤリュで作ったこれらの服や帽子はすべて、シャネルの服の原型とみなされるようになる。

バルサンのところには古い女友達がたくさん訪れたが、彼女たちが特に気に入ったのがシャネルのこの黒い小さな帽子だった。彼女たちは次から次へと注文し、シャネルもこの黒い帽子のヴァリエーションを次から次に作り、そしてみんなはシャネルの新しい帽子を競って被った。カンカン帽がすっかり気に入ったのはエミリエンヌ・ダランソンだった。このころ、あらゆる貴公子たちの母親から恐れられたこの女性も三十三歳になっており、かつての神通力《じんつうりき》も消えていた。今は彼女の方から英国人の騎手に熱を上げており、彼を追ってロワイヤリュにもやってきていた。

シャネルはこのロワイヤリュの暮らしで初めて贅沢の味を知ったが、相変わらずジリジリし、低空飛行しているように感じていたはずだ。《フランス最高の乗馬の仲間に入ろうとして時間と財産をすっかり費やしていた》バルサンとの生活に、シャネル

テーラード・スーツ　「テーラード」は、紳士服を男物の仕立屋（テーラー）が作っていたことに由来して、「男物風の」という意味を持っている。

シャネルが最初に帽子店を開いたパリ・マルゼルブ大通りのアパート

が徐々に違和感を覚えても不思議はない。出入りする仲間はすべて厩務員や調教師、そしてバルサンの馬仲間とその愛人たち。

　時は一九〇八年。シャネルは二十五歳になっていた。パリでは一九〇〇年に開通した地下鉄はもはや、新しい物好きのパリっ子からは尊敬されなくなっていた。フランス革命百周年の一八八九年の万国博覧会に合わせて二年の歳月をかけて建設されたエッフェル塔*をめぐる姦《かしま》しい美醜論争にも事実上の決着がついていた。現実に世界中から観光客が多数押し寄せており、美醜など問題外になっていたからだ。

　一九〇六年には自動車レースの国際グランプリ*制度が創設され、一九〇七年にはレース用車は時速二〇〇キロに達した。女性たちの服装も変化しつつあった。この時代にもはや、十九世紀とほぼ同じ服装が時代遅れであることは誰の目にも明らかだった。シャネルの「シンプルで実用的、着心地の良い服」の時代が訪れようとしていたのだ。

シャネルは思い切ってバルサンに提案してみた。友人たちのために本式に帽子を作ってみたい、つまり帽子屋を開きたいと。女性たちにとって帽子はまだ、ハンドバッグと同様、外出時のなくてはならない必需品だった時代だ。ナポレオン三世の皇后で流行に敏感なウジェニー后とメッテルニヒ公爵夫人はレセプションの間中、帽子の似合う被り方についてだけしか話し合わなかったという逸話がまだ面白おかしく語り継がれていた時代だった。このウジェニー后はマリー・アントワネット時代の優雅な服装を復活させ、断頭台に送られたこの王妃が愛用したリボンのアクセサリーも気に入っていたので、自分の服装に取り入れていた。そして第一次大戦の戦雲は、まだ遠く、誰もそれが急速に大きくなるとは考えていなかった。

バルサンはたぶん、シャネルが暇つぶしを求めていると考えたにちがいない。バルサンの目から見れば朝寝坊の怠け者のシャネルがまさか、自立のために、帽子屋を開

エッフェル塔　フランス革命百周年の一八八九年のパリ万国博覧会のため、シャン・ド・マルス広場に建てられた。わずか二十六ヵ月で完成したが、当初はフランス国産練鉄の格子構造がパリの美観を損なうとして議論を呼んだ。

グランプリレース　一九〇四年創立の「国際自動車連盟」（本部パリ）が構造などを細かく規定した競走用自動車によって行なわれる自動車競走の世界選手権。

くなどとは想像もできなかったはずだ。自分がパリに行った時に使っており、一時、エミリエンヌとの愛の巣でもあったアパルトマンの一階の部屋をシャネルの仕事場として提供することに同意した。

シャネルにはそれなりの計算があったはずだ。もう世間知らずの孤児院育ちではなかった。ムーランやヴィシーで歌手を目指していた時のように、自分の才能に気がつかずに無駄な努力をしている時代も終わっていた。はっきりとした成功の予感があった。シャネルはやっと天職に出会ったのだろうか。かくてパリ・マルゼルブ大通り百六十番地は、モード史に「シャネルが初めて帽子屋を開いた場所」として記されることになる。

唯一《ゆいいつ》愛した男、アーサー・カペル

シャネルが死ぬ前、最後の数時間を共に過ごした友人で心理学者でもある作家のクロード・ドレイは、「シャネルが唯一愛したのはアーサー・カペルだけだ」と証言する。同じ意見の持ち主は、シャネルの顧問弁護士、ルネ・ド・シャンブランをはじめ、生前、シャネルと親しかった人に多い。シャネルはド・シャンブランが第二次大戦前の三〇年代、米国での修業を終えてシャンゼリゼ大通りに弁護士事務所を開いたその当日、顧客第一号になった。シャネルはちょうど、アメリカをはじめ世界マーケットで、香水「シャネルの五番」の需要が伸びたため、米国の法律事情に詳しい弁護士を探していたところだった。

もっともカペルについては、シャネル自身が一番正直に自分の気持ちを述べている。一九〇九年にバルサンも参加した狩猟会で一位になったこのイギリス青年と初めて会った時の印象を、ポール・モーランに次のように語っている。

《若くて、うっとりさせ、平凡なところが何もなかった。美男子で、髪は濃い茶色で、魅力に溢《あふ》れていた。美男子というより絢爛《けんらん》としていた。私は彼の無造作なところや彼の緑の瞳《ひとみ》に夢中になった》——。一目惚《ひとめぼ》れだったわけだ。バルサンやその仲間たちには、プルーストの小説の登場人物のような、世紀末独特の倦怠《けんたい》と不道徳な雰囲気が漂い、それがまた魅力でもあったろうが、そんな中で、アングロサクソンの特質でもある実質的な性格の青年がいかにシャネルに新鮮な印象を与えたかがうかがえる。

シャネルは彼の魅力をこう続けている。《若者たちが、親からもらった財産を浪費している三十歳の時に、ボーイ・カペルはすでに石炭の運輸業で自分の財産をつくり上げていた》。この独立自尊の精神、この事業への才能、仕事への情熱や意欲がシャネルを魅了した最大の理由かもしれない。また、《父であり、兄であり、家族全員の役をすべて引き受けてくれた》とも述べているが、二人は仕事に対する熱心さという点ではまさに、一卵性双生児だった。

カペルがバルサンの競馬や乗馬仲間になり、彼らフランス人の仲間から、「ボーイ・カペル」と呼ばれ始めたのは一九〇八年の春だった。「ボーイ（BOY）」はフランス人がイギリス人やアメリカ人の若者に対して好んで使う呼び名だ。英語の「ボーイ」という言葉の語感には、フランス人やイタリア人などラテン民族には稀《まれ》にしか見当たらないアングロサクソン特有の規則正しく健康的で爽快《そうかい》なイメージがある。

フランス人がこの言葉を使用するのは概して、米国人に対する密かな憧憬《しょうけい》や期待感を表明する時で、好意的に使われる場合が多いように思える。例えばフランスの報道機関は、湾岸戦争やボスニア紛争で、「米軍派遣」のニュースを伝える時、「GI」と同時に「BOY」という言葉を頻繁《ひんぱん》に使っていた。プロテスタント的なるものへの密かな畏怖《いふ》も感じられる。

フランス国際関係研究所特別顧問のドミニク・モイジ*は、ラテンとアングロサクソンの相違を、「懺悔《ざんげ》することで贖罪《しょくざい》される寛容と慈悲を尊ぶカトリックに対し、神と己の対峙《たいじ》という絶対的状態に自分を置くプロテスタントは、ともすればより厳格でより苛酷な状況に自分の身を置きがちだ」と指摘している。このプロテスタントの価値観が、アングロサクソンの日常生活における公正の感覚やきびきびした態度に繋《つな》がるのかもしれない。

シャネルはカペルに出会ったころ、ちょうど仕事への激しい意欲に目覚めつつあった。一九一〇年二月、シャネルがバルサンの借りていたパリのアパルトマンの一階で開いた帽子店は開店一周年を迎えた。客は順調に増えていた。バルサンやその仲間の女友達に加えて、流行に敏感な上流階級の夫人たちもやってきたからだ。ロッシルド＊男爵夫人やピグナテリ公爵夫人……も店の常連になっていた。

開店するに当たり、バルサンに引き抜かれたパリの一流帽子店「シェ・ルイーズ」のベテラン店員、ルシエンヌが「シェ・ルイーズ」から連れてきた二人のお針子と共に店を切り盛りしていた。二十二歳になった美人で評判のシャネルの妹のアントワネ

ドミニク・モイジ（一九四六〜　）　フランスの国際政治学者。主に欧州外交・安保問題を中心に各国の外交評論紙に寄稿している。
ロッシルド家　十九〜二十世紀に欧州金融界に君臨したユダヤ系資本家一族。英語読みのロスチャイルド家の表記が一般的。

ットも手伝いにやってきてお針子仕事からモデル役まで務めた。一方で姉のジュリアは結婚して一児の母になっていたので、妹を助けにパリに駆けつけることはできなかった。常にシャネルに理解を示し、協力を惜しまなかった叔母のアドリエンヌも当時、貴族のモリス・ド・ニクソンと恋愛中だった。二人は、青年の両親が身分違いを指摘して猛烈に反対する中、自分たちの情熱を守り通し、両親の死後、出会いから二十二年後に正式に結婚することになる。

シャネルは歌手を目指したムーランやヴィシー時代とは異なり、まさに水を得た魚のように張り切っていた。しかし店は閑静な住宅街の真ん中にあり、商売をする場所としては十分ではなかった。それに個性の強いシャネルは、ルシエンヌとも徐々に意見が合わなくなっていた。もっと自分流の店で、自分名義で商売をしたいと思った。そこでバルサンに借金を申し込んだが、断られてしまった。バルサンはちょうど、新たに牧場を入手しようとしていた時で、第一に財政的余裕がなかったからだが、戸惑ってもいたからだ。退屈しのぎだと思っていたのに、どうやらシャネルは本格的に商売をしようとしている……。女性が本気で仕事をするなど信じられなかったからだ。この時、バルサンに代わって登場したのがカペルだった。カペルは自分の口座がある銀行にシャネル名義の口座を開いてくれ、銀行から借金ができるようにしてくれた。

シャネルはなぜか生涯を通じてイギリス人やアメリカ人と相性が良い。シャネルの服を一九一六年に初めて活字で紹介したのは、米国の人気モード雑誌『ハーパーズ・バザー』だった。シャネルが第二次大戦後の一九五四年、十五年ぶりに店を再開してコレクションを発表した時、クリスチャン・ディオールの「ニュールック」に熱を上げていたフランスのマスコミが「時代遅れ」と批判したのに対し、米誌『ライフ』*は特集を組んでシャネルのコレクションを絶賛し、復活を祝った。

シャネルの服がアングロサクソンの実用主義やスポーツ重視の精神と呼応するからだろうか。それともシャネルの方が、生涯で唯《ただ》一人、本当に愛したと言われるアーサー・カペルや、シャネルに結婚の申し込みをしたと伝えられるウエストミンスター公を通して、イギリスの影響をますます強固にした、ということなのだろうか。そもそも、シャネルがモードに興味を持ったのは、極めてイギリス的なスポーツである乗馬や競馬を通してだった。いずれにせよ、シャネルのように何の社会的基盤もない人間

『ライフ』　週刊誌『タイム』を創刊したヘンリー・ルースが写真時代の到来を見越して一九三六年十一月に創刊した。ロバート・キャパなど優れたフォト・ジャーナリストを世に出したが、次第に広告収入をテレビに奪われ、七二年十二月二十九日号を最後に廃刊。その後月刊誌として再刊。

にとっては、伝統的に進取の気性に富んでいるイギリス人は、保守的な旧大陸の中でも老大国の住人であるフランス人よりも付き合い易かったのかもしれない。あるいはモードの分野でも、天才は故郷に受け入れられず、は例外ではない、ということか。

実はカペルの出生も秘密に閉ざされていた。ある銀行家の私生児との噂《うわさ》があったが、多分、本当だろう。ただ行商人で子供を孤児院に預けて行方をくらませたシャネルの父親と異なり、彼の父親はこの嫡《ちゃくし》子ではない息子に一流の教育を受けさせた。ニューカッスルの炭鉱から上げる利益も相続させてくれた。

しかし、カペルはポロの名手だったから、出生の謎《なぞ》はそんなに問題にならず、イギリスの上流階級に受け入れられた。従ってフランスの上流階級もこれに倣《なら》った。彼はおまけにスポーツマンであると同時に読書家でもあった。書架にはニーチェやヴォルテール、ハーバート・スペンサーの『政治録』からシュリの『回想録』まで並んでいた。

一九一〇年末、シャネルはついにカンボン通り二十一番地に引っ越す。シャネルは二十七歳になっていた。この通りは生涯、シャネルと切っても切れない場所になる。一七一九年にカンボン通りと命名されたこの通りは一八一〇年にはリヴォリ通りまで延長され、時代の先端を行くモードの店を開くにはぴったりの場所だった。ホテル、リッツから徒歩五分、ベル・エポックの代表的レストラン、マキシムがあるロワイヤル通りにも近かった。店には、「シャネル・モード」の看板が掲げられた。

新しい恋人同士はパリのシャンゼリゼ大通りに近いガブリエル大通りに住み、週末にはロワイヤリュに出掛けて行き、乗馬を楽しんだ。そこではあいかわらず、バルサンとその友人たちによってどんちゃん騒ぎが続けられていた。

パリ・カンボン通りにある現在のシャネルの本店

帽子店は順調に顧客の数を伸ばし、カペルとの生活も波瀾はなかった。シャネルは当時の女性が馬に乗るときの服装だったシルクハットにチョッキ姿の代わりに、開襟《かいきん》シャツや丸襟のブラウス、大きなシフォンの蝶ネクタイをし、髪にはピケ地のヘア・バンドをした。

カペルの友人には当時、舞台で大成功を収めていた女優のガブリエル・ドルジアら演劇人やオペラ・コミック座の歌手が加わっていた。そんな友人たちがバルサンの館で行なった仮装パーティーで、シャネルは「田舎の結婚式」を即興的に演出したりした。花嫁から花婿、付添人などすべての登場人物の衣装を、周囲からかき集めてみんなに着せた。パリコレはパリのモード界では、モデルが次々登場してコレクションの作品を見せるところから、「デフィレ（行列）」と呼ばれているが、この時、シャネルが行なったことは、まさに一種のコレクションの発表会であり、「デフィレ」だった。

このパーティーの時の様子は、偶然、撮影された記念写真によって偲ぶことができる。花嫁と花婿にはロワイヤリュの常連のルリーとアンロウ、シャネルとガブリエル・ドルジアは少年と少女の介添え役、そしてカップルの赤ん坊にはド・ラボルド伯《はく》爵《しゃく》が扮《ふん》している。この写真にはカペルも花婿の母親役で登場し、縞《しま》模様のプリーツスカートをはき、頭には大きなリボンを結んでいる。花嫁の父親役のバルサンもシャネルの肩越しに顔を出している。

シャネルのこの時の服装は白い男物のワイシャツの上に白いチョッキ、その上に黒っぽいブラウス風の上着を重ね、大きな蝶ネクタイに黒のズボン姿だが、白のワイシャツの折り返し部分や襟の部分が上着に折り返されていて、重ね着風になっている。現代でも十分に通用するほどモダンで新鮮だ。シャネルのこの衣装は、一九〇三年に『リリュストラシオン』紙の記者がさかんに否定した「服飾のプロテスタント主義、大改革の服装」にほかならなかった。しかし、時代はむしろシャネルに味方していた。

シャネルの若々しい魅力は男性のモードを着ることで余計に強調されている。フランス版『ヴォーグ』の編集長も務めたことがあるシャルル＝ルーは、彼女の服装についてこう評価している。《ダンディ好み。マリヴォーやミュッセの世界に属するものだった。そしてたぶん、夢見るようなメランコリーによって、ワットーの世界に属するものだった》と。

シャネルは後に、このドルジアに頼んで、ドルジアが舞台で被る帽子の製作をすることになる。ドルジアはヴォードヴィル劇場で、モーパッサンの『ベラミ』の翻案劇の主役を演じた。彼女はドゥーセ*の贅沢な衣装を着たが、帽子はシャネルの創作による麦藁《むぎわら》帽子を被った。

その帽子には羽根も飾りもなにもなかった。シャネルは後に帽子について、ポール・モーランに次のように語っている。《私が競馬場で見た女性たちは、頭の上に巨大なパイを載せていた。羽根飾りや果物、房飾りで飾られた記念碑のようだった。と

ジャック・ドゥーセ（一八五三〜一九二九）　ワイシャツやレースを納める宮廷御用商人の家に生まれる。舞台女優や高級娼婦などにも顧客が多かった。

くに私が嫌ったのは、帽子がきちんと頭に載っていないことだった。(私の帽子は耳まできちんと被さっていた)》と。ポール・ポワレは、ギリシア時代風のウエストがゆるやかなモードで、コルセットから女性を解放したとされ、第一次大戦前のパリで最もファッショナブルなデザイナーと言われたが、シャネルに自分の座を奪われることを予感したのだろうか、シンプルで実用的なスタイルが徐々に帽子から服装の世界にまで展開しはじめたシャネルを評して、「贅沢な貧困さ」と言って牽制《けんせい》した。しかしそのシンプルなデザインはドルジアの演技はもとより、ドゥーセの豪華衣装をも引き立たせる結果になった。

『リリュストラシオン』はこの舞台について、さっそく、「即興的かつ真実溢れる自然の演技」と絶賛したが、『ル・マタン』紙は、「ドルジア嬢の演技はなんとなく素っ気なく、やつれて見えた」とあまり好意的ではなかった。記事の署名は後に人民戦線時代の首相になるレオン・ブルムだ。一九一二年のことである。

シャネルにとって、このころが生涯で最も幸福な時期だったかもしれない。帽子店の成功に加え、愛する男性との生活。カペルもたくさんの女友達と次第に手を切った。ただ、この「田舎の結婚式」の記念写真で、シャネルだけが、まったく別の雰囲気をたたえている。

他の者が、笑ったり、おどけたり、横を向いたりしているのに、シャネルは唇をきっと結び、真っすぐ前を見つめ、直立不動の姿勢で立っている。そして黒くて太い眉《まゆ》、「シャネルの眉」といわれた特徴ある眉の下で、強い光を放つ黒くて大きな瞳は、深い孤独と悲しみと、そして、それを絶対に漏らすまい、という強い意志をたたえているように見える。実際、シャネルは何を考えていたのだろう。自分の前に大きく広がっていきそうな未来だったのだろうか。それともカペルとの別れだったのだろうか。いずれにせよ、シャネルが歴史という舞台に登場するまでの時間は、あとわずかだ。

時代のモードの犠牲になった女性たち

シャネルの伝記を書いたポール・モーランは、十九世紀的なものをすべて葬り去ったとして、シャネルを「皆殺しの天使」と呼んだが、そのモーランの短編小説に「慈善バザー」という佳品がある。

女主人公、デフリュス伯爵夫人はその日、三十歳年上の夫に、「午後三時前にダランソン公爵夫人に慈善バザーの会場に来るように言われましたの」と告げて外出する。しかし実際に行ったのは、若い愛人のサクシィフロン子爵の館だった。彼は週刊誌『世紀末』にコラムを寄稿している文学青年だが、乗馬と女性と博打《ばくち》に目がなく、その上、借金に苦しんでいた。

結婚七年目を迎えたデフリュス伯爵夫人は、《労働者の話ばかりのゾラ》や《下層階級の物語の多いモーパッサンの小説》にはすっかり飽きており、ちょうど『フィガロ』紙に連載中のピエール・ロチ*の小説を愛読していた。それは異国情緒溢れるロマンチックな恋愛小説だった。それで、新しい思想の持ち主であることを吹聴《ふいちょう》し、東京にも旅行したことがあるこのプレイボーイにたちまち夢中になってしまった。

伯爵夫人が子爵の日本のコレクションを見に来ないかとの誘いに乗り、厩舎もある彼の広大な館に人目を忍んで通うようになるのに時間はかからなかった。この日もローズ色のモスリンのドレスに留め金がエメラルド付きの真珠のネックレスを着けた夫人は、年上の夫の《賛嘆の眼差《まなざ》し》を背中に受けながら、いそいそと自宅を後にする。

ところが伯爵夫人を待ち受けていたのは、愛人の破産という悲しいニュースだった。情事の後、彼はこう告げる。《馬を全部、売ることにした。君も彼らに最後のお別れを言ってくれたまえ……。人生は煙のようなものだ。あすになれば厩舎もアトリエもなくなり、そして僕も消える……。破産したんだ》。悲しそうな表情を浮かべる子爵はますます魅力的に見えた。そして、二〇〇〇ルイ金貨*の借金がある、と告白した時、伯爵夫人はためらわずに自分の高価なネックレスを外して、子爵のポケットにすべりこませた。

愛人の贈り物を受け取ると、子爵はこれを金貨に換えるべく伯爵夫人への挨拶《あいさつ》もそこそこに、急いで知り合いの古物商のところに駆けつける。ところが相手は不在で、行き先を尋ねる子爵に留守番は、「慈善バザーを手伝いに行った」と答える。そこで彼は慈善バザーが開催されているシャンゼリゼ大通りに近いパリ八区ジャン・グージョン通りへと急ぐ。午後四時前に会場に到着した彼が古物商を探して、暑さと人込みの中を歩き回っている時、突然、「火事だ！」の叫び声が上がる。彼の周囲ではたちまち女性たちが火に包まれる。《ルーシュ（レースやチュールの襞《ひだ》飾り）や袖《そで》飾り、大きな麦藁帽子、モスリンのドレス、フリルのついたタフタ、小さな絹の日傘、ヴェー

ピエール・ロチ（一八五〇～一九二三）　フランスの作家。海軍士官として地中海東部や極東を訪れ、来日もした。『ロチの結婚』、『お菊さん』などの作品がある。

ルイ金貨　フランス革命（一七八九）前に流通した金貨。銀貨の価値が下落し、高額貨幣が必要となったため二〇フラン金貨として作られた。王の名からルイ金貨と名付けられた。

ル、リボン、羽根飾り、オーガンジーやパーケル（目の詰まった平織物）など女性の体を霞《かすみ》のように包んでいるこうした軽やかな布地のすべてが、まるで歓喜の炎のように燃え上がり、馥《ふく》郁《いく》たる香水や竜涎香《りゅうぜんこう》のローションがしみ込んだ生暖かい空気の中で燃え盛る》

　モーランはこの火事の描写を、実際に起きたジャン・グージョン通りの慈善バザーの火事の捜査を担当した予審判事の調書を参考に書いたと言われている。この火事はまさに、一九三二年（昭和七年）十二月十六日に東京の五大デパートの一つ、白木屋で発生した白木屋火災事件のフランス版と言える。白木屋の火事では四階以上がほぼ全焼して店員ら一四人（うち一三人が墜死）が死亡、一説では一三〇人以上が重傷を負った。女性の多くはロープなどで下りる途中、熱風で和服の裾《すそ》があおられるのを気にして逃げ遅れ、犠牲になった。当時の習慣で彼女たちは下着をつけていなかった。以後、女性の西洋式の下着、ズロースが急速に普及したとの伝説を生んだほどだ。

この白木屋事件に匹敵するのがモーランが参考にした一八九七年五月四日、パリのシャンゼリゼ大通り近くのジャン・グージョン通りの広場で開かれていた慈善バザーで起きた火事である。

一八八五年に始まった慈善バザーはその年、十三回目を迎え、参加慈善団体は約一五〇に増え、地方の慈善団体の中には参加を拒否されるところが出現する程の盛況ぶりだった。前年までの会場はヴァンドーム広場やあるいは貴族の館の一部などを借りて開催されていたが、実行委員長のマッコー男爵らの尽力で、その年は特別に土地の所有者から無料提供されたジャン・グージョン通りの空き地に仮設テントが設置された。

開幕二日目のその日、オペラ座などの舞台装置を担当して好評だったフィリップ・シャペロンが中世的な装飾を行なった会場では、出品者の貴族の夫人たちも入場者とともに、高価な宝石や服飾品などの陳列を楽しんでいた。会場にはアトラクションとして、リュミエール兄弟*が発明したばかりの「シネマトグラフ」の上映館も仮設されていた。負傷者の一人は午後になって、「暑い日になった」と当局に証言している。

午後三時にはマッコー男爵の案内で教皇庁大使（大使として各国に派遣されている大司教）も会場を訪問し、ダランソン公爵夫人ら参加者を祝福した。午後四時。入場者は約一七〇〇人に達していたとされる。午後四時一〇分か一五分、いや二〇分——証言によって異なるが、「火事だ！」との叫び声が上がる。後は地獄絵。マツなどの薄い木材を多用した会場に火が走る。その中を、帽子のリボンや花の飾りに火が燃え移り、長いスカートに足をとられ、きついコルセットのため身動きを制限された女性たちが次々と火に包まれて倒れる。消防士たちの迅速な消火と救護活動にもかかわらず、死者一四五人、負傷者約二〇〇人の大惨事になった。犠牲者の大半が女性だったのは一つには、この時間に入場していた男性が約五〇人と少なかったことによるが、当時の女性の「モード」が最大の原因だったことは調書でも明らかだ。

事件の百周年に当たる一九九七年に出版された『慈善バザーの火災から百年』（ドミニック・パオリ著）によると、事件を担当したベルテュラス予審判事は、生存者の証言などから、「長い裾は、走ったり階段を降りるのに不便で、締め上げたコルセットのせいで呼吸が十分にできないという婦人たちの服装が実用的でないため、男性のそれよりこういう場合にハンデがあり、女性の犠牲者を多くした」との結論に達し、捜査報告書にもそう記入した。

また女性の遺体の大半は黒焦《くろこ》げ状態で、逃げ遅れたことを証明していた。遺体はすべてシャンゼリゼ大通りの展示場、パレ・ダンデュストリ（産業館）＝グラン・パレの前身＝に運ばれ、そこで近親者が身元を確認したが、黒焦げ状態で身元確認が容易にできない遺体の中にはオーストリア皇后の姉妹であるダランソン公爵夫人らも含まれていた。

この事件では、事件を担当した法医学者、ソケ、ビベルト両博士が歯型からの確認方法を思い付き、彼女らを治療した歯科医を呼んで身元を確認したため、この事件後、法歯科医学が発達するというおまけまで付いた。しかし最終的に約一〇人の身元が確認されず、パリのペール・ラシェーズの墓地*に共同埋葬されている。

火事の原因は、シネマトグラフの映写室の技師二人の過失によるものだった。映写

リュミエール兄弟　映画の父と呼ばれる兄弟。一八九五年、撮影と映写に同じカメラを用い、毎秒十六コマのフィルムでスクリーンに映写する「シネマトグラフ」（略してシネマ）を発明、パリのグラン・カフェで有料公開した。

ペール・ラシェーズの墓地　パリ市最大の墓地。バルザック、プルースト、オスカー・ワイルドなど著名人の墓が多い。

中、アセチレンガスのランプが消えたため、手元が暗くて見えないから明るくするように技師が助手に頼み、助手がマッチをすったところ、エーテルに燃え移り、あっと言う間に火が燃え広がったというわけだ。

無知か不注意か規則無視か。裁判ではマッコー男爵が五〇〇フランの罰金だったのに対し、映写技師ベラックは一年の禁固刑と罰金三〇〇フラン、助手バグラショフは八ヵ月の禁固刑と二〇〇フランの罰金が科せられた。控訴の後、同年十二月十一日には刑が確定した。

マッコー男爵は、ちょうど売り出し中の若い弁護士に弁護を依頼したが、勝ち目はないと考えたこの弁護士は断っている。この弁護士こそ、第一次大戦の戦前と、戦後に二度も首相を務め、特に戦後は「ポワンカレ金貨」を発行してフランスの財政困難を救ったレイモン・ポワンカレ*である。開戦の前年には大統領にも選出されている。

主催者の男爵の刑が軽かったのは、バザーの会場設置に当たり、建築家が火事の危険を指摘したのに対し、「会場では禁煙にする」と答えたほか、会場に正規の出口二ヵ所、臨時出口三ヵ所を設置し、食堂の脇《わき》などにも密かに出口を設置して緊急の場合は一二〇〇人が三分で脱出できるように配慮したことが裁判で考慮されたからと見られる。

ダランソン公爵夫人ら名士夫人が多数犠牲になった大惨事は、翌五月五日からフランスのマスコミがいっせいに詳細を報道。当時のフェリックス・フォール*大統領も事件現場に急行し、オーストリア皇帝にも弔電を打つなど、事件が普仏戦争後の複雑な国際関係にも影響を与えたことを示している。外国紙もいっせいに報道し、米国の『ニューヨーク・タイムズ』は「パリの恐怖の火事」と一面で伝え、フランス大衆紙『ル・プチ・ジュルナル』も五月十六日付でイラスト入りの臨時特集号を発行した。

オートクチュール（高級仕立服）産業が誕生したのは一八五八年にイギリス人シャルル＝フレデリック・ウォルト*（英国読みだとチャールズ＝フレデリック・ワース）がパ

レイモン・ポワンカレ（一八六〇～一九三四）　フランスの政治家。第一次大戦前に首相となり、英、露との協調を進めてフランスの孤立を防いだ。戦時中は大統領となり、大戦末期には政敵クレマンソーを首相にして戦争を遂行。

フェリックス・フォール（一八四一～九九）　一八九五年フランス大統領に就任。その前年にユダヤ系のドレフュス陸軍大尉がドイツのスパイと疑われた「ドレフュス事件」が発覚。在任中、フランス国内は左右の激しい対立が続き、その対立の最中に急死した。

シャルル＝フレデリック・ウォルト（一八二五～九五）　英国出身。十二歳でロンドンの洋品店に勤め、二十歳でパリに渡った。一八五八年に店を出してからは、顧客に合わせて一着ごとにデザインし、「オートクチュールの父」といわれた。全欧の王室・上流階級を顧客に持った。

リに店を開いた時とされているが、犠牲者の中には当時、このウォルトやドゥーセといった人気デザイナーのドレスを纏《まと》っていた貴婦人が多数いたはずだ。

モーランの小説のヒロイン、デフリュス伯爵夫人も新婚のころ、夫が注文した肖像画のモデルになった時、《初めて作らせたドゥーセの舞踏会用の服》を着用した。この服は、《金のギピュール（浮彫風の模様のレース）のヴェールが炎のようなビロードを覆《おお》っていた……豹《ひょう》の毛皮の折り返しつき袖なし絹タフタの大きなマントに包まれた彼女は緊張して見えた。マントには流れるような襞があった。彼女は非個性的で人形がケープを羽織っているようだった》。

モーランはここでも無意識のうちに「シャネル後」と「シャネル前」のモードの差異を指摘している。「シャネル前」のモードがどんなに素材が贅沢で素晴らしい技術を駆使してあっても、着ている人間を非個性的な人形のようにしてしまったのに対し、「シャネル後」のモードは、着ている人間の個性を引き出し、魅力的な人間に見せると同時に、着心地が良いことも優先条件である点だ。

慈善バザーを訪問した妻が火災の犠牲になったと信じて疑わなかったデフリュス伯爵は、この遺体安置所で、妻のエメラルドの留め金付きの真珠のネックレスを発見する。妻の愛人が夢中で逃げるうちに落としたものとも知らずに。一方、愛人を待ちくたびれて夜一〇時に帰宅した伯爵夫人は真珠のネックレスを無意識にコートでこすっている悄然《しょうぜん》とした夫を見出《みいだ》す……。

モーランの小説は、慈善バザーが当時の女性たち、特に上流階級の女性たちが一人で大手を振って外出できる数少ない場所だったことを示している。一八八五年の開始当時、参加慈善団体は一六だったが、大惨事のあったこの一八九七年にはフランス全土から一五〇以上の団体が参加し、フランス中の名家がもれなく協力していた。しかし、《慈善バザーはあらゆる人間の服装の見せびらかしと待ち合わせの口実にすぎない》とか、《人々はケーキ屋に行くかわりに社交界的な義務を履行するために慈善バザーに行くのだ。また慈善の課す寛容のお陰で、それまで閉ざされていた世界に入り込むために行く人も多い》（週刊誌『クリ・ド・パリ（パリの叫び）』）との批判も多かったのは事実だ。

イラスト入りで火災を伝えた『ル・プチ・ジュルナル』

ただ、心ときめかすことと言えば新聞の連載恋愛小説か情事ぐらいだった貴族階級の女性たちや、そういう階級に憧《あこが》

『ファッションの歴史』から

れる一般庶民が、「慈善」という大義名分を得て、いそいそと参加した様子がうかがえる。

「シャネルの登場はピカソらキュビスムの登場と時を同じくしている」と指摘するのは、美術評論家のソフィ・モネレだ。「印象派に代表される十九世紀の美術が微粒子化し、拡散化され、物を無構造化させたのに対し、二十世紀初頭を代表するキュビスムは、物を再構造化した。それは十九世紀のロマン主義と異なり、物を厳格化し、簡素化することでもあった」。シャネルのモードはまさに、その点で二十世紀そのものであった。財政的にも精神的にも独立することになるシャネルは、フランス革命後百年以上経ても、女性に限って続いていたアンシャン・レジーム（旧制度）を一掃した点でも、「皆殺しの天使」という呼び名がふさわしい。

普仏戦争後に始まったベル・エポックは新しい時代の到来と共に終わろうとしていた。そして十九世紀的なものすべても、近づくドイツとの戦雲の中で、終わりを告げていた。ルイ金貨はルイ・フィリップ（在位一八三〇―四八）の時代から一九一〇年ごろまで殆《ほとん》ど同じ価値で、両親は安心して子供に財産を遺すことができたが、そういう財政的安定時代も終焉《しゅうえん》に向かいつつあった。

時代を最も敏感に反映するモードは、決定的な変化を迎えようとしていた。それまでのモードは結局、フランス革命があったにもかかわらず、ルイ十五世の愛人だったポンパドゥール夫人の時代と基本的には変わらなかったと言える。ロココ*文化の優

ロココ　ルイ十五世（在位一七一五～七四）時代のフランスで広まった美術様式。その前のルイ十四世（在位一六四三～一七一五）時代には威厳があり壮大華麗な宮殿・教会建築の多いバロック様式が流行したことから、その反動として繊細、優美で軽妙な様式がもてはやされた。

フランソワ・ブーシェ（一七〇三～七〇）　優美な「ロココ」時代のフランスを代表する宮廷画家。ポンパドゥール夫人の保護を受け、快活な風景や神話を、優雅なポーズ、デリケートな色彩で描いた。

美、繊細の典型とされているフランソワ・ブーシェ*の描いたポンパドゥール夫人の肖像画を見てみよう。夫人の服は光沢も鮮やかなエメラルド・グリーンのタフタ地にレースやバラの造花、リボンなどの装飾がふんだんに取り付けられている。ウエストは細くスカートは長く、沢山の襞が寄せられている。

フランス革命に決定的な影響を与えたジャン＝ジャック・ルソーさえ、《男性は外、女性は内、これは自然の法則である》という思想の持ち主だった。それが端的に現われたのが、エミールの将来の伴侶《はんりょ》であるソフィーについての次の記述だ。《科学、語学、神学、歴史は彼女にとって無用なだけではなく有害である。彼女が知るべきは家事の技術と針仕事だけである。彼女には話し手を喜ばせる才気だけが必要だ》

革命の一時期、「熱月の聖母」ともてはやされたテレーザ・カバルスは、胸もあらわなギリシア風の服装で颯爽と公衆の面前に姿を現わし、ギリシア風スタイルを流行させたが、国民公会議員タリアンの妻となり、さらに総裁バラスや銀行家の愛人になり最後は革命の闘士ではなく、公爵夫人として息を引き取る。一七九一年に「女性と女性市民の権利宣言」を王妃に献納したオランプ・ド・グージェの最後はもっと苛酷で、断頭台の露と消えた。

歴史家のアラン・ドゥコーは著書『フランス女性の歴史』の中でこう結論する。

《フランスの女性で大革命が終わったのを残念がる者はいなかったはずである。彼女たちの中のわずかな者が革命の動きに合わせてついていこうとしたが、彼女たちは拒絶された》。シャネル自身はモーランにこう言っている。《ひとつのモードが終わり、次のモードが生まれてくる。その変わり目のポイントに、私はいた。チャンスが与えられ、それをつかんだ。新しい世紀を引き嗣《つ》ぐ世代にいた私が、だからこそ、そのことを、服装で表現しようとしたのだ》と。

シャネルは自活の道と同時に自分の才能を生かして自分らしく生きられる道を探していたが、新世紀を迎え、多くの女性たちが新しい生き方を求めていたことも確かだ。そして、シャネルの時代が始まった。

第3章

ドーヴィルの初めての店

ドーヴィル*にシャネルの初めての店が誕生した。

パリから北西に約二一〇キロの英仏海峡に面した海辺の町、ドーヴィルは、二十世紀初頭から避暑地として人気を集めていた。町の中心街のノルマンディ・ホテルには金持ちが滞在し、近くのカジノは大入り満員だった。ドーヴィルはフランシス・レイの主題曲と共に世界中でヒットしたフランス映画「男と女」（クロード・ルルーシュ監督）の舞台として、六〇年代には日本でも有名になったが、最近は毎年、九月に開催される「アメリカ映画祭」の開催地としても知られる。

シャネルがこの地にモードの店を出したのは、第一次世界大戦の戦雲が急速に広がった一九一三年だった。パリの店は帽子が専門だったが、この店では、シャネルはすでに評判が確立していたシンプルな帽子に加えて、自分でデザインしたウエストを絞らないゆったりしたスカートや開襟《かいきん》シャツ風の上着などを並べた。

店を手伝いに来た叔母のアドリエンヌと並んで店の前で撮った写真がある。シャネルはツバの広い明るい帽子にV字形に大きく開いた襟のある上着をアンサンブルの上に重ねて着ている。スカートはボックス型だ。ベルトがアクセントになっているが、全体にゆったりしたスタイルで着心地が良さそうだ。しかも上着には便利そうな大きめの四角形のポケットがついている。シャネルは両手をポケットに突っ込んでいるが、これは彼女の生涯の癖だった。

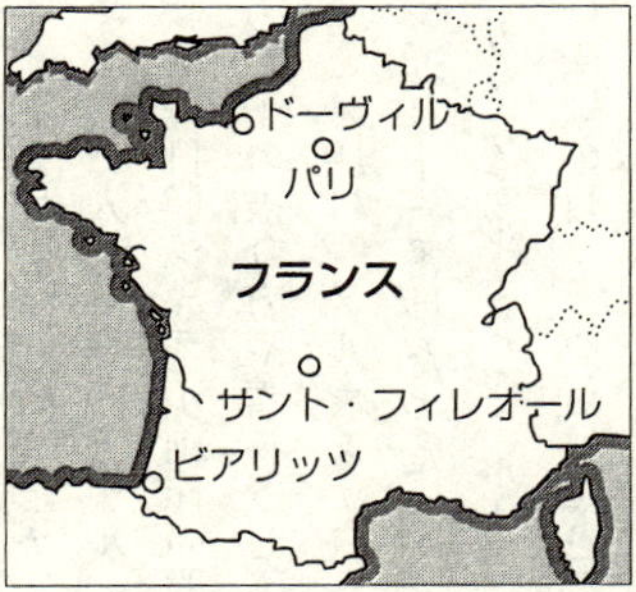

その隣のアドリエンヌは黒っぽい色のツバの狭い帽子に、コート風の上着を前を合わさずに羽織っている。この上着の襟はまるで日本のキモノみたいで、やはりゆったりしている。二人とも陽射しがきついのか、ちょっとまぶしそうに目を細めて笑っている。

これらの服はドーヴィルの町を闊歩《かっぽ》する水兵の服からヒントを得たと言われる。カットはすべてゆったりしたものだったので、コルセットをつける必要はまったくなかった。

開店するやシャネルの店は、≪いつ

も、お客でいっぱいだった》（『リレギュリエール』）と伝えられるが、生き生きと楽しそうな二人が格好のモデルの役を果たしていたことが想像できる。美人のアドリエンヌは毎日、シャネル創作の服や帽子を取り替えてドーヴィルの町を散歩したが、彼女の帽子の被《かぶ》り方や着こなしぶりがそのまま、お手本になった。

この店は、ノルマンディ・ホテルとカジノの間、海岸にあと一歩のゴントオ・ビロン通り十三番地だった。大きな白い日よけの下に下がった縞《しま》状の幕には黒い文字で「ガブリエル・シャネル」の名前が誇らしげに記されていた。取材当時、この場所には深紅の日よけを付けた老舗《しにせ》宝飾店カルティエの支店があった。この通りにはルイ・フェロー*やティエリー・ミュグレーなどパリのモード店が軒を並べており、保養客や観光客でにぎわっていた。

シャネルには、根っからのヴァガボン（放浪癖のある者）ではあったが商才にも長《た》けていた父親、アルベールの血が流れており、商売に対する先天的な勘のようなものが働くのかもしれない。それから三年後にスペインとの国境近くの保養地、ビアリッツ*に最初のオートクチュールの店を開くが、この店も海岸から緩やかな坂を上り切った四つ辻《つじ》にあり、いかにも客が入りそうな好位置にある。

シャネルのドーヴィルの店が流行《はや》った理由は、立地条件以外に、《ロッシルド夫人のおかげ》（『リレギュリエール』）という人的味方もあった。ロッシルドは富豪一族として知られるが、夫人は当時の上流夫人の典型として、時代の寵児《ちょうじ》、ポール・ポワレの顧客だった。ところがわがままな夫人が、ポワレのモデルを傍若無人に侮辱したため、ポワレは夫人を自分のレセプションから締め出すという「復讐《ふくしゅう》」に出た。それで、今度は夫人がポワレに「復讐」をする番だった。夫人はシャネルの店の顧客になったばかりか、ドーヴィルに遊びに来ていた友人や貴婦人たちを大量に紹介した。その中には大女優で社交界に君臨していたセシル・ソレルもいた。彼女たちはシャネルの店の帽子を愛用したばかりか、シャネルが始めたばかりのドレスも注文した。彼女たちは、その後もシャネルの忠実な顧客となる。

この事件は二つの意味で非常に象徴的だ。シャネルがポワレに取って代わった最初

ドーヴィル　フランス北西部ノルマンディ地方の海岸に面したエレガントな雰囲気が売りものの保養地。

ルイ・フェロー（一九二〇〜九九）　フランスのファッションデザイナー、画家。第二次大戦中のレジスタンス活動で投獄中にデザイナーを志した。パリのオートクチュール界の巨匠で、プレタポルテにも力を入れた。

ビアリッツ　フランスの南西部、スペイン国境に近いビスケー湾岸の海水浴場、温泉で有名な保養地。英国のビクトリア女王なども訪れた。

の事件だからだ。さらに、第一次大戦直前まで、顧客の富豪夫人を追い出すほどの権勢をポワレが誇っていた点である。いずれにせよ、ポワレが当時どんな存在だったかについては、モード史『ラ・モード』の中で、ブリュノ・デュ・ロゼルが、次のように指摘している。《一九〇三年の最大の出来事はポール・ポワレがオベール通りに店を構えたことである》と。

ポワレは、オートクチュールの最初のデザイナーと言われるジャック・ドゥーセの店で基本を学び、さらに一九〇一年から開店直前までは、人気デザイナーのシャルル＝フレデリック・ウォルトの店で腕を磨いた。ウォルトはロンドンで紳士物の仕立てをしっかり学んだ後、パリのオペラ座近くで女性用のモードの店を開いたが、メッテルニヒ夫人やナポレオン三世の后《きさき》、ウジェニーを顧客としたため、その名は欧州中に鳴り響いていた。一方のポワレは革命的なスタイル、女性をコルセットから解放したことで、モード史上に永遠に名前を刻まれることになる。

コルセットは二十世紀初頭までは、単にモード史だけではなく、社会史上でも重要な役割を果たしていた。フランス版白木屋事件とも言うべき一八九七年五月四日の慈善バザーの火災事件については先にも述べたが、女性の自由な身動きや呼吸を奪って、多数の犠牲者を出した間接的原因になったばかりか、皮肉なことに身元確認の手掛かりにもなった。

犠牲者の遺体や遺留品はシャンゼリゼ大通りのパレ・ダンデュストリ（産業館）に安置されたが、遺体はどれも損傷が激しいうえに黒焦《くろこ》げに近く、なかなか身元確認ができなかった。唯一《ゆいいつ》の頼りが遺留品だった。犠牲者の貴婦人たちは当時、流行の薄地の衣装を纏《まと》っていたため、燃え残ったのは唯一コルセットだけという場合が多かったからだ。

ポール・モーランの短編「慈善バザー」の一節にも、《『これは白のコルセット……娘のは黒だから、これは違う！』と一人の母親が勝ち誇ったように叫ぶ。『悲しいかな！　伯爵《はくしゃく》夫人は新しいコルセットをなさって出掛けました……その色は……』と付き従う小間使いが答える》などの場面が紹介されているが、当時のコルセットの表面は布地で、それをさらにレースが飾っていたが、骨格はハガネや鯨の骨だった。このハガネの部分を背中と腹部に当て、二重の紐《ひも》できつく締め上げて細くくびれたウエストを保つわけだが、腹部を締め付けられているので腰を曲げることもままならない、まさに責め具だった。

火災事件から六年後の一九〇三年六月十三日付フランスの週刊紙『リリュストラシオン』にマルセル・ティナル記者の署名入りの記事「ファンフレルーシュ（リボンや

レースなどの飾り）」と題する記事が掲載されている。この記者はまず、《女性には他者のために生き、美しく着飾り愛され装飾品であることが任務の者》と《あまり美人でもあまり幸福でもなく、いや単に条件や精神、気分の相違にすぎないかもしれないが、自分自身のために生き、活動的な人生を送っている女性》がいると指摘する。

そして前者がリボンやレースで飾られているのに対し、後者は《歩いたりバスに飛び乗ったり、お洒落《しやれ》に捧《ささ》げる時間を節約するためにテーラード・スーツを創作した》と紹介する。そのうえで、《私はこうした改革の悪口を言うつもりはない》と前置きしながら、本音を漏らしている。つまり、革新的なモードへの批判である。

まず、《ルターの弟子であるオランダ人やイギリス人は悪弊を廃止するだけでは満足せず、服飾のプロテスタント主義、大改革を実施しようとしている》と述べ、《レースも衣擦《きぬず》れ音もコルセットもなし》の服装改革を嘆き、その代わりに《恐ろしくも滑稽《こつけい》なコンビネーションが登場した》と悲憤慷慨《ひふんこうがい》。さらに、《彼女たちはコンビネーションの上に糊《のり》のきいたシャツを着て、吊《つ》り紐で吊った絹や毛織物のキュロットをはく。吊り紐の女性！　ドンファンも後ずさりすること間違いなし！》と嘆く。

彼女たちはこうした《野暮な下着》の上にルダンゴート（ぴったりしたフロックコート）などを着用したという。今から見るとなかなか、お洒落でモダンなスタイルだが、この記者は《パリジェンヌが朝は花開く花のように服をまとい、夜は花弁を一枚一枚、落とすように脱ぐ習慣を放棄して吊り紐を吊る決心をする前にラインの橋の下、流れが流れ去りますように》と結んでいる。

この男性のエゴイズム丸だしの記事には、男性の中にもカチンときた読者が多かったようだ。同七月四日付の同紙で、同記者は「美容のための教育」と題する記事を掲載し、まず男性読者の投書を紹介する。

《私はコルセットもウエストを絞ったドレスも膨らんだスカートも好きではない。女性の服装は大いに改革する必要がある……シンプルでしかも優美な現代風ギリシア・スタイルをどうして採用しないのか》。この投書に対し、記者は、若くて美しい女性やダンスで鍛えたイサドラ・ダンカン*には確かに《現代風ギリシア・スタイル》は似合うかもしれないが、体形が崩れた年配の女性が着用したら、その場合、どんなことになるか想像したまえ、と反論する。そして《コルセットなしに救済なし》と断罪する。つまりコルセットを着けていない見苦しい女性には、神の御加護は望めない、となる。

イサドラ・ダンカン（一八七八〜一九二七）　アイルランド系の米国人女性舞踊家。技巧本位で束縛の多かった古典バレエを離れ、ギリシアを理想としてギリシア風トゥニカ（寛衣）をまとい、バレエシューズを脱いで裸足で踊った。

いうわけだ。

この記事から推測できるのは、当時の欧州大陸の絶対的価値観であったカトリック的価値観が日常生活の規模でもアングロサクソンに代表されるプロテスタント的実用主義や改革主義の影響を受け始めた点だ。

また二十世紀を迎えたばかりの欧州でイサドラ・ダンカンが評判になり、その舞台衣装にヒントを得た《現代風ギリシア・スタイル》が流行の兆《きざ》しを見せていたこともうかがえる。イサドラ・ダンカンが欧州にわたり、パリで初公演をしたのは一九〇一年だ。素足に薄物《うすもの》だけという舞台衣装で創作ダンスを披露する彼女はパリで大センセーションを引き起こした。

十九世紀末の女性を苦しめたコルセットは一九〇〇年にはすでに医学研究家のガシュ・サロート夫人によって改良され、「医学コルセット」と呼ばれる改良コルセットが登場していた。ヒップまですっぽりと包むトルソ型で、上半身は真っすぐに伸び、胸を解放していた。しかしコルセットであることに相違はない。しかも、このコルセットには下着屋がたちまち、さまざまな手を加えて改悪した結果、横から見ると胸は詰め物で極端にふくらみ、ヒップも突き出され、ちょうどSの字に見えるため、S字形スタイルと呼ばれる流行の誕生につながった。

ポワレはこうしたコルセットの代わりに胸の部分だけのブラジャーを用い、ハイウエストのシンプルな服を考案した。衣擦れの源である何枚も重ねたペチコートも追放した。日本のキモノや中国服からの影響も指摘されているが、友人だったイサドラ・ダンカンが好んで着た現代風ギリシア・スタイルが彼のモードの原点とされているように、胸も腰もゆったりとしたデザインだ。

このスタイルはフランス革命ころの一時期にも流行ったものだが、ドレスのシルエットはI字形になった。ポワレは、自分の夫人にこうしたドレスをよく着せたが、長身で痩《や》せぎすの夫人にはそれがよく似合い、流行に一役買うことになった。

ところがシャネルがドーヴィルで店に並べた作品は、後にポワレをはじめ、十九世紀的なものをすべて一掃することになる。それは、《長年頭にあった計画を実行に移した》(『リレギュリエール』)ものだ。《典型的な英国製の服地を二種類手に入れた。カペルが着ていた編みセーターと

舞台衣装のイサドラ・ダンカン。ポワレのI字形シルエット

フランネル＊のブレザーを取り入れたものだった》（同）。そして、こうしたモードはシャネルがヴァカンス気分を味わうために自身が着ることを目的に発案したものでもあった。

海辺の保養地とはいえ、当時、海で泳ぐものはいなかった。海岸で日光浴をし、浜辺を散歩するだけだった。ドーヴィルでも日光浴が必要とされた金持ちの子供たちが女中に連れられて遊んでいる姿が目立った。保養客は波に浮かぶ小型ヨットなどを眺めながら、浜辺に座って何時間でも過ごすのだが、そんな時、シャネルが発案した服はなんと快適だったことか。シャネルは町を歩く時は、テーラード・スーツに先の丸い靴を履いた。開襟シャツに自分でデザインしたパナマ帽を被ってポロ見物に出掛けたこともある。ポワレの「現代風ギリシア・スタイル」はすでに過去のものになりつつあった。

このドーヴィルでは、シャネルとカペルとの仲も公然化していた。当時、上流階級は正式に結婚していないカップルを受け入れず、招待もしなかったが、ドーヴィルの別荘では英国の上流階級が彼らに門戸を開いた。カペルはポロ選手として一流で、ドーヴィルでよく行なわれた英仏対抗の上流階級の試合には欠かせない存在だったうえ、事業が成功していたからだ。カペルの会社、石炭船団は大きく発展しており、ずっと年上の「虎《とら》」の異名を持つクレマンソーとの交際も進んでいた。南北戦争の通信員だったクレマンソーはアメリカ女性と結婚しており、主義主張を超えて、英国人のカペルとは馬が合ったのかもしれない。

シャネルとカペルの二人の仲は、風刺画家として一世を風靡《ふうび》したセムの漫画の種にもなっており、二人の存在がかなり目立っていたことがうかがえる。特徴のある太い眉《まゆ》に帽子を被ったシャネルがポロ競技の服装をしたカペルの腕の中にいるところを描いた作品だ。カペルの下半身は馬になっており、カペルが高く掲げる鞭《むち》の上にはトーク帽が掲げられており、シャネルの店の宣伝画の趣もある。しかもシャネルが腕に抱えている帽子の箱には、「ココ」の字が読める。シャネルがドーヴィルでも、「ココ」の愛称で親しまれていたこともわかる。

セムについて、詩人のジャン・コクトーは、《獰猛《どうもう》な昆虫》で、《犠牲者の動作を追い回す》と述べ、セムの風刺画の対象になったら、いかにひどい目に遭うかを強調している。しかし、セムはシャネルの味方になった。セムは一九一四年三月に、「本物

フランネル　十六世紀に英国ウェールズで始まった毛織物。平織り・綾織り布を石鹼液や希硫酸水などに浸してもみ、縮ませて緻密にしてから両面をけば立てる。生地は柔軟性があり、空気を含むため保温性に富む。

のシック、偽物《にせもの》のシック」と題した特集で、シャネルの服を着た女性を「本物のシック」と評価したからだ。セムはまた、《まったく馬鹿《ばか》な女たち！　彼女たちの帽子ときたら！　植木鉢、電灯の笠《かさ》、鍋《なべ》とあらゆる形が、次々と登場し、女たちは、それをすべて、試すという愚行を繰り返している》。シャネルが排除してきた帽子こそ、まさに、セムが指摘した女たちの愚行の種でもあった。

ただ、シャネルはこのころ、カペルとの別れが迫っていることを予感していたはずだ。店は繁盛《はんじょう》し、叔母のアドリエンヌも妹のアントワネットも手伝いにきてくれ、寂しくはなかったが、カペルがドーヴィルにやってくる日はしだいに遠のいていった。カペルの心境について、シャルル＝ルーはこう記述している。《未知の父という秘密の傷が彼をむしばんでいた。ユダヤ人排斥と国粋主義とが、前代未聞《みもん》の激しさで吹き荒れているフランスにおいては、数ある欠陥のうちでも出生のあいまいさという欠陥を発見されて、引きずり落とされてしまう重要人物の例はたくさんあった》と。つまり、シャルル＝ルーは、カペルがこの問題を解決するには、由緒《ゆいしょ》正しい家の娘と結婚する以外なかったとしている。シャネルは捨てられようとしており、その焦燥がシャネルをかえって仕事へと駆り立てたのだろうか。

第一次大戦と女性解放

カンボン通りの店の前をリッツに向けて毎日、上流階級の女性たちが歩いて行く。戦争で男性が不在になったため、カクテルや昼食、夕食会を自宅で開くことがなくなった夫人たちが、リッツでお茶を飲みながら情報交換するのが習慣になっていたからだ。彼女たちにとって、こんな風に一人で自由に外を歩き回るのは生まれて初めての経験だったかもしれない。

一九一四年六月二十八日、ボスニア・ヘルツェゴヴィナ*の首都サラエボで一発の銃

ボスニア・ヘルツェゴヴィナの銃声　旧ユーゴスラヴィア諸国の中でもボスニア・ヘルツェゴヴィナは特に、文化的背景の違うセルビア人、クロアチア人、イスラム教徒の居住地域が複雑に入り組み、歴史的にもオーストリア・ハンガリー帝国とオスマン帝国の境界地帯として大国の利害が複雑にからんで民族紛争が続いた。一八七八年のベルリン条約で行政権を認められたオーストリアが一九〇八年に併合を強行。これに反発したセルビア人民族主義者の若い男性が一九一四年六月二十八日、ボスニア・ヘルツェゴヴィナの首都サラエボを訪れたオーストリア皇太子夫妻を銃で暗殺した。この「一発の銃弾」によってオーストリアがセルビアに宣戦布告し、さらに大国が次々と介入して第一次大戦が起きた。

声が響いた。その音はシーズンを迎えた保養地のドーヴィルでは、喧噪《けんそう》の中にすぐ消えていき、聞き取りにくかったが、世界を震撼《しんかん》させるには十分だった。あるいは、この一発をフランスでは無意識のうちに人々は待っていたのかもしれない。一九一三年一月、レイモン・ポワンカレが第三共和制第九代大統領に選出された。ポワンカレは普仏戦争でドイツに割譲されたロレーヌ地方出身であり、愛国の情に燃えていた。
就任前にすでに外相、首相として、モロッコ事件でドイツを抑え込む一方、英国との提携や仏露同盟などを固めていた。七月には三年兵役制が可決される。そして、一九一四年八月二日、動員令が発布された。
《それは筆舌につくしがたい歓喜だった。フランスはついにドイツ人が一八七〇年以来、享受《きょうじゅ》してきた教訓を彼らに与えるチャンスがきたのだ。あの悲しい戦争以来、我々がアルザスとロレーヌを代価にして支払った教訓を……》
第一次大戦に第百十三歩兵連隊所属の軍曹として動員されたフランシス・ペローは一九八三年に当時の心境をこう書き記して、第一次大戦の証言を収集していた医師、ジャン・ダニエル・デスタンベールに送った。デスタンベールのところには、人生の黄昏《たそがれ》を迎えた在郷軍人たちが、どんな気持ちで動員されたかを、嘘《うそ》いつわりなく綴《つづ》った手記が多数寄せられた。

無名戦士ペローは続けて、実に簡潔、適切に戦争勃発《ぼっぱつ》の状況を説明している。《サラエボでセルビアの狂信者にオーストリア皇太子が暗殺されたことで、セルビアとオーストリアは戦争状態に入った。同盟のルールによってドイツがオーストリアの側につき、フランスと英国は小国セルビアを支援しているロシアの側についた。対峙《たいじ》した二つのブロックの間で戦争が即刻、開始されるのは明白だ》と。

三日、ドイツはフランスに宣戦布告を行なう。ラ・マルセイエーズ*を歌い意気揚々と出征した彼らは、《双方（フランスとドイツ）ともクリスマス前には相手に教訓を与えて帰還できると思っていた》。ところが同月二十二日に国境を越えた連隊は、ドイツとの激しい交戦に遭遇し、仲間は傷つき倒れ、屍《しかばね》と化すという《悲しい現実を突き付けられる》。

早々に捕虜になったペローは、それから一九一八年の戦争終結まで五十二ヵ月間、ドイツの捕虜収容所で暮らすことになる。その間も衛生状態の悪さから疫病《えきびょう》などに

ラ・マルセイエーズ　フランス革命後の一七九二年、フランスがオーストリアに宣戦布告した際にストラスブール市長が軍歌の必要性を訴え、ド・リール工兵大尉が一夜で作詞作曲した。一七九五年に国歌となり、帝政時代には革命色が強いとして廃された後、一八七九年に再び国歌に制定された。

かかって病死する仲間も増える。

ペローは手記の最後をこう結んでいる。《暇があったら、フランスとベルギーの国境の小さなフランス軍墓地の白い十字架群を訪ねてほしい。詩人ランボーが書いているように、『それは緑なす墓地で小川が歌っている』という真に魅力的な場所だから》と。

一九一六年には歩兵の日記形式の小説『砲火』が発表され、フランスの価値ある文学賞、ゴンクール賞に輝いている。ジャーナリストでもある作者のアンリ・バルビュスは反戦論者だったが、八月二日に動員されて一年間、塹壕《ざんごう》で戦った後、その経験を踏まえてこの作品を発表し、圧倒的な読者の支持を得た。作品のメッセージは明白なパシフィスム（平和主義）だった。フランスでパシフィスムという時、それは敗北主義に近い意味になり、第二次大戦でナチス・ドイツの占領を招いた遠因として反省の種になるが、第一次大戦ですでにその萌芽《ほうが》が見られたわけだ。バルビュスは一九一九年にはウィルソン主義（第一次大戦時に平和十四ヵ条を発表した米大統領ウィルソンの理想主義）を標榜《ひょうぼう》し、一九二三年には共産主義に傾倒し、党員になる。

第一次大戦で動員された二十歳から四十五歳までのフランス男性は約四〇〇万人に上った。このうち約一五〇〇万が戦死し、約一七〇〇万が負傷した。統計学によると、フ

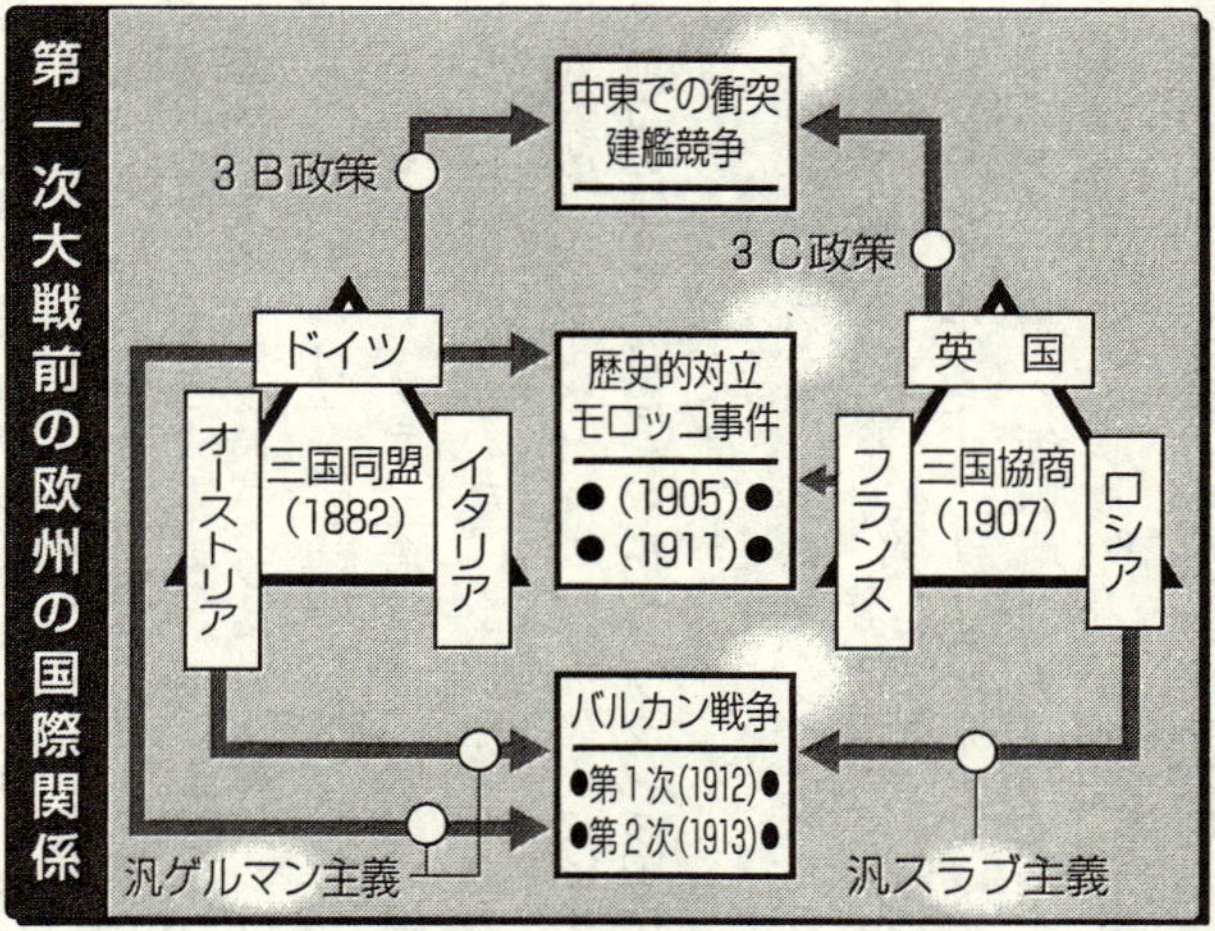

ランスはこの四年間に、もし戦争がなかったら、誕生したはずの約一五〇万の新生児も失い、人口の急激な減少を招いた。

この第一次大戦と共に「二十世紀は始まった」と定義する学者はフランスに多い。「二十世紀は一九一四年から一九八九年まで、つまりサラエボの銃声からベルリンの壁崩壊までである」と定義するのは、フランス国際関係研究所特別顧問のドミニク・モイジだ。哲学者のアンドレ・グリュックスマンも、「第一次大戦によって、フランス社会は根本的に変動した」と指摘している。

グリュックスマンによると、「まず

第一次大戦以前の戦争は《平民の事件》だった。しかし第一次大戦は《平民》に加えて初めて知識階級も学生も貴族たちも動員された」と述べ、第一次大戦が初めて国民総動員という現代戦争の様相を呈したことを強調する。

確かにナポレオン時代、イタリアやエジプト、プロイセン、はてはロシアにまで遠征して戦ったのはナポレオンと彼の率いる兵士（中には現地で調達した外人部隊もいた）たちだった。フランス国民は、戦場が国外ということもあり、国内ではほぼ平常通りの日常生活を送った。ナポレオンが妻のジョゼフィーヌの浮気を心配してしきりに前線からラブレターを送ったのも、そのためだ。普仏戦争では、アルザス・ロレーヌ地方の割譲は行なわれたが、フランス国民が大量動員され大量に戦死することはなかった。

グリュックスマンは次いで、フランス社会の変動として、「非キリスト教化の進展」を指摘する。「宗教がもはや戦争を防止することができず、フランスのカトリックはフランス国家に、ドイツのカトリックはドイツ国家の側についた。つまり従来のキリスト教に基づく価値観の喪失である」

歴史学者のミシェル・ヴィノックも、「第一次大戦はベル・エポックに代表される幸福のイメージをはじめ、すべてを破壊した点で二十世紀の始まりだった」と指摘する。

一方、アンドレ・モーロワは『フランス史』の中でこう述べている。《いかにしてフランスは、一九一四年の戦争前には幸福な生活を送っていたかの例証として、アンドレ・ジーグフリードはフランス社会固有の「小市民」の存在を挙げている。「小市民は小金を貯《たくわ》え、小金利と小家屋と小庭とで満足していた。……新聞は小（プチ）パリジャン（小新聞＝プチジュルナル）……だった」》と。

そして小市民が生活の柱としていたのは、①家庭的連帯の感情②戦時中の国家に対する完全な忠誠③文化の尊重である。ところが、こうした十九世紀的価値観が失われたのが第一次大戦だった。

歴史家ミシェル・ヴィノック

ミシェル・ヴィノックはまた、フランスでは第一次大戦を〝大戦〟と呼んでいる理由をこう説明する。「フランス人が〝大戦〟とか〝戦争〟という時、それは、〝大量殺戮《さつりく》〟が行なわれ、家族の誰かが亡《な》くなった第一次大戦を指す。第二次大戦は数週間で終わった。多くの戦死者を出したが、休戦協定がたちまち結ばれたので、第一次大戦に比較すると肉体的犠牲者は少なかった。第二次大戦の衝撃は対独協力をしたか否《いな》か、という精神的問題で、その傷痕《きずあと》は現在でも尾を引いている」と。

一九一六年生まれのジャーナリスト、フランソワーズ・ジルー*は第二次大戦中はレジスタンスの闘士で投獄された経験もあり、「二十世紀を一言で説明すればオリーブルな（ぞっとするような恐ろしい）世紀だ」と総括する。ただ、

レジスタンスの闘士でもあったフランソワーズ・ジルー

ジルーは大量の死者と社会変動を引き起こした第一次大戦の唯一の肯定的な面として女性解放を挙げている。グリュックスマンも、「大量の男性が前線に四年間も動員された結果、女性が男性の穴埋めをする必要が生じ、女性の解放が進んだ」と解説する。貴婦人たちは慈善バザー同様、ここでも後方支援の名を借りて、ようやく嬉々として働く場を見つけることになるが、その能力を発揮し、頼りにされた女性たちも多数いた。

その一人がノーベル賞を物理学賞と化学賞の両部門で受賞した唯一の女性、ラジウムの分離に成功したマリー・キュリーである。戦闘開始の一九一四年八月からフラン

ス陸軍省は、マリー・キュリーに救護隊に所属するよう要請する。同十一月には自ら調達した車に医学の最新兵器、レントゲンを積んで前線に出発する。国民救護会の会長が実験室の女生徒の一人、マルグリット・ボーレルの父親のポール・アペルといういきさつもあった。

彼女は知人の金持ちの女性たちの間を廻り、《私が愛国者かどうかですって？　今がそれを証明するときです。私に自動車を提供して下さい。戦争が終わったらお返しします》と言って、車を調達した。

マリー・キュリーはポーランド出身である。フランス人の物理学者、ピエール・キュリーと結婚したことでフランス国籍となるが、女性差別と外国人排斥運動の犠牲者でもあった。特に、この数年前、夫ピエールが馬車に轢《ひ》かれて事故死した後、優れた物理学者のポール・ランジュバンと恋に落ちるが、相手の妻から訴えられたこともあり、外国人排斥運動の標的とされ、激しい非難にさらされた。二度のノーベル賞受賞もこの非難の嵐《あらし》を弱めるのには役に立たなかったほどだ。

フランソワーズ・ジルー（一九一六〜二〇〇三）　フランスの代表的女性ジャーナリスト。第二次大戦中はレジスタンス活動に加わり、投獄された。大戦後の一九五三年にフランスの代表的週刊誌『レクスプレス』を創刊。ジスカールデスタン政権では女性の地位相、文化相を歴任した。

この時に、キュリーとランジュバンの弁護士を務めたのが実は、弁護士時代のレイモン・ポワンカレである。ポワンカレは、フランス版白木屋火災事件では主催者の弁護を引き受けなかったが、この時は、「不倫罪」という勝ち目の薄い裁判の弁護をあえて引き受けて、勝利を勝ち取った。

一方、詩人のアポリネール*はポーランド国籍だったが、志願して一九一四年十二月にフランス陸軍砲兵隊に入隊し、後に危険率の高い歩兵隊に転属する。母方の祖父が陸軍大将だったからとも、ルーヴル美術館からレオナルド・ダ・ヴィンチの傑作、「モナリザ」を盗み出した犯人の仲間と疑われた衝撃を忘れるためだったとも、ローランサン*に失恋したためとも言われるが、外国人排斥運動と無関係ではなかったはずだ。アポリネールは、一九一六年三月、戦場で流弾の破片を頭に受けて負傷し、こう謳《うた》った。《だからこそ　あやうく命取りになりそうなこの弾痕《たまきず》も　星形に裂けたこの疵も僕の最悪の痛手では決してない……》（「或《あ》る星の悲哀」堀口大學訳）

マリー・キュリーが運転して戦場を走り回ったレントゲン車は、早速「小さなキュリー」とあだ名を付けられた。この車は規定通り灰色に塗られ、赤十字のマークが付けられていた。翌年にはキュリーの奔走で「小さなキュリー」は二〇台に達し、彼女が設置した二〇〇ヵ所の放射線施設は、一九一七―一八年の二年間だけでも一一〇万枚のレントゲン写真を撮影し、負傷者の治療を助けた。第一次大戦の初期の段階では、頭部を負傷した者が多かったからでもある。

実は陸軍大臣が一九一一年にヘルメットの着用義務を提案した時、フランスの国民議会は否決した。ヘルメット姿が「ドイツ人みたいに見える」というのがその理由だった。一九一五年六月にやっと着用が決定するが、アポリネールはドイツ人にも、まして臆病者《おくびょうもの》にも見られるのがいやで、意識的に被らなかったのかもしれない。

この頭部のレントゲンを撮影するのに当初、慣れない外科医はいちいちキュリーに指示を仰いだが、やがて放射線のスクリーンを見ながら手術を実施する程に熟練する。キュリーの教え子のマルグリット・ボーレルは高等師範学校の一室に国民救護会の募集事務所を開設し、そこで簡単な適性検査に合格した女性たちを火薬製造所や飛行機工場に送った。彼女たちは郵便配達人や美容師、農婦、鉄道従業員だった。

ギヨーム・アポリネール（一八八〇～一九一八）　二十世紀初頭のフランスの代表的前衛詩人。無名時代のピカソらのキュビスムを擁護した。

マリー・ローランサン（一八八三～一九五六）　フランスの画家。友人アポリネールを通じてブラックやピカソなど、先鋭的なキュビスムの画家と知り合ったが、影響をあまり受けなかった。淡紅色、淡青色、灰白色を使った優美な色彩の叙情的な少女像を数多く残した。

女性の工場での労働人口は一九一四年には八万、一五年には三五万、一六年には四九万、一七年には五四万と急増する。教育分野でも動員された三万の男性教師に代わって女性が教鞭《きょうべん》をとった。こうした第一次大戦中の女性の活躍に対し、国民議会議員ジュール・ジーグフリードは戦後、女性に参政権を与えるように運動する。しかし、一九一九年五月二十日、国民議会（下院）は賛成三四四票、反対九七票でこれを可決するが、上院は「勝利に直結した感情的な錯乱行為」として否決し、法案は結局葬《ほうむ》られた。

フランスで女性の参政権が国民議会に初めて提出されたのは一九〇一年だが、以後、一九〇六年、一九一一年と提出されながら毎回否決され、第一次大戦後も二二、二九、三五年と提出されては否決ということが繰り返された。女性の参政権は、第二次大戦中のノルマンディ上陸作戦直前の四月二十一日に臨時政府首班のドゴール将軍が署名するまで待たねばならなかった。

そのドゴール将軍も一九五八年十二月に第五共和制の初代大統領に選出された時には、女性の入閣を勧めた側近に、「編物省の副大臣はどうかね」とすました顔で言ったと伝えられる。それから約四十年後の一九九七年六月に誕生した、第五共和制五人目の大統領にして正統ドゴール主義を標榜するジャック・シラク大統領と社会党のリヨネル・ジョスパン首相による第三次保革共存政権では、ジョスパン首相に次ぐNo.2の雇用・連帯相もNo.3の法相も女性で、閣僚一六人のうち六人が女性だった。

シャネルが一九一六年、開店したビアリッツの店で発表したのは、こうした女性の時代を先取りしたモードだった。それに、戦争のために銃後を守る女性たちは、外出の機会が増えると同時に、食糧難で痩せはじめていた。豊満で肉感的な女性は時代遅れになりつつあった。シャネルのような〝痩せっぽち〟が多くなり、それはまた、ウエストを極端に絞ったり、豊かな胸を強調しない、スポーティーでシンプルで実用的なシャネル・スタイルが似合う女性たちの出現でもあった。シャネルの登場はまさに

女性の参政権　ニュージーランド、オーストラリア、フィンランド、ノルウェーでは十九世紀末から二十世紀初頭にかけて、女性の選挙権が認められ、英国や米国でも婦人参政権運動が盛んになった。第一次大戦後にはさらに多くの国で女性の選挙権が認められた。

シャルル・ドゴール（一八九〇〜一九七〇）フランスの軍人、政治家。第一次大戦後、一九二五年にペタン参謀総長の幕僚となった。しかし、第二次大戦ではペタン元帥の対独休戦に反発して英国へ亡命。レジスタンスを呼びかけて、「自由フランス運動」を組織。徹底抗戦を訴えてヴィシー政権に死刑や階級、財産の剝奪を宣告された。戦後は一時引退していたが、アルジェリア独立運動の激化で国内が左右に分裂したため、一九五八年に大統領権限の強い「第五共和制憲法」を成立させ、大統領に就任。「偉大なるフランス」の独自外交、独自核路線を貫いた。

時代の要求だったと言える。

シャネルの店に並んでいる服は、こうした彼女たちの自由、独立の気分を代弁していたはずである。それに空襲の激しくなったパリで、いざという時に地下室に駆け込むのにも適していた。シャネルは一九一七年にパンタロン*の走りともいうべきパジャマ・スタイルの服を発表しており、髪も同年、ばっさり切ってショート・ヘア*にした。

その理由を《うるさいから》（『ラリュール・ド・シャネル』）と述べているが、シャルル＝ルーはダンサーのカリヤティスが手本だったと見ている。シャネルはまだミュージック・ホールのスターを夢見ていた一九一二年ごろ、人気ダンサーのカリヤティスに弟子入りしたことがある。

カリヤティスは当時、斬新《ざんしん》なダンスとショート・ヘアで話題を呼んでいた。しかしシャネルのショート・ヘアは時代の要求に合致しており、たちまち流行する。もっとも当時、ショート・ヘアがスキャンダルの種だったことは、ショート・ヘアにした作家のコレットが「髪を梳《と》かしている時、ランプの石油をこぼしてしまったから」とわざわざ言い訳したことでも分かる。コレットも若い時、ミュージック・ホールの歌手を目指したことがあり、この点でもシャネルの先輩だ。

シャネルは高価な毛皮を使うことも止《や》めた。戦争で南アメリカからチンチラ（リスに似た哺乳類《ほにゅうるい》）が、ロシアからは革命でミンクが輸入されなくなったからだが、ポワレはシャネルを「貧乏主義」とののしった。他のデザイナーたちも《ココが成功したのは、大夜会がなくなったいまのご時世のおかげ》（『ラリュール・ド・シャネル』）と嫉妬《しっと》まじりに批判した。

しかし「お客にはいつも理由がある」という諺《ことわざ》を信奉していたシャネルの作品は、社交界の女性だけではなく男性に代わって臨時工員や臨時教員、あるいは臨時看護婦になったあらゆる階級の女性にとって、実際は贅沢《ぜいたく》すぎたとしても、少なくとも気分的には十分に支持できたはずである。

全《すべ》てがシャネルに味方しているように見えた。しかし姉のジュリアが一九一三年に病死したのに次ぎ、妹のアントワネットも一九一九年にスペイン風邪*で死ぬ。前年、英空軍勤務のカナダ人と結婚してカナダに移住したアントワネットは一年後にはアル

パンタロン 長ズボンを意味するフランス語で、十六世紀のイタリアの喜劇役者パンタレオーネが舞台で裾口の縛っていないぴったりとした長ズボンをはいたことに由来するとされる。
ショート・ヘア 女性の短い髪形は第一次大戦中から一九二〇年代にかけて世界的に流行し、米国ではボブ・ヘア、日本では断髪などと呼ばれた。

ゼンチンの青年と駆け落ちし、青年の故郷で倒れた。以後、孤児院の思い出はシャネルの胸の中だけに閉ざされる。

《シャネル・スーツを持たない女性は流行遅れ》

スペインとの国境と大西洋に面したフランス南西部の保養地ビアリッツは、十九世紀半ばまでは、ひなびた漁村だった。それが一八〇八年の半島戦争（スペインの独立戦争）で戦った英国の軍人、ウェリントン公*が率いた兵士のうち戦死した者がこの地に多数、葬られ、英国から遺族たちが墓参にやってくるようになって、まず英国人に知られるようになる。英国人にとって、ウェリントン公はワーテルローの戦いでナポレオンを破った救国の英雄である。兵士の遺族たちはやがて、冬でも温暖な気候や大西洋に面した景勝の地が気に入り、悲しみを癒《いや》すと同時に自分たちの保養にもやってくるようになった。

しかし、保養地として一躍、ヨーロッパ中に知られるようになるのはナポレオン三世の別邸「ウジェニー宮殿」が一八五五年七月に竣工《しゅんこう》した時からである。スペインの大貴族モンティホ公の娘として、少女時代からこの地に親しんでいたナポレオン三世の后妃、ウジェニーに説得された新婚の皇帝は、一八五四年八月に五万二七〇〇平方キロの敷地を四万一〇四七フランで購入した。現在、この別邸は豪華ホテルになっている。

別邸建設をきっかけに、パリの社交界では、この温暖の地で一足早く訪れる春の季節と復活祭を過ごすのが流行になった。人気デザイナーのウォルト、ドゥーセ、ポワレらが競ってこの地に別荘を建て、店を出した。后妃は彼らのお得意でもあった。カトリック的伝統の中で育ち、フランスの宮廷文化に憧《あこが》れていたウジェニーは、フランス王朝の伝統を引き継いで、パリ流行界の中心人物でもあった。ルイ十六世の后妃、マリー・アントワネットやルイ十五世の愛人、ポンパドゥール夫人らはフランス宮廷から世界、つまり当時の世界であるヨーロッパに向けて流行を

スペイン風邪　第一次大戦中の一九一八年にフランス、スペインで大流行したインフルエンザで、さらに世界中に広まって英国で「スペイン風邪」と呼ばれた。数ヵ月間に第一次大戦の死者約一〇〇〇万人をはるかに上回る二〇〇〇万人以上が死亡、中世の「黒死病（ペスト）」と並ぶ感染症の大流行とされている。

ウェリントン公爵（一七六九～一八五二）「半島戦争」（スペイン独立戦争）を支援する英軍総司令官としてナポレオン軍を破った。さらにナポレオンが再起した一八一五年、プロイセンなどとの連合軍を指揮し「ワーテルローの戦い」で再度、ナポレオン軍を破った。

発信したものだが、ウジェニーにはそれに倣《なら》おうとの意識もあったにちがいない。ロココ時代には裾幅《すそはば》の広いスカートが流行したが、これはポンパドゥール夫人が好んでこういう服装をしたからである。また長身の彼女には、これがよく似合った。このスカートを支えたのが、亜麻《ラン》と馬毛《クラン》を使った新型ペチコート、クリノリンである。それまでは何枚もペチコートを重ねることで張りを持たせていたが、これだと一枚で十分だった。ウジェニーはギロチンの露と消えたマリー・アントワネットを偲《しの》んで、赤いリボンを首にまくのを流行させた逸話でも知られる。

第一次大戦が開始すると同時に、ドーヴィルはからっぽになり、お客でいつもいっぱいだったシャネルの店も人足が途絶えたが、ビアリッツはスペインが中立国だったおかげで戦火を免れることができ、オペラ「トスカ」や「リゴレット」が上演されていた。また、スペインのデル・ムニ駐仏大使夫人が国際赤十字のために募金活動を行ない、仲間の貴婦人らを募って負傷兵の看護に当たり、スペイン人やロシア人、米国人も参加した。ビアリッツにはまだ、社交界の雰囲気が残っており、戦火ははるか遠くにあった。

一方、フランス東部ヴェルダンでは一九一六年二月から九月までの間、激戦が続いて約八〇万の死者が出た。アポリネールが頭部を負傷したのも同年三月だった。同月には第二次大戦でナチス・ドイツの占領軍に抵抗してレジスタンスを呼びかけ、フランスを自由解放に導いたドゴール将軍も大尉《たいい》として参戦したこのヴェルダンの戦闘で負傷して気絶し、ドイツの野戦病院で意識を取り戻して捕虜になっている。

ビアリッツの地元新聞『ガゼット・ド・ビアリッツ』が、「今シーズンの新製品」と題する続き記事を掲載したのもこのころである。一九一六年三月十五、十六日付のこの記事には、《マドモワゼル・シャネルがシーズンのためのあらゆる新製品を取り揃《そろ》えてヴィラ・ド・ララルドに売り場を開設した》という記述があり、シャネルの初のオートクチュール店の誕生が伝えられている。

ドーヴィルでは帽子や簡単なスポーツウェアを並べた単なるブティックにすぎなかったのが、ビアリッツではブティックとアトリエを備えた本格的なオートクチュールの店が誕生したのだ。この記事の書き方から推察するに、シャネルは当時、すでにかなり名が売れており、その彼女の店の開店が待たれていたことが知れる。

シャネルがカペルと共に写っている一九一五年に撮影された写真がある。二人は縞柄のテントの下で座っており、かたわらには大砂糖工場の社長、コンスタン・セイがいる。三人のそばには食料がいっぱい詰まった籠《かご》が置かれており、三人が海岸でピクニックを楽しんでいる様子がうかがえる。カペルは英国びいきの友人で陸軍との関係も良かったクレマンソーの計らいもあって、一九一五年七月にフランスへの石炭輸入担当委員会のメンバーに任命されていた。クレマンソーは一九〇九年に首相として鉱山ストライキを軍隊の出動で鎮圧させたが、その後辞任し、再度、一九一七年に首相に就任して、国内の敗北主義を克服してフランスをどうにか勝利に導いた。

カペルは多分、シャネルを伴って、ビアリッツに短いヴァカンスを楽しみにきたのだろう。そしてこの時、二人の間に、ドーヴィルで成功した店を戦火の遠いこの町で開くアイディアがまとまったのかもしれない。このシャネルの初めてのオートクチュールの店の資金を出したのもカペルである。シャネルの才能を見抜いていたカペルには商売のセンスもあり、シャネルのオートクチュールの服が一枚三〇〇〇フランでも十分に売れると計算していたはずだ。

『ガゼット・ド・ビアリッツ』はこの開店ニュースから約半年後の一九一六年十月二十一日付で、当時すでに人気店で習慣となっていた「ソルド（バーゲン・セール）」がシャネルの店でも行なわれたことを報じ、店が順調に運営されていたことを伝えている。

ヴィラ・ド・ラルドは町の中心街にあり、カジノにも近かった。このヴィラは一八六七年に英国海軍の将校で、ナポレオン三世とも姻戚《いんせき》関係にあるウイルソン・ベラーズという英国人が建設した四つのヴィラのうちの一つだった。当時は夫人の名を取ってヴィラ・ド・エミリアと呼ばれていた。現在、このヴィラの一部は書店「ブックストア」になっている。一九八七年春にこの町を訪ねた時、レジ係の若い男性に、「ここにかつて、シャネルの店があったそうですね」と尋ねると、あっさりと「そう聞いています」と答えた。店名の英語名が、偶然のことながら、旧所有者の国籍を偲ばせると同時に、シャネルがアングロサクソンびいきだったことを想起させてくれる。

『ビアリッツの散歩道』(モニック・ルソー、フランシス・ルソー共著)によると、ヴィラ・ド・エミリアは建設当時、広いサロンと食堂に寝室一六室、数台の車が駐車できるガレージなどを擁《よう》し、ガレージの運転手の部屋と母屋《おもや》とが電話で直結するなど当時の最先端の近代設備を誇っていた。普仏戦争後の一八七五年にはビアリッツ市長の弟に当たる弁護士に売られ、一九一八年十一月には、《数年前からすでに借家人だったデザイナー、シャネルが購入した》(同書)と記されている。価格は三〇万金フラン(一フラン=三二・五ミリグラム)との記録がある。

この贅沢なヴィラ購入の一件によっても、シャネルがビアリッツで順調に業績を伸ばしていたことがうかがえる。シャネルの店は、この『ガゼット・ド・ビアリッツ』

ビアリッツのシャネルの店跡（ブックストア）

を通じて、四月二十日、八月九日、十八日、九月八日付でお針子の募集も行なっている。パリのシャネル社のピエール・ブンツ氏によると、「シャネルは当時、約六〇人のお針子を雇っており、給料は良かったが、完璧《かんぺき》主義のシャネルの要求は厳しく、しばしば徹夜をさせられたり、夜の白むころまで仕事をすることが多かった」。それで、辞めるお針子も多かったのだろう。

　シャネルは時々、パリのカンボン通りの店に帰り、店の一部をビアリッツ店向けの製品にあて、お針子たちを指揮した。ビアリッツとパリを合わせるとお針子の人数は約三〇〇人に膨れ上がっていた。ポワレの全盛期とほぼ同数である。そしてシャネルはカペルから借りた資金を几帳面《きちょうめん》に返済し、経済的な自立を徐々に果たす。借家だったヴィラ・ド・ラ・ラルドを一九一八年に買い取った資金三〇万金フランも自己資金である。

この時期、シャネルを最初に大々的に紹介したのは米国人だった。「チャーミング・シュミーズ・ドレス」――一九一六年十一月号の米国のモード誌『ハーパーズ・バザー』はシャネルの作品をこう紹介する。シャネルが権威あるモード雑誌に紹介された初めての記事である。「フロム・パリス（パリから）」と題する特集記事は見出し通り、パリからの最新モード情報を伝えたもので、シャネルはドゥーセ、ランバン、*パキャン、ジョルジット、キャロットら当時の一流デザイナーと並んで紹介されている。

たった一枚だけ紹介されたこの作品は、ビアリッツの店で働く妹のアントワネットの顧客のために作られたものだ。体にそった美しい自然の流れやほっそりした袖《そで》。その袖の折り返しのカフスにあしらった刺繡《ししゅう》や飾りのないシンプルな帽子がシックだ。スカートの襞《ひだ》や帽子の飾り、ウエストの絞りなどが目立つ他の作品に比較すると、シャネルの新鮮さがよく分かる。シャネルは後に、ポール・モーランに次のようにシャネル・モードの神髄を説明する。《本当の服装美学とは、道徳的誠実さ、感情

ジャンヌ・ランバン（一八六七～一九四六）　十三歳から服飾店に勤めた後、婦人服の店を構えた。オートクチュール店では老舗の一つで、ホステス・ドレスやイヴニング・ドレスに加え、舞台衣装のデザインも手掛けた。

れる理由も、ここにある》（『ラリュール・ド・シャネル』）

こそ、私が永続し、一九一三年の競馬場で着たスーツが、一九四六年の今日まで着ら

の正確な表現以外のなにものでもないと思う。だからこそ、私の存在があり、だから

シャネルの面目躍如の言葉通り、現在もオートクチュールを堂々と発表し、世界に君臨しているのはカール・ラガーフェルド*が主任デザイナーとして引き継いでいるシャネルの店だけである。シャネルとともに『ハーパーズ・バザー』で紹介されたデザイナーのうち、ジャンヌ・ランバンが一八八九年に創設したランバンの店は、ブランドとしては現在も世界に通用しているが、オートクチュールの発表は一九九二年に止《や》めた。創始者の個性が偲ばれるのは、ジャンヌが中世の教会のステンドグラスからヒントを得た「ランバン・ブルー」と呼ばれる目の覚めるような深い青色が、ネクタイやセーターなど男性物の基調になっている点ぐらいである。

シャネルの当時の作品については、戦争中も発行を続けたフランスのモード誌『フェミナ』にも詳しい。同誌の一九一七年六月十七日付では、ギャバジンや編み物による「シャネルのコスチューム」を紹介している。《スカートの両脇《りょうわき》に襞が取られ、上着の長さはセミ・ロングでベルトによってオリジナルな動きを見せており、カラーは高く、折り返しがありストラップを付けたポケットが非常に新しい感じを与えてい

る》

それに先立つ号では、《シュミーズ・ドレスは前年ほど流行していないが、ドレスの線は直線で、繊細で体に密着していないようだ。この傾向は異常に柔らかな材質によって強調されている。ジャージー*も昨年のものとはまったく異なっている……色はグレーやベージュで明るい色は使用されていない。マリンブルーは相変わらず使用されている。全体の印象は非常に控え目である》。

すでにシャネルの特徴が随所に発揮されている。シンプルで着心地よく、しかもシックでモダンである。また、人気のほどは、一九一六年以来、大手洋品店「エレガンス・パリジェンヌ」がジャージーの作品のいくつかをコピー生産していたことからも知れる。シャネルはライセンス問題には生涯を通じて、それほどこだわらず、コピーされるのは、自分の作品がすばらしいことの証《あか》しとして、むしろ、歓迎していたふし

カール・ラガーフェルド（一九三八〜）　ハンブルク生まれ。第二次大戦中もパリからオートクチュールを取り寄せていた母親の影響でデッサンを始め、十四歳でパリに留学。十六歳で繊維会社が企画したデザイン・コンクールに優勝した。

ジャージー　編み目の細かいメリヤス地（ループ状の編み物）や、それに似た織物を指す。元来は英国ジャージー島の漁師の妻による毛織物だった。近年は化繊や綿なども使われる。

がある。

シャネルの作品を最初に認めた『ハーパーズ・バザー』は、一九一七年には、《シャネルを一着も持っていない女性は、取り返しがつかないほど流行遅れである》と述べ、《今シーズン、シャネルの名前はすべてのバイヤーの唇に乗った》と証言している。現在でも大いに通じそうな指摘である。

こうした米国の雑誌の熱狂的な支持を受けたシャネルは一九一七年以降、《ジャージーの独裁者》と呼ばれ、米国女性の顧客を確実に増やしていった。米国の伝統的なモード雑誌『ヴォーグ』も、フロリダ州パームビーチでシャネルのジャージーが人気を集めていることを伝えている。本能的な商才があったシャネルは、黒、ベージュ、グレーといったシャネル・カラーのほかに、米国女性用には明るい色のボルドーやグリーンも取り入れた。

シャネルがジャージーを取り入れたのは、一九一六年冬に生地業者の大手、ロディエ社が男性用下着のために大量のジャージーのストックを抱えていたからだ。ロディエ社はメリヤスに代わる素材としてジャージーを購入したものの、厚手過ぎて下着に

ショート・ヘアが前提になっている1920年代のシャネルのモード

は不向きだった。この話を聞きつけたシャネルが、このジャージーを買い取り、さらに注文した。二度とストックを抱えたくないロディエ社は、シャネルの要請を拒否したが、最後はシャネルの粘り勝ちだった。

シャネルはまた、毛皮製品にも革命をもたらした。従来使われていた高級毛皮のミンクやゼブラに代わって、ウサギやビーバーなどの廉価《れんか》な毛皮を帽子やコートの襟に使って、現代的な感覚を出すのに成功した。その一方でサージやビロード、綾織り、チュール（薄地の編み織り）など新素材もふんだんに使っている。この時期、シャネルは天職であるモードの世界にどっぷりと浸《つ》かりはじめ、その創意工夫は止《とど》まるところがなかった。

『ハーパーズ・バザー』のパリ特集。シャネルの作品（右上）が初めて権威あるモード誌に紹介された

シャネルはときどき、パリのカンボン通りの店に戻った。ビアリッツの店の作品を製作するためでもあったが、カペルに会うためでもあった。しかし、カペルの足はすでに遠のき始めていた。一方でシャネルの店はビアリッツの店と合わせて三〇

〇人の従業員をかかえるまでに大きくなっていたが、それでも生産が間に合わないほどだった。シャネルのライバル、ポール・ポワレが幸か不幸か、軍の調達品を引き受けていたため、オートクチュールから遠ざかっていたからだ。

カペルが《君におもちゃを与えたつもりだったのに、どうやら自由を与えたようだ》と言ったのも、このころだ。シャネルの方は後に、《バルサンやカペルは私を哀れんでいた。私を見捨てられたかわいそうなスズメだと思っていたけれど、実際は私は野獣だった。私は少しずつ、人生を学んだ。つまり、人生に対して自分を防御することを》と述べている。シャネルがさまざまな面で男性の庇護《ひご》の手から離れ、特に経済的に完全に独立したのも、このころである。そして、ポワレが、《億万長者のための貧乏主義》とシャネルの作品の悪口を言ったのも。

一九一八年三月二十三日、パリっ子は大音響に飛び上がった。一八個の砲弾が炸裂《さくれつ》したのだ。死者一五人、負傷者は約三〇人に上った。空には敵機の爆音がせず、パリっ子は前線がパリから一二〇キロのところに迫ってきたのを知る。ドイツ軍はパリ郊外ソワッソンの森に設置された四二〇ミリ砲、建造者の娘の名を取った大砲、「おでぶのベルタ」から攻撃してきたのだ。

しかし、戦火はまだビアリッツを襲うことはなく、ビアリッツを愛する芸術家――

モーリス・ラヴェルやストラヴィンスキー、ピエール・ロチ、コクトー、ヘミングウェーが集まってきた。一九一八年の七月二十八日から九月二十八日までピカソはストラヴィンスキーのメセナ*でもあったエラズリッツ夫人の館《やかた》、「ミモザ館」に宿泊し、傑作「水浴の女たち」を描いている。

後にシャネルと親しくなる亡命貴族のディミトリ大公もウジェニー宮殿の近くの「ミラメール・ホテル」にしばしば投宿した。ビアリッツの人気は一九二〇年代の「レザネ・フォール（狂気の時代）」で頂点に達し、第一次大戦前は年間四万五〇〇〇人だった観光客は一九二九年には七万人に膨れ上がった。シャネルの店は一九三〇年代の初めまで続く。

イレギュリエール　新しい女の生き方

シャネルの晩年の十四年間、ほとんど毎日のように会っていたシャルル＝ルーが一九七四年に発表したのが、シャネルの本格的伝記『リレギュリエール』である。題名

メセナ　古代ローマの政治家で、文芸の擁護者でもあった「メセナス」から転じたフランス語。芸術・文化の庇護を意味し、企業による芸術・文化の援護活動の意にも用いられる。

の意味は、英語で言えば「イレギュラー」である。フランス語の場合、定冠詞がつき、発音もフランス語式になる。大修館書店の『新スタンダード仏和辞典』では「イレギュリエール」の用例として、「不法監禁」「不正規部隊」「自堕落な生活」などを挙げているが、法的に結婚している「レギュラーな女性」に対して、法的に結婚していない「イレギュラーな女性」という意見だ。野球の選手でいえば、補欠みたいな存在、と言ったら、わかりやすいであろうか。

シャルル＝ルーはシャネルの生地がソーミュールであることや、少女時代の孤児院生活、バルサンやカペルとの愛人生活など、特に謎《なぞ》に包まれていたシャネルの戦前の実像を探り当て、シャネルが生前、自ら語っていた虚偽に満ちた自家製自伝とは異なる新事実を明らかにして大反響を巻き起こした。しかし、フランス人にとって最も衝撃的だったのは、この題名だったかもしれない。

シャルル＝ルー自身はこう説明する。

「プルーストが使った言葉から題名を取りました。結婚せずに男性と暮らし、この男性に面倒を見てもらっている女性たちです。十九世紀末や二十世紀初頭にはこういう女性はたくさんいました。《囲われもの》というような蔑称《べっしょう》ではなく、単に法律的に認知されていない女性、社会的地位の上でマージナルな女性を指します」

そのプルーストの『失われた時を求めて』の中で、「イレギュリエール」はこんな風に使われている。

《彼女らは、しばらくまえから、あんなに尊敬の念をこめて遇されているあのヴィルパリジ夫人が、本物の侯爵《こうしゃく》夫人であるか、いかさま師であるかということを、つきとめたいとひどくあせり……じりじりしていた。ヴィルパリジ夫人がホールを横ぎると、いたるところに異例を嗅《か》ぎつける裁判所長の細君が、その手にした編物の仕事からひょいと顔をあげ、けげんな目つきでヴィルパリジ夫人をながめるのであった》（井上究一郎訳、筑摩書房刊）

「イレギュリエール」はここでは、「異例」と訳されており、あまり意味が通じないが、パリの社交界で出自の明確な裁判所長夫人が、「侯爵夫人」と名乗っているものの、なんとなくうさん臭いヴィルパリジ夫人を「イレギュリエール」ではないかと本能的に嗅ぎ付け、詮索《せんさく》している様子がよく分かる。

シャルル＝ルーはしかし、シャネルは、フランス社会のあだ花的な存在の「《ドゥミ・モンド》とも異なる」と指摘する。《ドゥミ・モンド》は、直訳すれば「半分の世界」。「世界」に社交界の意味があるところから、一般的に十九世紀の金持ちの囲われ者を中心とする半社交界、要するに裏社交界そのものと、転じてそうした女性たちを指す。

《ドゥミ・モンド》の語源は、こうした女性を主人公にしたアレクサンドル・デュマ・フィス＊（息子）の同名の戯曲によるが、デュマ自身は、「上流階級から堕落した女たち」または、「底辺からはい上がった女たち」と定義している。

シャネルの最初の愛人、バルサンは上流階級の母親たちから、〝理想的な花婿《はなむこ》〟と評価されていたが、それは、バルサンが当時、当代一のドゥミ・モンドと呼ばれたエミリエンヌ・ダランソンと《電撃的な関係を持ち、そして上手に手を切った》（『リレギュリエール』）からだ。エミリエンヌはアパートの管理人の娘で、パリの国立音楽演劇学校の入試で良い点数を取り、端役《はやく》で十五歳でデビューするやたちまち話題になったことは前にも紹介した通りだ。

コクトーも、ドゥミ・モンドに関し、《彼女たちの服を脱がせるには、三週間前から引っ越しの準備をするような作業が必要だ》と述べ、ドゥミ・モンドが高級娼婦《しょうふ》とは異なる点を強調している。バルサンは最高のドゥミ・モンドを手に入れるだけの財力と男性としての魅力があり、しかも彼女の手中に陥って結婚などせずに別れたという二点を兼ね備えていた、というところが高く評価されたわけだ。

シャルル＝ルーも、「演劇や歌、ダンスの才能がありながら、そうした一家の出でない女性は、自分の才能で成功するには、男性の経済的援助が必要だった。セシル・ソレルと同時代の大女優、サラ・ベルナール*をはじめ、大女優や大歌手らは、みんな例外なく財力のある男性に囲われていた。男性にとっても、知名度の高い彼女たちは富やデラックスの象徴であるので、男性は彼女たちを見せびらかす意味もあってマキシムなどに連れ立って行った。彼女たちは、《公式の愛人》と言われ、男性と郊外の城などに住んだが、男性の家族がこうした城を訪ねることは決してなかった」と述べ、《イレギュリエール》は男女不平等、階級制度が厳然として存在した旧大陸フランスの生んだ一種の時代の申し子との見方を示している。

シャネルは確かに一時、バルサンやカペルと生活を共にし、ブティックの開店資金なども援助してもらったが、シャルル゠ルーは、「ドゥミ・モンドという手垢《てあか》のついた言葉はシャネルには合致しません。ドゥミ・モンドのイメージは、コルセットで体

アレクサンドル・デュマ・フィス（一八二四〜九五）　フランスの作家。『モンテクリスト伯』『三銃士』などの著者デュマ（大デュマ）の息子。オペラにもなった小説『椿姫』（一八四八）で流行作家となり、中流階級の社会問題を扱う「問題劇」を創始した。

サラ・ベルナール（一八四四〜一九二三）　「黄金の声」と呼ばれた美声を持つ十九世紀フランスの女優。「椿姫」「トスカ」などの当たり役で名声を博した。

を締め付け、巨大な羽根飾りのついた帽子をかぶった女優のセシル・ソレルのイメージそのものです。シャネルはその反対です。シャネルが嫌悪《けんお》し、そして戦い、打ち負かそうとしたのがこういうドゥミ・モンドです」と指摘する。

外交官の娘としてチェコスロヴァキア・プラハで暮らしたシャルル＝ルーは第二次大戦中は看護師として救急車に乗って前線を駆け回った。十七歳で負傷し、後、ドゴール将軍率いる自由フランス運動に身を投じ、再度負傷するなどレジスタンスの闘士として活躍。戦後は女性雑誌『エル』の記者を経て、モード雑誌『ヴォーグ』のフランス版編集長を務めた。一九六六年に処女作『パレルモ（シチリア島の旧都市）』で名誉ある文学賞、ゴンクール賞も受賞している。シャネルとは生まれも育ちも対照的なうえ、ドイツ人の愛人がいたシャネルとは第二次大戦中の生き方もまた異なる。シャネルに対して、勢い厳しい姿勢を取ったのもうなずける。

シャネルの過去については、生前からさまざまな噂《うわさ》がささやかれていたことは、シャネル自身がポール・モーランに語った次の言葉からも想像がつく。《ひとつは私の出自の問題。いったい、あの女はどこの生まれかというのが、世間の人たちが知りたいことのひとつ。ミュージック・ホール、それともオペラ座の踊り子、いや、娼婦上がりだということになっているらしい。もしそれがほんとならば、どんなに面白いだろうと、残念でならない》（『ラリュール・ド・シャネル』）

ポール・モーランの作品はシャルル＝ルーの本が出版された後、一九七六年に出版された。モーランは序文でこう記している。《……シャネルが死に、その後、数々の本が出版された。刺激的な小説風のもの、いまさらながらに友情にみちた、デリケートな記録などがそれである。ホテルのレターヘッドに書き付けた、きれぎれの書き流しを、私はなつかしく読み返してみた……》

多分、モーランはシャネルの意思を尊重したかったのだろう。虚偽に満ちてはいるものの、スイスの亡命先で失意のシャネルが肉声でこまごまと語った事実ではないが真実に溢《あふ》れた一人の女性の物語を。この序文の中で、モーランは、シャネルを、モードを含めて、それまでの十九世紀的価値観をすべて否定したという意味で、「皆殺しの天使」と呼び、姿を現わしたかと思うと消えてしまうシャネルの謎めいた人格を「大きな森」とも定義している。この本を出版した直後、モーランは死んだ。

シャネルは生前、モーラン、ミシェル・デオンのほかにもう一人、アンドレ・マルローの最後の愛人だった女性作家のルイーズ・ド・ヴィルモランにも自分の伝記を書かせようとした。そして、ヴィルモランにも他の二人の作家に語ったのと同様、少女時代に約十年間過ごした孤児院の代わりに「二人の厳格な未婚の叔母の家」が登場し、行商人の父親は《美男で都会的で想像力に富み、地方の農民の世界ではまったく破格なことだが英語を話す》となっている。これはシャネルの理想の父親像なのだろう。

また、バルサンは当然ながら愛人ではなく、結婚を正式に申し込んだ《求婚者》として登場し、カペルの方は、さすがにバルサンのようにイニシャルではなく、本名で呼ばれているが、こちらも真面目《まじめ》な「アミ（ボーイ・フレンド）」の形を取っている。もちろん、駐屯地の将校相手に人気を博し、「ココ」の愛称を生んだムーランの歌手時代も、ヴィシーのミネラル・ウォーターの売り子時代も登場しない。バルサンと過ごしたコンピエーヌの森に近いロワイヤリュの厩舎《きゅうしゃ》付きの館も、単なる《森の中の家》と曖昧《あいまい》な表現になっている。

ド・ヴィルモランも他の二人の作家と同様、シャネルに会ったのはシャネルが第二次大戦後、一時的に第一線から引退していた一九四七年である。シャネルは当時、「シャネルの五番」の販売利益をめぐって、トラブルを抱えるなど財政的にも困難な時期だった。誰かが「自伝を書いて版権を米国人に売り、その後、ハリウッドで映画化すれば、莫大《ばくだい》なお金が入る」と入れ知恵したために、自伝を人気作家に書かせようとしたらしい。

シャネルは他の男性作家二人の場合と異なり、この戦後のパリの文壇に君臨した美人作家が仕上げた自伝の前半の部分を気に入り、勇躍、ニューヨーク入りして、出版社に原稿を見せるが、結局、虚偽に満ちた原稿に感動する編集者がいるはずもなく、買い手は現われなかった。シャネルは米国からは常に高い評価を受けてきたが、この時、米国人から初めて拒否された。米国人が何よりも望んでいるのは、まさにシャネルの実像――、孤児院から身を起こし、才能を武器に二十世紀という新しい時代を味方につけ、そして何人もの著名人を愛人に持つ魅力的な女性である一方、経済的にも初めて独立した女性というサクセス・ストーリーであったことには気がつかなかった。

それでも強気のシャネルは当てつけがましく、「ヴィルモランの責任なの」などと述べ、作家の力量不足が不成功を招いたとあちこちで言いふらしていたようだ。作品は結局、シャネルの死後、フランスの女性誌に掲載された後、一九九九年に『ココの回想録』として出版された。

一方で、ドゥミ・モンドが由緒正しい家柄の男性と正式に結婚する例も珍しくなかった。事実、プルーストの『失われた時を求めて』のヒロインの一人で富裕な株式仲買人スワンの妻、オデットもドゥミ・モンドの出身である。《ベスト・ドレッサー》

とされる彼女は、その《実に見事な肢体》を、コサージュや二重スカート、フリル、ボウやレース、ビーズの房飾りなどで覆《おお》っているため、《からだの線をとらえることがむずかしい程だった》と描写されている。

プルーストは第一次大戦後の一変した女性の服装には反対だった、と言われている。シャネルは結果的にプルーストのヒロインもプルースト的な服装も抹殺したことになる。

フランス文学にはこのように、サロンの女性が頻繁に登場するが、哲学者のアンドレ・グリュックスマン*は、「英国やドイツと比較すると中央集権国家型のフランスでは常にパリの貴族社会が力をもち、その結果、サロンが発達し、そこでの女性の価値は、女性として魅力的であることだった」と述べ、フランス特有の現象と指摘する。

グリュックスマンによると、ドイツの理想の女性はゲーテの『若きウェルテルの悩み』のヒロイン、ロッテに代表されるように子供達に囲まれた母親のイメージである。ロッテが世話をしたのは実際は幼い兄弟姉妹で、自分の子供ではないが、彼女が果たしたのは母親の役割である。ドイツの理想は同時に、「幸福な家族」のイメージでもある。

イタリアの理想的女性も、これまた「マンマ」の言葉に代表されるように母親であり、大家族の連帯である。ところが、フランスの女性の理想像は母親のイメージとは異なり、グリュックスマンにいわせると次のようになる。

「アンリ四世やルイ十四世の時代から、女性の理想像はスタール夫人*のようにサロンを主宰する女性でした。文学に通じ、お洒落で粋《いき》で機知に富んだ女性、要するにモリエール描くところの《女学者》が理想です。パリの町の不潔さを真っ先に指摘して、清潔にする運動を起こしたのもサロンの女性たちです」

そしてグリュックスマンは、「このお洒落で粋で」という部分が、ある意味で「娼婦とぎりぎりの限界線でつながる」と指摘する。娼婦と貞節な女性のバランス上にあるのがフランスの理想的女性というわけだ。

そしてこの「お洒落なパリ娘」のイメージは、世界中の男性にとって、シャンパン

サロン　客間を意味するフランス語から転じて、貴族や金持ちの妻が日を定めて客間を開放し、同好の士を招いて、文学、芸術、学問から恋愛、結婚に至るまでさまざまな会話を交わすフランス社交界の風習の意味でも使われるようになった。
スタール夫人（ジェルメーヌ・ド・スタール＝一七六六〜一八一七）フランス・ロマン主義の生みの親の一人とされる作家、批評家。スウェーデンの駐仏大使である夫の外交特権によってフランス革命の間もパリで過ごし、彼女のサロンは立憲君主主義の政治的画策の中心となった。

やチーズと共に、フランスの《特産品》にもなっている。ドイツがパリを占領した時、ドイツ兵士がどんなに胸高鳴らせてパリに入城したかは、多数の映画や小説が証明している。それは、その四年後の自由解放でパリに入城した連合軍側の兵士にとっても同様だったはずである。

フランスにはまた、料理や服装など日常生活を尊重する「アール・ド・ヴィーヴル（生活の芸術）」という言葉がある。歴史家のミシェル・ヴィノックは、このフランス特有の享楽《きょうらく》主義ともいうべき固有の文化が女性はもとより、フランス人の生き方に影響を与えている、と見る。

「ルターもカルヴァンも、諸君には神父は必要ない、諸君自身が神父である、自分で道徳律を確立せよ、と述べたが、これはすなわち、自分で自分を見張り、律することだ。だから、プロテスタントの米国や英国では、政治家の性的スキャンダルは致命的である。しかし、カトリックの国のフランスやイタリアでは、大統領に愛人がいても、それが国益に反しない限り、微笑《ほほえ》ましいと思う」

二十一世紀を迎え、イタリアの「マンマ」は消え、ドイツでも母親のイメージの太った女性は少数になりつつある。少なくとも現代の若いドイツ女性たちはロッテより、シャネルの後継者のカール・ラガーフェルドのお気に入りだったスーパー・モデルのクローディア・シファーが理想像ではなかろうか。

つまり、現代ではフランス人の理想の女性像が万国の女性の理想像として勝利しつつあると言える。それは、まさにシャネルの描いた理想の女性像のイメージでもあるわけだ。その点でもシャネルは時代を先取りしていたと言えよう。

しかしフランス女性の参政権獲得が他の先進国に比較して一九四四年まで待たねばならなかったように、フランスでは女性解放の歴史は華々しくない。それはサロン文化を通して女性たちが活躍の場を与えられ、「欲求不満をある程度、解消できたため」(グリュックスマン)とも言える。

一方でフランスの女性解放運動の闘士で弁護士のジゼル・アリミが指摘するように、一八〇四年制定のナポレオン法典の「女性は男性という庭師の果樹」という基本的女性観がフランス社会に決定的役割を果たしたのも事実だ。

また一九七四年に女性厚生相、シモーヌ・ヴェイユの下で中絶解禁法が成立するまで、母性を重視するカトリックの国フランスでは、中絶は厳罰に処せられ、ヴィシー政府時代には、折からの人口低下への不安も重なって、中絶罪で女性がギロチン刑に処せられたのも事実だ。

こうした古い慣習と、それに反発するかのような享楽的なフランスで、シャネルが、そのどちらにも屈しないスタイル、「断髪、かかとの低い靴によって、さっそうと歩く解放された女性の象徴」（シャルル＝ルー）となるには、確かに障害は無数にあったに違いない。

だが、『リレギュリエール』の表紙に使われている一九〇九年撮影の写真の中のシャネルは、当時の若い娘らしく長い髪を髷《まげ》に結っているものの、ネックレスなどのアクセサリーをいっさいつけず、自分のデザインした服に身を固め、ちょっと寂しげだが、決然とした清々《すがすが》しい横顔を見せている。そして、その服には、すでに「シンプルで着心地が良く、無駄がない」というシャネル・モードの三原則が見事に集約されている。

南仏の別荘でのシャネル（1930年、D・R撮影）

第4章

シャネルとミジア　狂気《レザネ・フォール》の時代のヒロイン

《一九一四―一八年の戦争の中ごろのある夜、栄光の絶頂にいた女優のセシル・ソレルの家の夕食に招待された……。食卓ですぐ、私は非常に濃い茶色の髪の若い女性に注意を引かれた。彼女は一言も言葉を発しなかったが、抵抗しがたい魅力を発散していた……》

ミジア・セールはシャネルが三十年間付き合った唯一《ゆいいつ》の女友達だが、死期の迫った一九四〇年代末に愛人のブーロ・リステルエバーに聞き書きさせた『回想録』の中で、一九一七年にシャネルと初めて会った時の第一印象をこう語り、シャネルがすでに、ただものではない雰囲気を発散していたことを示唆《しさ》している。

しかし、シャネルがもし、このミジアという第一次大戦直後のフランスに訪れた「レザネ・フォール」の申し子のような希有《けう》な女性に出会わなかったら、その後の人生はかなり平凡なものになったかもしれない。一流のデザイナーとして、また巨万の富を得た実業家として成功はしただろうが、少なくともコクトーやピカソ、ストラヴィンスキー、ディアギレフなど「レザネ・フォール」を彩《いろど》った時代の寵児《ちょうじ》たちとの絢爛《けんらん》たる交友を通しての知的で文化的な面での充実には欠けたかもしれない。皮肉屋だが、慧眼《けいがん》のバーナード・ショーが当時、最も重要な女性の名前を聞かれた時、躊躇《ちゅうちょ》なく、「キュリー夫人とシャネル」と答えたように、時代をリードする存在には多分なり得なかっただろう。

シャネルがこの時代を契機に、デザイナーとしてだけではなく、時代を象徴する女性になり得た背景には、シャネルの素質だけではなく、ミジアの影響があったことは誰もが認めるはずだ。シャネルがカペルを失った後に出会った愛人たち、ディミトリ大公やピエール・ルヴェルディ*をシャネルに紹介したのもミジアだった。シャネルとウエストミンスター公との仲が破局寸前になった一九二九年に公爵《こうしゃく》のヨットまで出向き、二人の仲を取り持ったのもミジアだった。

ピエール・ルヴェルディ（一八八九〜一九六〇）フランスの詩人。貧しい少年時代を過ごし、第一次大戦中の詩集『卵形の天窓』などでデビュー。一九一七年から一八年にかけて雑誌『南北』を主宰、当時の前衛芸術・文学運動の一翼を担う。

ミジアはポーランド系フランス人で父親は売れない彫刻家だった。ガブリエル・フォーレについてピアノを習い、ピアニストを夢見ていたが、それはピアノの教師として生計を立てるためだった。そして、シャルル＝ルーが描写したように、《もぎとったばかりの果実》のような新鮮な美しさで、画家のルノワール、ボナール、ロートレックやヴュイヤールらのモデルになり、ヴェルレーヌやマラルメ、ディアギレフが詩を捧《ささ》げる対象になった。出会った男性はことごとく魅了され、「幸福とはあなたがそこにいることでした」（ヴュイヤール）と言わしめている。プルーストとも付き合いがあったが、ミジアの方は、「彼が私を愛しているのは、私が金持ちだから」とにべもなく述べ、プルーストのある種の側面を鋭く言い当てている。

ミジアは生涯で三度結婚するが、最初に結婚した相手は文芸誌『白の雑誌』を主宰していた従兄弟《いとこ》のタデ・ナタンソンだった。ミジアが結婚すると打ち明けた時、フォーレは涙に暮れたという。フォーレは彼女にすばらしい才能があると予言していた。《音楽性、感受性、敏速性、彼女にこうしたすべての能力を発見していた》と証言したが、多分、ミジアの魅力が師の目を曇らせたのかもしれない。

二番目は大発行部数を誇る新聞『ル・マタン』紙の社主で、大富豪のアルフレッド・エドワーズだった。彼はタデにポーランドの鉱山会社の社長の地位と引き換えに離婚を迫り、タデはこの申し出を受け入れた。そして三度目がスペイン人の画家、ホセ＝マリア・セールだった。セールはスペインの聖職者や富豪を同時に顧客に持つ、やはり大金持ちだった。ミジアはセールと一九二〇年十月に正式に結婚するまで十二年間、同居していた。一九一七年にシャネルと出会ったころは、すでにセールと暮らしていたころである。

ミジアは『回想録』の中で、このシャネルとの最初の出会いの日、夕食の後、席をシャネルの隣に移し、早速、名前を聞き出したことやソレルの家を辞す時にシャネルが取った忘れ難い行動のことも述べている。ミジアがシャネルが羽織ろうとしていた深紅《しんく》のビロードに毛皮を縁取りしたコートを褒めると、シャネルはそれを脱いでミジアの肩に着せかけると、こう言ったというのだ。「あなたに贈り物をすることができて非常に幸せだ」と。

ミジアはこの贈り物を当然ながら辞退したものの、翌日になると、どうしてもシャネルに会いたくなり、カンボン通りのシャネルの店に出掛けて行った。その夜はシャネルがボーイ・カペルと暮らしていたセーヌ川に沿ったトーキョー河岸《がし》のアパルトマンでの夕食に招待される。アパルトマンには、すでにシャネルとは切っても切れないコロマンデル＊の屏風《びょうぶ》が何枚か飾られていた。

それからシャネルとミジアはほとんど毎日会うようになるが、特に一九一九年にカペルが自動車事故で急死した後は、悲しみに沈んだシャネルを引っ張り出すのがミジアの役目となった。シャネルはカペルの思い出が詰まっているパリのアパルトマンを引き払うと、パリ郊外のガルシュに一軒家を求め、ひっそりと暮らす決心をしたが、一方でミジアに誘われるままにもなった。特に一九二〇年代初めの数ヵ月は、まるでミジアの影のごとく、どこにでも付いて行った。シャネルにとって初の外国旅行であるヴェネチアに連れ出したのもミジアだ。

ところで、シャネルはミジアが『回想録』の一章をシャネルに捧げたと話した時、自分に関する章はすべて削除するように要請する。自分も『回想録』を出版する計画があるので、自分のことは自分自身で語るからというのがその理由だった。ミジアはシャネルの要請通り、シャネルに関する一章を削除したばかりか、シャネルに関する記述も削除してしまう。だから冒頭に紹介した一節は、実はピアニストでミジアの生涯に魅せられたアーサー・ゴールドとロバート・フィズデールが一九八〇年に共著で発表した『ミジア』に再録されたものだ。二人はミジアの文学的遺産相続人のポール・ウルダスからこのテキストを借り受けている。

シャネルはどんなつもりで、ミジアの『回想録』から自分の章を削除させたのだろうか。三十年来の友人にうっかり自分の素性を匂《にお》わすような打ち明け話をしなかったかと、危惧《きぐ》したのだろうか。ミジアはこの『回想録』を最後の愛人に聞き書きさせていたころ、すでに七十五歳を過ぎており、麻薬の常習のために、ほとんど盲目になっていた。

シャルル＝ルーはシャネルとミジアは「そっくりだ」と言ったが、実はミジアの『回想録』も「虚偽で織られた布」と、彼女の友人たちはアーサー・ゴールドたちに証言している。シャネルの章もこうした虚偽に満ちていたのかどうか。

いずれにせよ、三番目の夫と共にシャネルを連れ出したヴェネチア旅行がシャネルにとって初めての外国旅行だったように、ミジアはその後、シャネルの「水先案内人」の役目を果たすことになる。ミジアは、《当時、〝社交界〟の人間は〝出入り業者〟を招待したりはしなかった……ボーモン伯爵は当然ながら彼女を招待しなかった。しかしシャネルは私の友人である。この排除に私は非常に傷ついた……こうした感情の中で次の夏、セールと私は彼女をヴェネチアに連れていくや、ただちに大夕食会を開き、私の新しい友人を紹介するために彼の地《かのち》で成功しているさまざまなジャン

コロマンデル　インド南部、ベンガル湾に臨む海岸地域。九～十三世紀には海洋王国チョラが栄えた。

ルのあらゆる人を招いた》と述べ、シャネルの交友圏の拡大に貢献したことを指摘している。

また、《私の家でシャネルはディアギレフと知り合った》とも述べているように、シャネルはミジアを通して、貴重な出会いを重ねて行く。シャネルの新しい愛人となるロシアからの亡命者、ディミトリ大公もミジアの交友圏の一人だった。

それに、ミジアはシャネル・モードの良き理解者であり、モデルでもあった。ある昼食会の席でセーターに素晴らしい三連の真珠のネックレスをつけて登場し、招待客を呆然自失《ぼうぜん》させたのもミジアだ。ミジアほど、セーターやスポーツ着を立派なお洒落《しゃれ》着《ぎ》に仲間入りさせたシャネル・モードの魅力を引き立てたモデルはいなかったはずだ。

ところで、第一次大戦が終わった当時のパリを見舞った「レザネ・フォール」とはどんな時代だったのか。一九二〇―三〇年代にかけてのフランスの人気作家、モーリス・サックスは日記体の回想録、『屋根の上の牡牛《おうし》時代』を一九一九年七月十四日の革命記念日からはじめているが、次のように記している。《年齢など関係なかった。みんな二十歳だった。非常に暑かったが、暑さを感じたのは行進する兵士が一人もいなくなった時だけだった。歓喜の叫びが喉元《のどもと》まで上り、それはまるで酩酊《めいてい》状態のよう

な群衆の上を蒸気のように漂い、行進の後を追っていった》

「屋根の上の牡牛」はコクトーが「マキシム」に対抗して開店させ、彼らのたまり場となっていたバーの名前だ。サックスはカジノを愛し、女性を愛し、「現代のカザノヴァ」と称され、コクトーをはじめ多くの芸術家の友人だった。第二次大戦中になぜかナチス・ドイツに魅せられ、ドイツに行ったまま行方不明となり、一九四五年に死亡した、と伝えられている。

ドイツとの四年間の激戦と死者一五〇万人の犠牲の末にやっとフランスが勝利を獲得した第一次大戦後の初の革命記念日となったこの時の軍事行進は、「勝利の行進」と呼ばれ、フランス中がシャンゼリゼ大通りを行進する凱旋《がいせん》兵士たちを熱狂して迎えた。

しかし、その歓喜には、ポール・ヴァレリーが指摘したように、「西欧文明も滅びることがある」という一種の諦観《ていかん》と悲哀がないまぜになっていたことも確かだ。第一次大戦で十九世紀までの価値観が一掃され、米国が強国として台頭し、「米国の時代」と言われる二十世紀が本格的に始まったが、それはまず、経済の面に決定的に現われた。

第一次大戦後、フランスは内外から借り入れた戦費一四四〇億フランに加えて、当てにしていたドイツの賠償金の未払い、さらに戦場となった北部工業地帯の復興の遅れなどでインフレが急激に進み、フランは一九一九年一月の一ドル＝五・四五フランから二六年には一ドル＝五〇フランに下落していた。お陰でガートルード・スタインやヘミングウェー、フィッツジェラルド、ドス・パソス、シンクレア・ルイスら「失われた世代」の米国人をはじめ外国人が多数、パリに移住する。『屋根の上の牡牛時代』によると、一九二六年にパリ居住の外国人は英国人七五万人、米国人四一万人、カナダ人二二万人、スペイン人二万五〇〇〇人。「彼らはパリに上陸して住居、お祭り騒ぎ、買い物、あらゆる種類の娯楽に財産を消費した」。その総額は一九二六年には七〇億フランだった。まさにパリはヘミングウェーの指摘したように「移動祝祭日」だった。

一九二〇年に六〇〇〇フランだったモディリアニ*の作品は一九二六年には三〇万フランに跳ね上がる。こうした中でパリっ子は、「ドイツ人が払うだろう」と言い合い、「勝利の幻想」（ミシェル・ヴィノック）に酔って夜明けまで遊び暮らした。同書の一九二八年六月二十八日の項では、「一九一四年以前のマキシムでは紳士と娼婦《しょうふ》にしか出会わなかったが、そのうち初聖体*も行なわれよう」と述べ、第一次大戦後、特殊な社会と一般の社会にけじめがなくなったことを皮肉っている。

かくて、一九二〇年代のフランスでは消費文化が急激に進む。哲学者のアンドレ・グリュックスマンは、「元来、フランスには享楽《きょうらく》的な消費文化の伝統がある」と指摘し、そのうえで、「フランスは欧州大陸の中央に位置するという地理的条件のため、古代ローマ人やゲルマン民族の侵攻をはじめ絶えず外敵に脅《おびや》かされ続けた結果、世界二位の地位にいる。このため、世界はフランスを支配できないこともフランスが世界を未来永劫《えいごう》、支配できないことも知っている。だから今を大事にする気質が育ち、消費社会が育った」と分析する。

しかも、フランスは、「太陽が沈まない帝国」とカール五世が豪語したスペインやハプスブルク家の興亡を目の当《ま》たりにし、「いつか大国も滅びる」という苦い諦観とペシミスムを抱くに至ったとも。

『屋根の上の牡牛時代』によると、こうした狂騒と消費文化の発達の中で、《シャネ

アメデオ・モディリアニ（一八八四～一九二〇）　イタリアの画家。シャガールや藤田嗣治らとともにエコール・ド・パリ（第一次大戦後のパリで活躍した外国人画家のグループ）の一人で、細長い顔や首の人物を多く描いた。

聖体　カトリックで、聖なる使用のために儀礼的に清められたパンのこと。聖体拝領（聖体を受けること）の意味でも使われる。

ル、コクトー、シュルレアリスト*らがパリのスターになった》。そして、《実用的なトリコット》や《模造宝石》を使ったシャネルの才能は、ますます磨きがかかり、従来のエレガントの観念を変えたばかりか、それまでの伝統も打ち破り、ミジアのお陰もあったが、《顧客の家に招待された初めての出入り業者になる》。

　シャネルの伝記の執筆を依頼されたことがあるミシェル・デオンは現在はアイルランドに定住しているが、パリに出てくると、顧問を務めているガリマール書店を訪問するのが決まりだ。一九九七年に書店のすぐとなりのホテルで会った時、「シャネルは一九二〇年から三九年の間、芸術家たちにとって偉大なメセナの一人だった」と述べ、シャネルがこの時代に芸術家たちにとって貴重な存在だったことを強調した。

　確かにシャネルはこの時代、「バレエ・リュス（ロシア・バレエ）」をはじめ、様々な分野で天才的なプロデューサーの手腕を発揮したディアギレフのメセナだった。ディアギレフがニジンスキー*主役でストラヴィンスキーの「春の祭典」の舞台化を決めたものの、資金難に苦しんでいるのを知ると彼のホテルを訪ね、彼の希望をはるかに超える額の小切手をそっと渡している。三〇万フラン、現代の金額で二三万ユーロとも伝えられる。ストラヴィンスキーの妻と子供四人は一九二〇年の秋から約二年間、シャネルのパリ郊外ガルシュの別荘に滞在したが、この間の生活費はシャネルがいっさい支払った。シャネルは、多くの芸術家たちを物質面、精神面で支えたミジアをお手本にしたのかもしれない。

コクトーとも友人だったデオンによると、「シャネルとしばしばコクトーの家に遊びに行ったが、コクトーはシャネルの評価を恐れていた。あのサルバドール・ダリもシャネルの前では少年のようだった」と語った。シャネルは芸術家たちにとって厳しい評論家でもあったわけだ。シャネルはコクトーを「食わせ者」と呼び、ポール・ヴァレリーについては、「どこに行っても名誉というお飾りを張り付けているクリスマスのモミの木」と容赦のない批評を行なっている。

「レザネ・フォール」は、一九二九年の世界恐慌と忍び寄るドイツとの第二次大戦の脅威の中でますますその狂気度を増していった。ザックスは『屋根の上の牡牛時代』

シュルレアリスト　超現実主義者。一九二四年に詩人アンドレ・ブルトンが「シュルレアリスム宣言」を起草、ダダイスムを継承しつつ、フロイトの精神分析の影響も受け、夢や幻想など非合理の潜在意識の世界を表現しようとした。ブルトンのほか詩人のエリュアール、画家のダリらが有名。

バツラフ・ニジンスキー（一八九〇〜一九五〇）　ポーランド系ロシア人舞踊家。一九〇九年にディアギレフの「ロシア・バレエ団」に入り、得意の跳躍や振り付けで伝説的な名声を得た。

の最後のページを次のように書いて、終えている。《一九二九年十月三十日。昨日、ウォール街で大暴落があり、伯父が自殺した。母は狭心症で倒れた。伯父が母と僕の財産管理をしていたからだ。パリの僕たちの現金は約一万フラン。宝石を売って生活費に充てなければならない。もう日記を書く時間がない》

シャネルとミジアはこうした「レザネ・フォール」のヒロインを共に務め、第二次大戦後も交友が続き、一九五〇年十月十五日にミジアが死んだ時、その顔に死に化粧をしたのはシャネルだった。ミジアは第二次大戦後、スイスに隠遁《いんとん》中だったシャネルとその年の秋、旅行して九月にパリに戻ってきたが、その後はほとんど寝たきりだった。最期の日の朝、ミジアの女中から死期の迫ったことを知らされた友人のドゥニーズ・マイヨール夫人がミジアの枕元《まくらもと》に駆けつけると、ミジアはシャネルがやってくることを知らされたところだった。ミジアは、「ココ！　彼女は私を殺すわ！」とため息をつき、そして「彼女がくる前にこの部屋のものを何かもらってちょうだい。早く！」とマイヨール夫人をうながした。夫人がベッドの脇《わき》の壁にかかっていたハート形のメダルを急いで取って、それをミジアの手に握らせ、「これがただひとつ、私の欲しかったもの」と告げると、ミジアは幸福そうに微笑《ほほえ》んだという。

シャネルはその日の午後になって到着した。詩人で劇作家で外交官のポール・クローデルらもいっしょだった。その時の様子をクローデルは日記にこう記している。《リヴォリ通りのセールの古いアパルトマンにミジアはいた。彼女は驚くほど若く見えた。彼女はすべての宗教的儀式を終えた。私が称賛する手の持ち主のジャン・コクトー、骸骨《がいこつ》のようなシャネル、マイヨール夫人がいた……》

夕方、ミジアは話をするのを止め、夜《や》遅くなって息を引き取った。翌朝、シャネルは部屋からすべての人間を追い払うと、一時間かけてミジアの死に顔に最後の化粧をほどこした。髪をていねいに結い上げ、頬紅をさし、宝石で飾られたミジアを見た時、友人たちはその美しさに圧倒された。ベッドにまかれた白い花に埋もれ、胸のところでローズ色のサテンのリボンが結ばれた白い服を纏《まと》ったミジアは、《生涯で最高に美しかった》とアーサー・ゴールドとロバート・フィズデールは伝記に書き記している。その胸のところには淡いピンクのバラが一本、置かれていた。

シャネルとミジアの友情は、愛と嫉妬《しっと》と憎悪《ぞうお》の入り交じった複雑な感情に絶えず支配されていたと言われるが、シャネルはこの時、どんな気持ちでこの生涯にただ一人の女友達の死に化粧をしたのだろうか。

モードの革命　小さな黒い服とショルダーバッグ

《誰もが着られるワンピースは黒のクレープデシンで作られたモデル番号817。身頃は前部と脇の部分がわずかにブラウジングされており、ピッタリしたボレロがついている。特にシックなのは、前部で交差した裾《すそ》の部分のアレンジだ》

シャネルのデザイナーとしての成功を決定づけたものに、「小さな黒い服（プティット・ローブ・ノワール）」がある。一九二六年十月一日付のモード誌『ヴォーグ』の米国版には、この「プティット・ローブ・ノワール」が〝シャネル・フォード〟と呼ばれてイラスト入りで紹介されている。〝フォード〟は流れ作業で誕生したばかりの米国車フォードのことである。『ヴォーグ』はこの襟なしのシンプルなワンピースと、黒い車体のシンプルでコンパクトなフォードの大衆車との間で、量産できるというコンセプトも含めて共通点があると指摘し、《同じマークの車が同じ型だからといって、買うのを躊躇するだろうか。反対だ。類似こそは品位を保証する》と述べ、《これはシャネル製作のフォード車だ》と結論づけている。

シャネルの伝記『シャネルの時代』（一九七二）の著者で、女性誌『エル』の記者、ピエール・ギャランは、「この一着だけでシャネルの名は不滅だ」と、その歴史的意味を強調している。

このワンピースが革命的であった点は第一に、当時、色の氾濫《はんらん》ともいうべきモード界の中で、それこそそれまで喪服のイメージでしかなかった「黒」を単色でまとめた点である。「黒」は以後、現在に至るまで、どんな場合でも最も無難で最もシックな永遠の流行の先端の色となり、パリ・モードの主流となっている。

シャネルが「黒」という色に取りつかれたのはいつごろだろうか。カペルが急死した時から、この喪の色がシャネルの生活の中に侵入してきたのだろうか。それとも少女時代を過ごしたオーバジーヌの凜《りん》とした僧院の屋根の黒の色が心の片隅からいつまでも離れないのだろうか。

あるいは、当時、パリを風靡《ふうび》していた米国のジャズやジョゼフィン・ベーカーのダンス・ショーに加え悪魔の力を借りるとされる「マジ・ノワール（黒魔術）」も影響していたのだろうか。「マジ・ノワール」は不安極まりないが魅力的な人々が登場する世界を描いたポール・モーランの小説の題名でもある。事実、黒の文化はあらゆる分野の装飾に影響を与え、デパートでは木製のマヌカンが黒の漆塗りになったほどである。モーラン自身は、《黒は大地から生み出された色》と述べ、その不滅性を指摘している。

第二にこの服が革命的な点は、『ヴォーグ』が指摘しているように誰にでも着られるという大衆性だった。シャネルには《よくできた服は、誰にでも合う服である》というモード哲学があるが、それは同時に第三者のコピーが可能だ、という点にもつながる。その点でシャネルは二十世紀がコピー文化の時代であり、大量生産、消費社会の到来であることをいちはやく見抜いていたことになる。それはとりもなおさず、「時代の空気をいちはやくつかまえる」というデザイナーの本分を実践していたことでもある。

シャネルは他のデザイナーたちと異なってコピーを恐れず、《私は自分のつくり出したアイディアが他人によって実現されたときのほうがうれしくさえある》と断言している。それだけ自分の才能に自信があったとも言える。シャネルはこのころ、すでに、『ヴォーグ』で紹介されるデザイナーの常連、というよりトップ・デザイナーになっていた。

一九二六年十一月十五日号の『ヴォーグ』の特集記事、「ビジネス・ウーマンのためのシックなガイド」では、「黒のクレープ・デシンはビジネス・ウーマンにとって、もはや古典である」と指摘し、「小さな黒い服」がすでに定番であることを伝えている。

また同号では、「シャネルの昼用の黒のワンピースのコピー」も紹介されている。「これは非公式の夕食用にも着用可である。ほかにシルク・ベルベットの素材で、色がグレナディーン（ザクロ・シロップ）の赤、サファイア色がある」と続き、シャネルの服がすでに、様々な素材や色違いで販売されていたことを示している。

シャネルは、セーターやツイード*の服に本物のパールやダイヤのネックレスをする、という斬新《ざんしん》なアクセサリーの使い方を考案してもいるが、この「プティット・ローブ・ノワール」の場合には、服のシンプルさを強調すると同時に華やかさを与えるイミテーション真珠のロングネックレスを使った。このネックレスもさまざまなヴァリエーションと共に現在に至るまで、シャネルの定番商品となっている。

一九二五年には、「レザネ・フォール」のクライマックスとも言える「アール・デコ展」が開催され、シャネルも出展した。この時はまだポワレが主役だった。会場の入り口の壮大な噴水のデッサンを担当したのもポワレだった。この時、ポワレがシャ

ツイード　太く荒めの羊毛で、平織りや綾織りなどにされた服地。生地は重く表面は荒く、柄も無地や縞、霜降り、交ぜ織りなど産地によって多様。語源は綾織りを意味する古スコットランド語。

ネル出品の黒のサテンや黒のジョーゼットのシンプルな作品を見て、「貧困主義」と皮肉ったことはよく知られている。しかし、この言葉は後世には結局、ポワレの敗北宣言として流布《るふ》されることになる。もっとも男性たちは、シャネルのバストやヒップの膨らみを強調しない黒のドレスには批判的だった。

風刺画家のセムは、この服に添えられた髪をすっかり覆《おお》った筒のようなシンプルな帽子について、《すべてはこの袋に飲み込まれ、かくれてしまった。髪も耳も頬も鼻の先までもだ》と大げさな表現をした。セムはシャネルとカペルのドーヴィルでの様子を描いて、痛烈に皮肉ったことがある。

しかし、ポワレは、「アール・デコ展」を最後に一挙にモード王の地位から転げ落ちて行く。展覧会の期間中、海軍大将風の帽子を被《かぶ》り、贅《ぜい》をつくしたマントを羽織り、セーヌ川に浮かべた遊覧船に招待客を招いて毎夜のごとく、本物の真珠を入れた生ガキが並んだ豪華な夕食会を開いてから十二年後の一九三七年、ポワレは破産の憂《う》き目を見る。

以後、パリの社交界ではもはや、だれもポワレの作品に目を向ける者はおらず、友人たちも一人残らず去って行った。ポワレは一九四四年、極貧の中で死んだが、彼自身は最後まで、なぜ、自分がシャネルに敗北したのか、正確には理解できなかったかもしれない。彼が最後に公衆の前に姿を現わしたのは南仏カンヌのキャバレーで、ラ・フォンテーヌの寓話《ぐうわ》を読んだ時だった。これが彼の最後のパン代を稼ぐ手立てだった。彼が好んで聴衆に聞かせたのは、もちろん、アリとキリギリスの寓話だった……。

この「プティット・ローブ・ノワール」と共にモード界に革命をもたらしたという点で同じように画期的な作品にシャネルのハンドバッグがある。このショルダー型のハンドバッグは「機能的でエレガント」というシャネルの神髄を最もよく表現しているシャネルの傑作中の傑作と言える。今でこそ、ショルダーバッグは珍しくないが、その起源は兵士が戦場で使った雑嚢《ざつのう》の一種である。それを女性向きのエレガントなバッグに変身させたのは、シャネルが女性だからこそ、つまりバッグを実際に持つ身だったからこそ可能だった一種の奇跡だ。

女性はハンドバッグを抱えていると片手を完全に奪われ、実に不自由だ。早い話、立食のパーティーなどではまったく何も口にできない。シャネルのバッグはこの片腕マヒの状態から女性を完全に解放した。しかも吊り紐《つひも》の革には鎖をからませ、エレガント性と個性を十二分に発揮させている。

このバッグが初めて登場したのは一九二九年だ。それまで女性のハンドバッグの中身と言えば、口紅などの化粧品やハンカチーフぐらいだった。ところが、このころからハンドバッグの中身には財布や車のカギといった男性の持ち物が加わりだした。従来のハンドバッグは用をなさなくなってきた。

もっとも本格的に生産が始まったのは一九五五年二月だ。このため、このシャネル特有のショルダーバッグはこの誕生の日を記念して、「2・55」と呼ばれている。この時に昼間の外出用の革製のほかに、夜のレセプションや夕食会などのソワレ用として、ジャージーや絹の布地を使用した、よりエレガントなバッグも誕生した。

この「2・55」の特徴はまず、折り返しが付いていて、バッグが不意に開くことがないようになっている点だ。バッグの裏革は目の覚めるようなガーネット色だ。バッグの持ち主の秘めた情熱を反映しているようで、女性には楽しい。シャネルはバッグの持ち主の女性の気持ちが痛いほど分かっていたに違いない。バッグを開けた時、なにか自分だけの秘密をこの美しい色と共有しているような気持ちになれるからだ。

シャネルはかねがね、「バッグには体がなければならない」と言ったが、マチがたっぷり取ってあるところもいかにもシャネルらしい配慮だ。バッグの形を損《そこ》なわずに物がたっぷり入るうえ、内部には必ずポケットがついている。中にはちょうど口紅を滑り込ませるのにぴったりのチューブ型のポケットが付いているものもある。

そして、最後の特徴がココ・シャネルのイニシャルの「C」を二つ組み合わされた形が、勝利のエンブレムのように金製の留め金を飾っている点だ。画家が自分の作品に署名するように、デザイナーが自分の作品に自分のイニシャルをロゴとして入れることは、それ以前にはなかったことだ。つまりブランド信仰の誕生である。以後、この名前のロゴを作品につけることはあらゆるデザイナーの真似《まね》するところとなり、商品価値の象徴と同時に消費者の購買意欲をそそることになる。

つまり、シャネルのバッグはあらゆる意味で、二十世紀という時代を象徴する作品と言えそうだ。いや、外で活躍する女性が圧倒的に増えると同時に女性の地位も向上し、ハンドバッグに入れる物も携帯電話をはじめますます増加傾向にあるうえ、ブランド商品によってプレステージも誇りたいという女性の欲求も十分に満足させることができるという点では二十一世紀を迎えた現在も、少しも色褪《いろあ》せることがない。

このことは、パリや東京でハイクラスのレセプションに行ってみれば、すぐ納得できる。女性たちは申し合わせたように、シャネルのバッグを持っており、それが、あらゆる型のあらゆる大きさのものがあり、しかも古い年代から新発売のものまであるので、まるでシャネルのバッグの品評会のようだ。

もうひとつ、第二次大戦後の五〇年代終わりにシャネルが考案し、その後、世界中の靴屋が真似した商品にバックストラップスのついたバイカラーのパンプスがある。これは足を小さく見せるのが目的だったと言われており、やはり女性ならではの作品と言えよう。

シャネルは一九二八年についにカンボン通り三十一番地に引っ越す。この番地は以後、シャネル信奉者の聖地となる。店中を鏡張りにして広々と見せる室内装飾は、フランスのこの時代の典型的なものだが、天井から反射する照明で店はさらに広く見える仕掛けになっている。しかも、鏡以外のいっさいの飾りを排し、シャネルの色である黒とベージュを基調にしたシンプルなスタイルはその後のアール・デコ時代に通じており、シャネルの時代を先取りする先見性がここでも発揮されている。

シャネルの店は今やニューヨーク、ロンドン、東京、ベルリンなど世界中の大都市にあるが、どの店も室内装飾はパリの本店と同じように厳しく統一されている。室内装飾をパリの店と同じにすることは開店条件でもある。

このカンボン通りの店は四棟を占拠し、そのうちの一棟の三階にシャネルの私室があった。現在でもシャネルの私室は当時のままに再現保存されており、コロマンデルの屏風や中国の置物、ダリの絵、幸福をもたらすと言われる「麦の穂」などが飾られている。シャネルはここに顧客《こきゃく》や知人、ジャーナリストを迎えて歓談した。

そしてこの年、シャネルのもう一つの傑作、ツイード地を使ったカーディガン・スタイルの「シャネル・スーツ」が登場する。最初のスーツにはシャネルのためにスコットランドで織られた特注のツイードが使われた。

一方、フランスは徐々に、「レザネ・フォール」から抜け出す努力をしていた。ポワンカレが財政危機の救世主として登場したのは一九二六年である。一九二八年六月にはフラン平価を五分の一に切り下げる（ポワンカレ・フラン）荒療治を敢行して金本位制に復帰させた。フランス・フランは久しぶりに安定し、フランスは一九三〇年まで繁栄する。

「シャネルの五番」の誕生

初めて贈られた香水が「シャネルの五番」だった、という女性は日本人はもとより世界中で最も多いはずだ。換言すれば、どんな野暮な男性でも、この名前だけは知っており、恋する女性への贈り物にこの香水を選ぶからだ。日本での知名度の高さは、人気絶頂時のマリリン・モンローがジョー・ディマジオとの新婚旅行で日本にやってきた時の記者会見で述べた例の、「寝るときに身につけるのはシャネルの五番だけよ」という発言によるところが大きいが、実はモンローはあちこちで、記者団にこう答えてきた。誰が知恵をつけたかは不明だが、いかにもモンローらしく、この名文句は世界中に流布され、今では「シャネルの五番」の伝説の一部にもなっている。

この「シャネルの五番」が誕生したのは一九二一年だ。そのころ、パリの芸術の中心は地下鉄の「南北線」の開通にともない、パリ北部のモンマルトルからセーヌ川の左岸、パリ南部のモンパルナスに移った。シャネルの伝記を書いたポール・モーランがシャネルと初めて会うのも一九二一年のクリスマスである。コクトーがバー、「屋根の上の牡牛」をモンパルナスに開店したのはその一ヵ月後の一九二二年一月だった。

シャネルは、クロード・ドレイに、「カンボン通りで働いた後、外出はしたくなかった。しかしパリは当時、最も輝き、最も好奇心に満ちていた」と述べ、仕事が充実する一方で、交際範囲が広がり、煩《わずら》わしさも感じていたことを告白している。実際、シャネルの名が二十世紀の歴史にその名を刻むことになるのは、この時代にシャネルが創作した「シャネルの五番」や「プティット・ローブ・ノワール」によるところが大きい。

特に「シャネルの五番」に関しては、シャネルの名を不朽にすると同時に、莫大《ばくだい》な財政的成功をもたらし、経済的にも自立した二十世紀の解放された女性の代表の地位を与える結果となった。シャネルは不本意かもしれないが、ワシントンの公文書館に保存されている第二次大戦関係の秘密文書にもシャネルは、「有名な香水会社の所有者」として紹介されている。

「シャネルの五番」は一九二一年に発売されてから一九九七年に至るまで、実に世界中の香水の売上のトップだった。九六年度の統計では、「シャネルの五番」がトップで二位がゲランのシャリマー、三位ニナ・リッチのレール・デュ・タン（時代の空気）、四位サンローランのパリ、五位サンローランのオピウム（阿片）の順になっていた（フランススコデップ調査）。

ポール・ヴァレリーは「香水をつけない女性に未来はない」と警告したが、そんな警告が必要ない程、フランス女性は香水好きだ。フランスの香水類の年商は約六二〇億フラン（約一兆三六〇〇億円）に上り、このうち輸出と国内消費はほぼ半々だ（フランス香水産業連盟一九九六年調査）。シャネル社は「株式を上場していないので、年商を公表する義務はない」としており、数字は不明だが、オートクチュール（高級仕立服）やプレタポルテ、宝飾・時計などのアクセサリー部門を抜いてトップの売上であることは確実だ。

ディオールやジバンシィなどを傘下《さんか》にかかえる総合デラックス・グループ、モエ・ヘネシー・ルイ・ヴィトン（LVMH）*やサンローランが当時、所属していた化学総合企業サノフィの香水部門の年商は九七年、五〇億―六〇億フラン（約一一〇〇億―一三〇〇億円）に上り、それから推定すると、シャネル社の香水部門の利益は莫大な額のはずだ。

いったい、どこに「シャネルの五番」の人気の秘密があるのだろうか。シャネル社の香水・化粧品部門の部長で調香師のジャック・ポルジは、「ジャスミンやバラという誰にでも合う香りがベースになっているが、そこに各自の女性の秘密の香りのような珍しい香りや遠い異国を思い出させるような香りを加えることで個性的な香りにもなっている」と指摘した。換言すれば普遍的であると同時に個性的、誰にでも似合うと同時に着け手の女性の個性も引き立てるというシャネル・モードの基本である平凡にして非凡がここでも追求されているというわけだ。

シャネルは一九二〇年に、調香師のエルネスト・ボーに、「女性の香りのする香水」を注文した、と言われる。シャネルは晩年の友人、クロード・ドレイに「《フロリスの甘いナシ》という香水をもらったことがあるけれど、わたしには全然、似合わなかった。女性はいつも贈り物の香水をつけているけれど、自分で香水を選ぶべきだ」と語っているように、シャネルが伝統的な香水に満足していなかったことは確かだ。

それまでの香水は、花やジャコウなど自然の香りを使用していたが、ボーはジャスミンやバラに加えてそれまで未使用だったアルデヒドなど化学合成品を初めて調合した。さらにジャコウや白檀《びゃくだん》、クチナシ、イランイラン（コモロ諸島の植物）やオレンジなども加え、約八〇種類の香りが調合されている。

ポルジは南仏エクス・アン・プロヴァンスで古典文学の学士を取得後、興味のあった香水の勉強のため近くの香水の産地グラスで研究を積み、一九八四年にシャネル社に採用された。「はじめて《五番》の調合表を見たとき、それまで何度試してもこの香りに到達しなかった理由がやっと分かった」と言うが、その「やっと分かった」秘密は企業秘密で、シャネル社の金庫の奥深くに封印されている。

ただ、販売する各国の気候などに合わせて、「最後の段階で混合するアルコールの

LVMH　フランスのデラックス産業最大手。高級バッグで有名な「ルイ・ヴィトン」やシャンパン、ブランデーの「モエ・エ・シャンドン」「ヘネシー」、服飾の「クリスチャン・ディオール」「ジバンシィ」「ケンゾー」を傘下に持つ。九五年度連結売上高は約三〇〇億フラン（約六〇〇〇億円）。

シャネルの香水調香師ジャック・ポルジ

基準が国によって異なる」（ポルジ）ので、需要が大量な米国など数ヵ国のシャネルの支社にはこの調合表が厳重に保管されている。

「シャネルの五番」の人気の秘密は、香りが革命的だっただけではない。容器も品名もそれまでの香水とは決定的に異なっている点も見逃せない。「シャネルの五番」が登場するまでは、容器も品名も、モード同様に装飾過多な十九世紀的ロマンチシズムに溢《あふ》れていた。シャネルが選んだ容器はまるで薬瓶のようにシンプルなものだ。包装も白地に黒で品名が記されているだけである。

この容器は「フラコン（香水瓶）」の傑作美術品として一九五九年にニューヨーク近代美術館*入りした。シャネル社によると、この容器は時代によって、ある時は丸みを帯びたり、鋭角的になったり、多少の変化をつけている。

命名のいわれは、シャネルがボーの示した試作品の中から五番目を選んだからとされているが、数字を香水の名前に付けるという発想も、シャネル以前には考えられなかったことだ。香水の分野でもシャネルは「シャネル以前」の全《すべ》ての製品を流行遅れにしてしまった。

さらに画期的だったのは、シャネルがデザイナーとして初めて本格的に、自分の名前で香水を発表したことである。今でこそオートクチュールやプレタポルテを発表している大デザイナーは例外なく香水部門を所有しているが、それまではゲランやコティなど香水専門会社のみが香水を製作していた。しかし香水は大量生産され、当たれば莫大な利益をもたらすだけに、オートクチュールやプレタポルテが重要産業に転換する重要なターニング・ポイントとなった。ここにもシャネルの時代を見通す先見性がうかがえる。

シャネルは一九二四年にはドーヴィルの競馬場で知り合った実業家のヴェルテメール兄弟（ポールとピエール）と本格的に香水会社を別会社として設立する。以後、順調に業績を伸ばし、モンローの名文句を待たずとも「シャネルの五番」はすでに世界中で人気が高く、いわばパリの代名詞にもなっていた。このことは、一九四四年八月

ニューヨーク近代美術館（MoMA）　ニューヨーク・マンハッタンの五三丁目にある欧米屈指の美術館。二十世紀の絵画、彫刻のほか建築、デザイン、写真などアートを広範囲にとらえ、収集品は一〇万点を超えている。

の自由解放でパリ入りしたGI*たちが、《長蛇の列を作って、本国の妻や恋人のために『五番』を買い求めた》（シャネル社広報部）という事実でも証明できよう。

「シャネルの五番」の出現で重要産業となった香水の競争の激しさは、新製品が発売されるたびに費やされる広告費の額でも推量できる。一九八五年に米国人デザイナー、カルバン・クラインが初めての香水「オブセッション（妄想）」を発表した時には一二〇〇万フランという記録的な数字を樹立してモード界だけではなく、世界中の経済界の話題をさらった。

広告費は年々上昇し、九六年度は「宣伝費の総額約一億ドル、香水投資は約五億ドル」（フランス香水産業連盟）だった。シャネル社でも一九七〇年に「十九番」、八四年に「ココ」などを発表した。九六年は「香水のスポーツウェア」との認識で若い女性用の「アリュール」を発表した。「アリュール」はポール・モーランのシャネルの伝記の原題にも使われている言葉だ。「歩き方」「足取り」から転じて「物腰」「外観」などの意味があるが、颯爽《さっそう》とした歩き方を指す場合が多い。モーランはシャネルの独立自尊の颯爽たる生き方をこの表題で表現したかったのだろう。シャネル社は九〇年に男性用として「エゴイスト」、九三年には「エゴイスト　プラチナ」を発売、それぞれ成功している。

ところでシャネルにとって「シャネルの五番」は莫大な財産をもたらすと同時に、第二次大戦中の不可解な政治的活動と、それに続く戦後のいやな思い出の元凶ともなった。一九二四年に香水会社をヴェルテメール兄弟と設立した時、シャネルはカンボン通りの店で直接販売する分を除いて販売権も製造権も兄弟に譲ってしまっていた。「五本の指でしか計算したことがない」と経済観念のなさを強調するゆえんだ。

ところが自分の名前をつけた香水が年々、莫大な利益を生む一方で、周囲から「だまされた」とささやかれたシャネルが奪還の意欲に駆られたとしても不思議はない。このシャネルの気持ちに油を注いだのが、一九四〇年九月、ドイツ占領軍が制定したユダヤ人排斥法である。同法では、「すべてのユダヤ人は自己の所有する企業の所有権を放棄しなければならない」などとされたユダヤ人排斥の典型的な悪法である。ヴェルテメール一家はユダヤ系で当時米国に亡命していたため、シャネルは好機到

パリの自由解放　一九四四年八月二十五日午後三時、パリ駐留ドイツ軍司令官コルティッツがフランス第二装甲師団のルクレール将軍に会い、降伏文書に署名。一時間後、ドゴール将軍が凱旋門を通ってパリ入りし、群衆に迎えられた。

GI　英語の「官給品」（ガヴァメント・イシュー）の頭文字が転じて、米国の陸軍下士官・兵士の意味で使われるようになった。エルヴィス・プレスリーの出演映画に「GIブルース」がある。

来と考えたが、一家は香水会社をフランス人に委託していたため、奪還作戦は結局失敗する。

シャルル＝ルーはシャネルが第二次大戦中、英独の単独講和を画策したのは、この「シャネルの五番」の問題があったからだと指摘している。

いずれにせよ、シャネルとヴェルテメール一族との長年の係争が解決するのは戦後の一九四七年になってからである。シャネルに全世界での香水の売上の二％と損害賠償金三五万ドルを支払うというものだ。この時の係争を担当したシャネルの弁護士ルネ・ド・シャンブランは、「シャネルはスイスで自分の名前入りの香水を赤い瓶で売り出すつもりで、その試作品をヴェルテメールに見せたほどだ。我々は最初は五％を要求した」とシャネルがいかにこの香水問題に執着していたかを打ち明けてくれた。

しかしシャネルが一九五四年に店を再開した時、資金を提供したのはこのヴェルテメール兄弟である。かれらはシャネルの才能と闘志に脱帽していたからだ。

「シャネルの五番」を巡っては一九九七年にフランスの環境団体「森のロビン・フッド」による不買運動の危機に晒《さら》されたこともあった。シャネル社は南仏のグラスに専属のジャスミンやバラ栽培の畑を所有し、花びらを傷めないように、機械を使わずに手による伝統的な花摘みを行なっている。ジャスミンは六月から五ヵ月間採取できるが、バラは「五月のバラ」と言って採取は五月に限られる。しかし「シャネルの五番」には、このほかに天然の香りから化学化合物のアルデヒドまで約八〇種類の香りのエキスが含まれているが、その中にブラジルのアマゾン流域の森林でしか繁生しない芳香樹「ポウ・ロザ（バラの木）」のオイルも含まれているからだ。

国連食糧農業機関（ＦＡＯ）の調査では、この平均高さ二〇メートルになる芳香樹が毎年三〇〇〇本、「シャネルの五番」用のオイルを調達するために伐採されており、しかも「シャネルの五番」の需要の上昇につれて、芳香樹が若木のうちに伐採されるケースが増えており、このまま伐採を続けると絶滅の恐れがあるという。「森のロビン・フッド」は伐採を九七年のクリスマスまでに中止しない限り、不買運動を始めると宣言し、シャネル社を震撼《しんかん》させた。

「森のロビン・フッド」はすでに九五年十一月に伐採中止を要請する文書をシャネル社に送付し、「ポウ・ロザ」の代わりに化学化合物を使用するよう要請したが、九六年二月にシャネル社から届いた回答は、「企業秘密により香水の調合表は発表できない」というものだった。つまり「バラの木」を使用しているかどうかも含めてコメントを拒否したのだ。改めて伐採中止を要請した「森のロビン・フッド」に対し、シャネル社は声明を発表して、「我が社は常に自然保護には配慮している。しかし香水の調合は企業秘密」と述べるに止《とど》まったが、その後、伐採に配慮するとして、「森のロビン・フッド」とは和解している。

ところで、香水はロシアが本家本元である。ルイ十三世の宰相リシュリュー公爵*の一族で、一時、ロシアに亡命していたエマニュエル・リシュリュー公爵（一七六六—一八二二）が、亡命の憂さを晴らすために唯一の贅沢《ぜいたく》として自分に許したのが、ロシア宮廷の風習に従ってバラのエキスに浸《つか》ることだった、という逸話がある。

この亡命公爵がフランスに香水の風習をもたらしたわけだが、シャネルが「シャネルの五番」を発表したころの愛人は偶然か必然か、ロシアの亡命貴族のディミトリ大公だった。

新しい愛人たち

シャネルの新しい愛人として一九二〇年に登場したディミトリ大公は、ロシアの最後の皇帝ニコライ二世の従弟《いとこ》で、ラスプーチン*暗殺事件にも関与していた。ディミトリ大公は母親が出産と同時に亡《な》くなり、英国人の乳母二人に育てられた。父親は彼が十一歳の時に再婚し、新しい妻と共にパリに行ってしまった。一九〇五年には親代わりのセルゲイ大公も暗殺された。

シャネルがこの八歳年下の大公に打ち解けたものを感じたのは、孤独な子供時代を過ごしたという同じ悲しみや寂しさを感じ取ったからだろうか。ロシア宮廷が革命で崩壊した後、パリに従者一人を連れて亡命してきた大公を、その従者ともどもパリ郊外のガルシュの別荘に引き取り、経済的に支援したのはシャネルだった。それまで男性に庇護《ひご》されてきたシャネルだったが、今度は立場を変えたというわけだ。この時代、シャネルはすでに経済的にも社会的にも成功していた。

大公と従者の様子について、シャルル＝ルーはこう記述している。《この別荘のよく仕こまれた家令は、彼らのすり切れた三つ揃《ぞろ》いや、新聞紙を敷いて穴を隠した靴底を見て見ないふりをしていた》と。

リシュリュー（一五八五〜一六四二） 十七世紀フランスで「絶対王政」の基礎を固めた政治家。一六二二年に枢機卿となり、ルイ十三世の事実上の宰相としてフランスの二大勢力だった大貴族およびユグノー（カルヴァン派プロテスタント）と戦って、国王直轄の官僚制度を作った。

グリゴーリー・ラスプーチン（一八七二？〜一九一六） ロシア帝政末期、超能力によりアレクセイ皇太子の血友病を治したとしてアレクサンドラ皇后の信頼を得た僧侶。第一次大戦で出征中のニコライ二世の留守宮殿で皇后顧問として国政を動かした。

二人の関係は一年間、続いた。シャネルの周囲はこの時期、亡命ロシア貴族でにぎわった。シャネルはカペルの死後の一九二〇年にフォーブール・サントノレ二十九番地に住居を移すが、店も一九二八年には現住所の三十一番地に移した。この広くなった店内やアトリエでドア・ボーイや女性店員として働いたのは、革命前のロシア帝国で贅沢の限りを尽くしたロシアの貴族たちだった。

彼らは典雅で完璧《かんぺき》な礼儀作法を知っていたから、シャネルの店は大いにイメージを上げた。大公の姉でスウェーデン王子と結婚した後、離婚したマリア大公夫人は弟を慕ってパリに居を移したが、彼女はじきにシャネルの店の常連になった。多少とも財産を持ち出すことに成功した亡命貴族たちも仲間が働いているシャネルの店に顧客としてやってきた。

シャネルはカペルの愛人だったころは、英国紳士風のブレザーやギャバジンなどから作品のヒントを得たが、今度は刺繍工《ししゅうこう》を雇い、ロシア風の凝った刺繍をドレスにほどこしたり、ルバシカ風の上着を発表した。またこの時代に発表して、後にパリから世界中に流行させた裏に毛皮を使ったコートもロシアの影響だった。寒い国、ロシアではこうした毛皮の扱い方は実用的で珍しくなかったが、シャネルの手にかかると、小粋《こいき》なパリジェンヌ風のモードとなった。江戸時代の金持ちの商人がご法度《はっと》の絹を羽織りの裏地に使った粋さとどこか通じるものがあるかもしれない。

シャネルの周辺だけではなく当時、パリ中に亡命ロシア人が溢れていた。ロマノフ王朝の王位継承者、ウラジーミル・ロマノフ大公も亡命先のフィンランドで一九一七年に生まれた後、ドイツ、スイスを経てフランスに移住した。最初は南仏のコート・ダジュールで暮らした後、二一年の夏、ブルターニュ地方の町、サンブリュに移住し、少年時代を過ごした。パリ郊外ヌイイのロシア人高等学校に入学した後、ロンドン大学に留学するが、在学中の一九三八年に父親が死去したため、フランスに戻って亡命生活を送った。

この王位継承者はベルリンの壁崩壊後の一九九二年、講演先のマイアミで急死したが、死の直前にパリのコンコルド広場に近いアパルトマンでインタビューした時、第二次大戦前はタクシーに乗ると、「運転手から恭《うやうや》しく挨拶《あいさつ》された。私の子供のころ、タクシーの運転手の三人に一人は亡命ロシア人だった」と懐《なつ》かしそうに語っていた。

ロマノフ大公の父親は一九一七年のケレンスキー臨時政府の時に海軍大将で、ペトログラード（現サンクトペテルブルグ）防衛に当たっていたが、状況はますます困難になる中、大公を妊娠していた妻と幼い娘二人を連れて脱出が唯一可能だったフィンランドに逃れた。それこそ着の身着のままで、召使いも同行できなかったというが、ドイツにあった邸宅と夫人が持参した宝石類を売ってブルターニュの家やパリのアパルトマンを購入したというから、ディミトリ大公よりはかなりましだったようだ。しかし、ロマノフ大公の秘書と称する男性は、「ロマノフ家の財産というのは、新聞記者のつくり話」と一蹴《いっしゅう》し、ロマノフ一族の亡命生活の窮状ぶりを強調した。たしかに父親の遺産のパリのアパルトマンは決して広くなく、しかもファックスとロシアから持ち出したわずかな絵画や家族の写真などがところ狭しと並んでいた。「ロシア的混《こん》沌《とん》さ」と一緒に行ったフランス人の助手は評したが、その混沌ぶりは、決して自分では身の回りの片付けをしたことがなく、絶えず周辺の誰かが片付けをしてきた者だけに見られる混沌のようにも見えた。

ロマノフ大公は成人してグルジア王家出身のレオニダ夫人と結婚した。若いころ、ハンサムで女性ファンが多かった大公だが、この美しい未亡人には一目惚《ひとめぼ》れだった。お手伝いさんが一人いたが、料理はレオニダ夫人が自分で作る。一人娘のマリアと当時、十一歳の孫息子のジョルジュはブルターニュに住んでいたが、ロマノフ大公はこのジョルジュについて、「未来のツァーとしての教育を受けさせるために英国人学校に通学させている。最初はフランスの学校に行かせたが、どうもフランス人はスポーツを重視しないし、詰め込み主義だから……」と述べ、王政復古を常に視野に入れていたことを明らかにした。

ベルリンの壁とソ連の崩壊後、この帝政ロシアの正統王位継承者は、エリツィン・ロシア大統領が公式訪問先のパリのロシア大使館で開いたレセプションに招待されたり、嘘《うそ》のような王政復古の話が囁《ささや》かれる中でとつぜん脚光を浴び、多忙になっていた。そしてその結果が過労による突然の死だった。遺体は代々、ロマノフ王朝が祭られているサンクトペテルブルグの墓地に葬《ほうむ》られた。

ディミトリ大公と共にシャネルの「ロシア時代」を築いたのは、シャネルがメセナになった初めての相手、ディアギレフである。ディアギレフは一九〇九年に「バレエ・リュス（ロシア・バレエ）」を創設し、一九二九年夏にヴェネチアで死ぬまでパリの音楽界や文学界に強い影響を与えたこのバレエ団を主宰した。コクトーは、「ディアギレフは偉大なる時代の興行主であり、あらゆる新作の評論家にして普及者」と述べているが、一九二四年六月二十日にシャンゼリゼ劇場で上演された「ブルー・トレイン（青い列車）」はディアギレフの名を不朽のものにすると同時にこの時代を象徴する一つの事件だった。「ブルー・トレイン」で振り付けを担当したのが天才バレリーナ、ニジンスキーの妹のニジンスカだ。ニジンスキーはハンガリーの舞姫との結婚がディアギレフの勘気に触れて「バレエ・リュス」を離れ、最後はロンドンで狂死した。脚本はコクトー、ポスターはピカソ、音楽は六人組の一人、ダリウス・ミヨー*という豪華版だった。そして衣装を担当したのがシャネルである。この時、舞台で真珠の役を演じたリディア・ソコロバのためにシャネルが考案した大粒の模造真珠のイヤリングは、現在に至るまでシャネルのヒット商品となっている。

一九二九年五月にシャネルが「バレエ・リュス」に敬意を表して舞台がはねた後に「スーペ（夜食パーティー）」を主催した時、山盛りのキャビアを前に、糖尿病の末期状態だったディアギレフは、《少し悲しそうな様子だった》と伝えられる。ディアギレフはドビュッシー*、ラヴェル、サティ*、プロコフィエフらにも作曲を依頼し、装置もピカソやルオー、キリコを動員するなど、現代風に言えば名プロデューサーだった。ディアギレフはこの年の夏、ヴェネチアで死んだが、彼の最期の日、「バレエ・リュス」の金庫には例によって一銭もなかったので、シャネルが葬式代を支払った。シャネルは後にクロード・ドレイに、「ロシア人はわたしを魅了した。ロシアはわたしに東洋趣味を目覚めさせた。彼らの《君のものはわたしのもの》という態度がうらやましかった」と語っている。

しかしディミトリ大公もやがて、他の女性と結婚する。相手の女性は、没落した名家と新興成り金の組合せという永遠の流行に従い、米国の大金持ちだった。ただ彼は一九四一年に亡くなるまでシャネルに友情を寄せ続けた。

ウエストミンスター公がシャネルの愛人として登場したのは、ディミトリ大公の後だった。公爵は十世紀まで祖先を溯《さかのぼ》ることができる英国きっての名門で、しかも英国きっての金持ちでもあった。シャネルの心を捕らえようとしていた一九二三年ごろ、パリのシャネルの家には、公爵の私設配達人が《愛の手紙やイートン・ホールの温室のクチナシや蘭《らん》の切り花の花束……公爵みずから摘み取った果物の籠《かご》、スコットランドの鮭《さけ》……野菜籠の中に隠されたエメラルドの非常に大きな原石》などを届けた。

公爵はシャネルのかつての愛人たちと同様に競馬にも夢中だったが、ヨットも愛好

ダリウス・ミヨー（一八九二～一九七四）フランスの作曲家。一九一七年にブラジル大使となったポール・クローデルの秘書として随行、ここで多調の技法を完成した。
クロード・ドビュッシー（一八六二～一九一八）フランスの印象派作曲家。マラルメの詩による管弦楽曲「牧神の午後への前奏曲」で伝統的な和声理論にとらわれない印象主義を確立、「色彩的な音楽の大家」といわれた。
エリック・サティ（一八六六～一九二五）フランスの作曲家。わざとらしさや感傷を排し第一次大戦後の理念とされた生活と芸術の融和を目指した。

した。シャネルと公爵が初めて二人きりで過ごしたのも、モンテカルロ沖に浮かんだ天蓋《てんがい》付きのベッドがある公爵の豪華ヨット、フライング・クラウド号だった。ディアギレフが死んだ時、シャネルが滞在していたのもこのヨットだった。

一九二四年から一九三〇年まで続いた公爵との交際で、シャネルはこうした豪華ヨットでの旅行をはじめ、ヴィクトリア王朝の栄光をそのまま継承したようなイートン・ホールでのパーティーなど本当の贅沢というものを知った。ここには週末になると六〇人もの招待客が泊まっていた。常連にはウィンストン・チャーチル夫妻もいた。チャーチルが第二次大戦当時も戦後も首相だったことで、シャネルは実は戦後の最悪の事態を避けることができたが、当時は、誰もこうした運命を想像できなかった。

公爵はシャネルをフランス・ランド地方にある茅葺《かやぶ》きの家やフランス・ノルマンディ地方の城、スコットランドの釣りの家など、すべての持ち家に連れて行った。二人を運ぶ特別列車は、二両の客車と旅行用の大きな行李《こうり》を積んだ四両の貨物列車で編成されていた。シャネルは公爵の新しい結婚相手として英国のゴシップ記者にどこに行っても追いかけられ、写真を撮られた。確かにこれは、現代版おとぎ話だった。しかし、シャネルは本当にウエストミンスター公と結婚するつもりだったのだろうか。

シャルル＝ルーはシャネルが結婚に備えて、弟のアルフォンスとリュシアンの存在をこの新聞記者たちに知られないように、二人を一種の年金生活者にしてしまった、と指摘している。アルフォンスは父親と同様に行商人の道を歩んだが、父親に似て調子は良いが女好きで怠け者、当時は引退同然で、シャネルの提供する金でシャネル一族の故郷であるセヴェンヌ山脈地方の寒村で暮らしていた。英国のゴシップ記者がいくら熱心でも当時はまずは、こんな山奥まで取材に行くはずはなかった。

しかし下の弟のリュシアンの方は商売熱心で、クレルモンフェランの大聖堂の裏で市の立つ日には靴を売っていた。そこで、シャネルはこの大道商人のリュシアンに手紙を書き、何もしないで暮らすように要請した。そして自分が住むからと偽って、大きな家を買って、そこにしばらく住むようにと命じた。またアルフォンスと会うことも禁じた。アルフォンスがリュシアンの家の件を知って、自分にも家を買うよう依頼してこないようにするためだった。かくてシャネルは、みっともない身内を隠して着々と結婚準備に励んだというわけだ。

　それとも、シャネルの有名な逸話の一つとして伝えられるように、《ウエストミンスター公爵夫人は何人もいるけれど、ココ・シャネルは一人よ》と言って、公爵のプロポーズを拒否したのだろうか。公爵は生涯で四度結婚するが、一九二五年秋には二度目の妻とも離婚しており、シャネルと出会ったころは自由の身だった。シャルル＝ルーは、「もしシャネルに子供が生まれたら、公爵は結婚したかもしれない」と言う。

しかしシャネルが結婚に躊躇していたことも事実だ。公爵が、たとえ無意識だったにせよシャネルから唯一の確信である仕事や、友人たちを取り上げたにちがいないからだ。シャネルにとって宝石も花籠も今や、自分で好きなだけ買えたのだから、こうしたものには魅力を感じなかったはずだ。そして公爵にとっても、仕事を持ち自立したシャネルこそ、それまでの女性たちには決してなかった新鮮さであり、最大の魅力だったはずだ。

一方、シャネル・モードはこの時期、ロシア調から一転して英国調になる。公爵の衣装戸棚からツイードの上着や金ボタンのブレザー、太い縞《しま》のブラウスやジレ、スポーツ用のコートやスーツのヒントを得たほか、セーターで暮らすという英国式の習慣も取り入れて、流行させる。ミジアがセーターに真珠のネックレスという取り合わせで昼食会に現われたのもこのころだ。

しかし、結局、ウエストミンスター公も一九三〇年に他の女性と結婚する。相手はサイソンビー男爵の娘だった。公爵にふさわしい相手と言えよう。彼はこの新しい婚約者をシャネルにも紹介し、未来の花嫁が彼にふさわしいかどうか、意見さえ聞いた。

シャネルが一九七一年一月十日に八十七歳で死んだ時、フランスの週刊誌『レクスプレス』の編集長だったフランソワーズ・ジルーは、「苛酷《かこく》なシャネル」と題する追悼文の中で、シャネルが公爵のプロポーズを拒否したという逸話を強く否定し、シャネルが言ったとされる《ウエストミンスター公爵夫人は……シャネルは一人よ》という言葉を取り上げて、《シャネルはそんな下品きわまりない言葉》は使わないと擁護している。

確かにシャネルは地方の怪しげな行商人の娘で、ミュージック・ホールの歌手になりそこない、愛人として男性の庇護の下にいたこともあった。しかしシャネルは、「分をわきまえる」という伝統的なフランス人の保守的価値観を持ち、同時に「粋なパリジェンヌ」の心意気も持っていたことはジルーの指摘した通りであろう。

シャネルはウエストミンスター公爵と出会う前の二一年に詩人のピエール・ルヴェルディに出会っている。彼は文芸誌『南北』を創刊し、アラゴン*を発掘し、ブルトン

ルイ・アラゴン（一八九七〜一九八二）　第一次大戦後のパリでシュルレアリスム運動に加わった詩人の一人。後に共産主義に転じ、第二次大戦中はレジスタンス詩人として『断腸詩集』『エルザの瞳』などの作品を発表した。戦後も詩や小説などの創作活動を続けた。

らの作品を刊行したが、自分は最後の数年に至るまで世間からは認められなかった。この南仏ナルボンヌのブドウ栽培業者の息子で、ブドウのできが悪いため一家が離散した彼に、大公や公爵とでは味わえなかった心休まるものをシャネルは感じていた。シャルル＝ルーは、「シャネルが本当に愛したのは、カペルの次はルヴェルディだった」と断言するが、シャネルは確かに、コクトーを「食わせ者」とののしり、ヴァレリーを「クリスマスのモミの木」と軽蔑《けいべつ》したが、ルヴェルディだけは「本物の詩人」と呼んで尊敬していた。

ところがルヴェルディは信仰のために一九二六年に突然、パリを去り、フランス北部ソレームの修道院近くに隠遁した。シャネルがルヴェルディと出会った時、彼にはデザイナー見習いの妻がいたが、この妻も一緒について行った。ただ、ルヴェルディは隠遁後もシャネルに手紙を書き送り続けた。そして一九三一年夏にはシャネルの南仏の別荘「ラ・ポーザ荘」に長期滞在もしている。このため、シャネルに夢中だったウエストミンスター公は、「ココは気がふれている！　今度は司祭といっしょになったりして」と非難したと言われる。

しかしルヴェルディは翌年の夏はシャネルの誘いに乗らなかった。シャネルは彼の全集の初版と、原稿を殆《ほとん》ど持っていた。またピカソが水彩画を直接描いた詩画集

「絞首索《こうしゅさく》」も大事にしていた。こうした詩集を借りた友人たちは、これらの書物に「わがいとも偉大ないとしのココに、最後の動悸《どうき》がとまるまで心から愛をこめて」などの愛の言葉が書かれているのをいたるところに発見し、二人がいつまでも少年、少女のような純粋な心で愛し合っていたことに心を打たれた。

シャネルのおとぎ話の王子様はついに現われなかったが、叔母のアドリエンヌは一九三〇年四月、約二十年間暮らした貴族と正式に結婚する。結婚に最後まで反対していた貴族の父親が死んだからである。そして高名なパリのデザイナー、シャネルが花嫁の立会人になった。

お針子たちと初めてのヴァカンス

「シャネルのアトリエで働いていて一番感激したのは、有給休暇が取れるようになり、彼女の用意した田舎の従業員用の宿舎で無料で過ごしたことです。しかも列車は三等ではなく全員が二等車の切符で出発しました。私が二等車に乗ったのはもちろん、この時が生まれて初めてです」

一九二九年に十三歳でカンボン通りのシャネルのアトリエにお針子見習いとして入

社したマノン・リギュエールは生まれて初めてのヴァカンスを過ごしたころのことを、こう証言した。

現在、パリ郊外で暮らしているマノンは気が向くと、息子の結婚相手にブラウスなどを作ってやることがある。ただ、親しい友人たちなどに依頼されても、スーツなど本格的な仕立てのアルバイトは絶対にしない。

シャネルの店で働いていたという誇りが、シャネルのマーク以外の服を仕立てることを自らに禁じているからだ。八十歳を過ぎても、きちんと髪をセットし、スーツ姿で取材に応じたマノンにはシャネルの店のアトリエ主任という矜持《きょうじ》が漂っていた。

シャネルのオートクチュールのアトリエは今も昔もカンボン通りの店の最上階に二つある。一つはツイードや毛織物など厚手の生地を素材にした服を扱い、もう一つはモスリンやクレープデシン、絹などの薄手の生地を扱っている。オートクチュールのスーツ一着を仕立てるのに一三〇時間から一五〇時間をかける。公式晩餐会《ばんさんかい》などの夜会服、いわゆるソワレの服となると、平均で二三〇時間から二五〇時間を費やす。刺繡や宝石の縫い取りや、あるいは凝ったレースなどの装飾が加わった場合には、それこそ時間はいくらあっても足りない。試着も数回行なわれる。一回で済む場合は、その顧客がシャネルで長年服を仕立てており、店側がその顧客の体形はもとより、好みなどを熟知している時に限る。

　プレタポルテに関しても仕立てはほかのアトリエで行なっても、販売はカンボン通りの本店をはじめ、高級デパートなどに出している厳選されたシャネルの直営店に限っており、品物は本店によって直接かつ十分に管理されている。ライセンス契約はいっさい行なっていない。一九九七年現在で世界にこの直営店が七五ヵ所ある。スカーフやバッグ、手袋、ネックレスやブローチなどのアクセサリー類も同様だ。

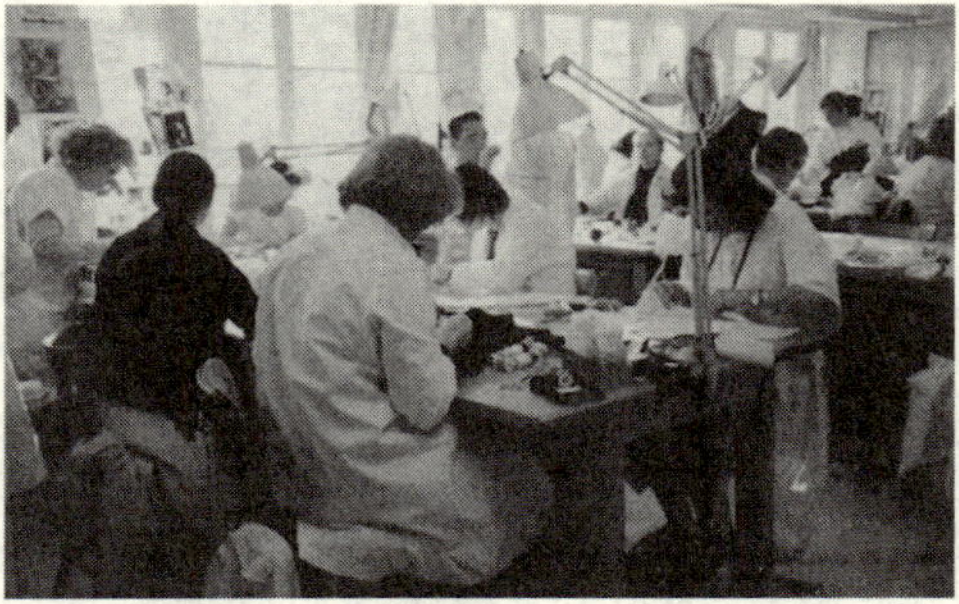
シャネルの店のアトリエ

　マノンはシャネルが針を持つのを見たことはないが、ハサミは常に首からぶらさげていたという。このハサミでミンクのコートをジョキジョキ切ってボレロに作り直したり、訪問者の袖付《そでつ》けがまずいといって、その場で袖をさっさと取ってしまったりする光景は何度か目撃している。
　フランスでは金持ち階級がすでにヴァカンスの習慣を持っていたほか、軍人や一部役人、銀行員にも

シャネルのお針子だった
マノン・リギュエール

有給休暇制度があった。しかし労働者の有給休暇は夢のまた夢であった。当時、人口の一割、数百万の国民は海を見たことがなかった。人民戦線のレオン・ブルム内閣が労働総同盟（CGT）ら主要労働組合の代表と二週間の有給休暇や週四〇時間労働を定めたマティニヨン協定を結んだのは一九三六年六月七日である。歴史家のミシェル・ヴィノックは、「労働者にとってのベル・エポックはこの有給休暇制を開始した人民戦線時代だ」と言う。

当時、フランスはポワンカレの緊縮財政の成功で息を吹き返したのもつかの間、仇敵《きゅうてき》・ドイツの再軍備の動きで軍事費とデフレが増大中だった。さらに米英による仏独関係への認識不足から国際的にも孤立したフランスは前年六月にラヴェル内閣の下で緊急令を発し、賃金の一律一〇％削減を断行した。この結果、座り込みストなどが続き、三六年四月にはストの参加者は商工業の労働者の四分の一に達していた。

シャネルの店でも六月のある朝、お針子が店を占拠したことを告げるプラカードをドアに張り出してストに入った。従業員代表の一団が、シャネルが当時、住まいにしていたホテル、リッツの部屋に交渉に出掛けるが、シャネルは「代表」なんて知らない、と突っぱねる。そして、店でなら「労働者」に会うと言って追い返す。それから三連のパールのロングネックレスをつけ、念入りに身仕度を整えて店に向かうが、追い返されるのは今度はシャネルの番だった。彼女はこの時は有給休暇、労働時間の短縮、労働契約などを拒否して、代わりに三〇〇人のお針子の解雇を発表した。しかし交渉は長引き、シャネルはついに、店を従業員に贈与すると提案した程だった。

シャルル＝ルーは、「シャネルは仕事に厳しく、女性がよくやるお喋《しゃべ》りも嫌いで男性的だった。しかし政治には無関心で労働者は働くことが幸福なのだと考えていた反動主義者。従業員を突然、顔を見たくないという理由で何度か馘《くび》にした」と批判する。マノンも、「マドモワゼル・シャネルはよく、『マノンは泣かなかったわね。もっと泣かなければだめ』と言って、私が完璧に仕立てたと思った作品をほどいて、やり直しを命じたことがあります」と述べ、シャネルの仕事における厳しさを認める。しかし一方でマノンは、「マドモワゼル・シャネルは厳しかったが、私にとっては良き先生だった。天才的センスがあり、そのアイディアは思いもかけなかった」と賛辞を送り、シャネルへの敬愛の念が最近ますます強くなっていることを強調した。

また、「マドモワゼル・シャネルに関しては、たくさんのことが忘れられている。

実際は店の給料は良かったし、彼女は有給休暇を実施しただけでなく従業員の医療費も支払った。今の社会保障制度を先取りしたものです」と、シャネルが決して従業員の厚生を考えなかったわけではないと証言する。

マノンらがヴァカンスに出掛けたのはフランス南西部のランドの広大な土地に建てられたヴァカンス用の宿舎だった。当時、シャネルの店にはお針子だけでも約四〇〇人が働いていた。彼女たちは、交替で二週間の有給休暇を楽しんだ。従業員数は三五年には約四〇〇〇人に達していた。シャネルが従業員のために支払ったヴァカンス費用が莫大だったことは想像がつく。

車はまだまだ贅沢品でフランス中で約二五〇万台しか普及していなかったので、大半の国民は自転車でヴァカンスに出発した。三六年に約五二万台だった自転車は三七年には八〇〇万台に跳ね上がる。自転車には家族や荷物を載せるための付属車が付けられた。ヴァカンス用に四〇—五〇%の列車割引も実施され、パリから南部に向かう列車の出発駅であるリヨン駅からは同年八月のピーク時には二〇万もの人が列車でも出発した。

このヴァカンス制度は右翼などからは「怠惰制度」と非難され、第二次大戦で事実上敗戦したフランスが休戦条約を結んだ時には、ブルムはヴァカンス制度導入の責任を問われた。その時、彼は、「休暇は困難な生活のつかの間の晴れ間。労働者をキャバレーから引き離すと同時に家族団欒《だんらん》や将来の設計を考える機会を与える」と抗弁した。第二次大戦中、共和制のあらゆる特徴を否定したナチス・ドイツへの協力政権、ヴィシー政権も唯一、ヴァカンス制度だけは維持した。

その後、フランスの体制は第三共和制から第四共和制、そして現在の第五共和制へと変わるが、左翼政権も保守政権もヴァカンス制度は国民の既得権として手をつけなかった。国民の懐柔政策でもあり、第四共和制の末期の一九五六年には三週間に、六八年五月革命後のドゴール退陣の年、一九六九年には四週間、そして第五共和制で初のミッテラン社会党政権では五週間に延長された。

ヴァカンス制度は自動車の大衆化もうながし、シトロエンの名小型車「ドゥ・シュヴォ」など小型車の発達を助けた。またパンタロンやTシャツ、セーターなどのリゾート・ウェアが大衆化した。シャネルはすでに二〇年代に日焼けした肌と共にこうしたものを流行させており、その点でも時代を見越していたと言える。

カーディガン型のシャネル・スーツの特徴の一つに、飾り紐による縁取りがあるが、それはマノンらが「スーツ地の一部を解き、その解いた糸で飾り紐を作る」という凝ったものだ。これを発案したのもシャネルである。

フランスの名大衆車シトロエンの「ドゥ・シュヴォ（2CV）」チャールストン

一方、シャネルの私生活にも大きな変化が起きる。一九三〇年にディミトリ大公の仲介で知り合ったハリウッドの大プロデューサー、サミュエル・ゴールドウィン*とハリウッド映画の衣装担当契約を結び、三一年には正式にハリウッド進出を果たす。ゴールドウィンは女性観客の動員を目指しており、女性たちをどうやったら映画館に引き付けられるかを必死で考えた結果、あるインタビューで彼の計画を次のように披瀝《ひれき》した。女性たちが映画を見る目的は第一に物語に感動すること、第二にスターの顔を見ること、第三に最新流行のモードが何かを知ることであると。

ゴールドウィンは最も高名なパリのデザイナー、シャネルと年に二回、ハリウッドに来てスターたちのために働くという条件で契約を結ぶ。契約金は当時としては破格の一〇〇万ドルだった。彼の目的は単にスターのための衣装を製作するだけではなく、スターたちの私生活用の服も作り、パリジェンヌの神髄を教えることだった。シャネルは長い間、躊躇していたが、三一年四月に初めてハリウッド入りする。親友のミジアも一緒だった。シャネルは映画の聖地でグレタ・ガルボやマレーネ・ディートリッヒ、グロリア・スワンソンらの女優はもとより、エリッヒ・フォン・シュトロハイムやゲーリー・クーパーなど人気男優の衣装も担当した。

シャネルの当時の愛人は風刺画家として人気のあったポール・イリバルヌガレ、筆名イリブだった。ディミトリ大公ともウエストミンスター公とも詩人のルヴェルディとも別れたシャネルは、この同じ年齢のフランス南西部アングレーム生まれのバスク人と意気投合していた。コレットは一九三三年に友人に宛《あ》てた手紙の中で、ミジアの話として、シャネルが、《生まれて初めて愛している》イリブと結婚すると言ったことを伝えている。コレットは、この手紙の中で、イリブの容貌《ようぼう》を《痩《や》せて、しわがあって、髪が白くて、真っ白な歯を出して笑う……》と述べ、彼が近づいてきた時、思わず悪魔払いの身振りをしたと書き、決して好意のもてる男でなかったことを示唆《しさ》している。

サミュエル・ゴールドウィン（一八八二〜一九七四）　ハリウッドの映画製作者。ポーランド生まれ。一九二四年、他社を合併してメトロ・ゴールドウィン・メイヤー（ＭＧＭ）を設立。代表作に「グリード」（一九二四）、「デッド・エンド」（一九三七）など。

シャルル＝ルーも、《イリブの滑稽《こっけい》な点は、これほど都会的になりたがっていた男が住所不定でいたことである。それでパリジャン化作戦は、成果が上がらなかった》などと述べ、イリブのバスク出身を皮肉っているが、イリブは漫画のほかに名声や金銭、女性にも貪欲《どんよく》だったので、自分の出身や訛《なま》りのことなどはすっかり忘れていた。

イリブは漫画家になる早道と考えて、十六歳でフランスの主要新聞、『ル・タン』の印刷工になる。彼の最初の漫画が『バター皿』に採用になったのは十七歳の時だった。印刷工を二年で辞めて美術学校の建築講座に登録するが、二十三歳で自分の新聞『目撃者』を創刊する。この新聞にはコクトーもセンスの良い漫画を投稿していた。

それから全盛期時代のポワレに雇われ、本格的にパリジャン化を目指す。そのポワレも、《彼はまったく奇妙な青年で、神学生と印刷所の校正係のどちらにも似た、去勢された鶏のようなぼってりしたバスク人だ》と述べ、あまり好意的な評価はしていない。イリブが住所不定で、前払い金を支払っても連絡のつかないことがあったからだ。その後、イリブはパリジャンの典型のようなコクトーと一緒に一九一四年に『言葉（ル・モ）』を創刊してからは、自分もコクトーと同じように生粋《きっすい》のパリジャンだと信じていた。

シャネルにとってイリブはルヴェルディよりさらに気心が許せる相手だったはず

だ。イリブならシャネルの過去など問題にもしなければ、関心もなかっただろうから。しかも本当の詩人で何事にも真摯《しんし》だったルヴェルディのように堅苦しいところもない。一方、イリブの方も愛の遍歴ではシャネルに劣らず豊富だった。最初に結婚したのは無声映画時代のスター、ジェーン・ディリスだった。彼女は広告写真のモデルなどでイリブを財政的に助けたが一九二二年に病死した。イリブは彼女の病死を待たずに離婚して一九一九年には米国の資産家と結婚した。彼はハリウッドの大物プロデューサー、セシル・B・デミルと親交を結び、映画のセットや衣装を担当し、やがてアート・ディレクターに昇進した。

シャネルはハリウッドでは先輩格のイリブに大いに助けられもした。また三二年には当時、イリブの勧めで、カンボン通りの店で初めての宝石のコレクションを大々的に発表した。この時は愛用していたイミテーションを排し、本物の宝石、それもダイヤモンドだけを使ったダイヤへの一種のオマージュ展だった。

「わたしはダイヤを選んだ。なぜなら、ダイヤは最小のヴォリュームで最大の価値を表現しているからだ」と述べ、夜も昼も強い光を放つダイヤを自由自在にデザインした。この時に発表した流星を象《かたど》った「コメット」のシリーズは繊細な細工と無数のダイヤをふんだんに散らした贅を尽くした芸術作品で、同じモチーフでネックレスや指輪、ブレスレット、髪飾りなどを揃えた。このシリーズも現在まで人気が高い。

このころのシャネルもまた、最高に美しい。人生で最も充実した時期を迎えていたからだろうか。シャルル＝ルーも指摘しているように、「同じ年のイリブとの結婚を真剣に考えた」とされ、私生活も落ち着いていた。しかし一九三五年夏、イリブはシャネルの南仏の別荘でテニスをしている最中、突然、コートに崩れ落ちて急逝《きゅうせい》する。

イリブが三三年に描いたシャネルのイラストは、シャネルの好んだ椿《つばき》の花を髪に挿したシャネルの顔をしたマリアンヌ（フランス共和国を象徴する女性像）がヒトラー、ムッソリーニ、ルーズヴェルトの前で有罪の判決を受けているシーンだ。もうひとつは、胸も露《あらわ》なマリアンヌが、墓掘りのシャベルの下に横たわっているという衝撃的なシーンだ。この墓掘り人には、ダラディエの名が付けられている。ヒトラーのズデーテン侵攻を許す結果を招き、現代では宥和《ゆうわ》政策の代名詞ともなっているミュンヘン会談のフランス代表の首相である。

二つのシーンはともに第二次大戦で実質的な敗戦の憂き目を見たフランスの未来を不気味に象徴している。そしてこの無残なマリアンヌの姿は、第二次大戦後のシャネルの姿とも重なり、不思議な迫力に満ちている。死を前にしたイリブには、愛人の運命が見えていたのだろうか。

これに先立つ一九三四年春、シャネルはフォーブール・サントノレの自宅から終《つい》の住処《すみか》となるホテル、リッツに引っ越している。イリブとの結婚に備えるためだったのか生活を簡素化する必要からだったのかは不明だ。同年二月四日、パリで暴動が発生し、フォーブール・サントノレに近いコンコルド広場では群衆と騎馬隊が衝突した。

モード界では三五年にイタリアのエルザ・スキャパレリ*がヴァンドーム広場に店を出し、セーターやスポーツウェアで人気を集めはじめ、シャネルの座を脅かしていた。スキャパレリは一九五四年に結局店を閉めるが、シャネルはこの時、初めて追われる立場に立たされた。

一九三七年五月二十四日、パリで開かれた万国博*の開会式の夜会で花模様のオーガンディのドレスに身を包み、花の王冠を戴《いただ》いて泰然と微笑んでいるシャネルの写真が残っている。華やかな雰囲気にもかかわらず、悲しみが張り付いたようなその顔は、ハッとするほど美しい。シャネルと知らなくても、会場を埋め尽くした各国のV

エルザ・スキャパレリ（一八九〇～一九七三）　ファッション・デザイナー。一九三三年にパゴダ・スリーブを発表して一躍人気デザイナーとなった。
一九三七年のパリ万国博　「現代生活における芸術・技術」をテーマに五二ヵ国が参加。スペイン館ではピカソの「ゲルニカ」が話題を集めた。

1937年のシャネル（セシル・ビートン撮影、www.pairfum.com）

IPの誰もが、その姿にみとれたと伝えられる。

　リッツのホールの暖炉の前でポーズを取った写真は黒のオーガンディのドレスに黒の太いリボンがウエストと髪を飾っている。華やかなのにまるで喪服のように見えるのは、シャネルの顔を濃く彩っている孤独と悲哀の色合いのせいだろうか。

　すでにシャネルは五十になっていたが、三十代にしか見えない。だが、シャネルのこうした姿は栄光の最後の輝きのように映ったかもしれない。一九三九年、第二次大戦勃発《ぼっぱつ》と同時にシャネルは香水とアクセサリー部門を除いてカンボン通りの店を閉め、約三〇〇〇人の従業員に暇を出す。そして一九四四年から一九五四年までスイスに閉じこもることになる。

第5章

空白の十五年間

シャネルは一九三九年九月一日、第二次大戦が勃発《ぼっぱつ》するや香水部門とアクセサリー部門を除いて店を閉じ、四〇年六月のドイツ軍パリ占領と同時に、ドイツ兵が占拠したリッツのヴァンドーム広場が見下ろせるスイートからカンボン通り側の小部屋に移った。このスイートは現在も《ココ・シャネルのスイート》と呼ばれ、この部屋を指名する顧客は絶えないが、戦後、パリに戻ったシャネルはこのスイートには二度と入らず、カンボン通り側の小部屋を愛し、ここで最期《さいご》を迎えることになる。

シャネルが戦争中、デザイナー活動を中止したのは時代の要求ということで納得がいく。誰もこの時期、オートクチュールを着る機会もなければ着たいとも思わなかったからだ。ただ、一九四四年八月二十五日、パリがドゴール将軍によって自由解放された時、シャネルはなぜ、デザイナー活動を復活させるどころかスイスに隠遁《いんとん》する道を選んだのだろう。そしてそのまま、デザイナー生活からは完全にほぼ十五年間、引退した。この空白の十五年間は何を意味するのか。

その解答は、パリから遠く離れた米国の首都ワシントン郊外の米国立公文書館にあった。ここには膨大な解禁機密文書が収められている。入り口を入るとコンピューターに入館者の名前や職業、調査目的などを簡単に記入するだけで、誰でも入館カードが得られる。フランス外務省で解禁資料を読むときの手続きに比較すると実にあっけないので、旧大陸で取材活動をしている者にとってはこうした新大陸との相違は感動的ですらある。ただし、内部に持ち込めるのは筆記用具だけでハンドバッグなどの荷物はロッカーに預け、空港などに備えてあるセキュリティ装置を通過する。

膨大な書類の中から必要な書類を探すのを手助けしてくれる相談員もいる。こうして目の前に積み上げられた書類の中からドイツ将校、ワルター・シェーレンベルク関係の解禁機密文書を見つけ、さらに、その中に、「フラウ・シャネル」の文字を発見した時、一瞬、目眩《めまい》にも似た感覚に襲われた。

《一九四四年四月、シャイーブ参事官とモム大尉《たいい》はシェーレンベルクにシャネルなる女性、フランス人で有名な香水会社の所有者の名を挙げた。この女性はチャーチルを十分に知っている者なので、仏独を助けるためにロシアを敵として、チャーチルと政

治交渉を行なえるということである。彼女は仏独が密接に結び付いている運命だと信じている》

シャネルはここでは、高名なデザイナーではなく、《有名な香水会社の所有者》と紹介されており、当時から「シャネルの五番」が米国をはじめ世界市場で成功していたことがうかがえる。

一九四五年七月七日にロンドンで行なわれた英国情報局によるシェーレンベルクの尋問書の「序説」には、また、《シェーレンベルクの名前は報道界でナチ親衛隊での重要な地位のほかにある種の和平工作を演じたことで知られる》とも記されている。

シャネルはやっぱり対独協力者（コラボ）だったのだろうか。彼女の最後の愛人と言われるドイツ人はスパイだったのだろうか。シャネルは彼にチャーチルを通して英独が単独和平交渉を行なうよう提案したのだろうか。ウエストミンスター公の友人のチャーチルとシャネルは旧知の仲だ。

シャネルの第二次大戦中に関する行動については、シャネルの出自と同様、パリでは誰も進んで語ろうとはしない。特にシャネルの戦時中の過去は、フランス人の古傷と一致するからだろうか。「誰も恋人のパスポートなんか見ない」。シャネルの最後の愛人が敵国ドイツ人だった点について、最後の友人だったクロード・ドレイをはじめ

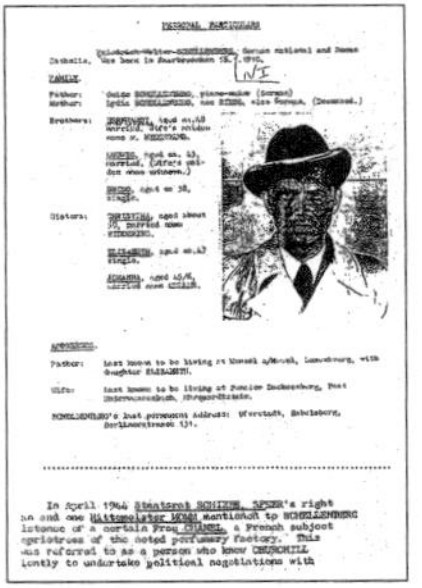
Father:
Mother:
Brothers:
Sisters:
Father:
Wife:
In April 1944
a certain Frau CHANEL, a French subject
of the noted perfumery factory. This
referred to as a person who knew CHURCHILL
to undertake political negotiations with

ワシントン公文書館に保存されているシェーレンベルクの尋問書

大方のフランス人はこう述べて寛容だ。シャルル＝ルーはシャネルの伝記の中で、愛人の名前をイニシャルで記したほか、記述に推測などを表す条件法を使用するなどして、すべてを明確に記してはいない。

しかしワシントンの公文書館に保存されている尋問書では、シャネルがベルリンでシェーレンベルクに面会した時、「ハンス・フォン・ディンクラージ」なる友人を伴っていたことを明記している。シェーレンベルクが関わった「ある種の和平工作」とは何か。現在ではこれらが、「英独単独講和」だったことは知られている。英国を連合軍から切り離し、ドイツと単独講和を結ばせることによって戦争の早期終結を図るというものだ。

シャネルはディンクラージの友人で大尉だったテオドール・モムにこの計画を打ち明ける。彼はそれをシェーレンベルクに伝え、「帽子作戦」の暗号名でシャネルをベルリンに連れていく。尋問書には「シャイーブとモム」がシェーレンベルクとシャネルの会見にディンクラージと共に立ち会った、と明記されている。

また尋問書によると、この会見でシャネルは、英国貴族出身でイタリア人と結婚していたロンバルディというシャネルの友人の女性にシャネルの書簡をマドリードの英大使館を通してチャーチルに伝送することなどに合意する。しかし結局ロンバルディはマドリードに行くものの最終的には計画をあきらめる。シャネルもまた、重病だったチャーチルを説得するのをあきらめ、「帽子作戦」は失敗する……。

もっとも一九四三年一月、ルーズヴェルトとカサブランカでドイツの無条件降伏を要求する共同宣言を発表したチャーチルにとって英独単独和平など言語道断だったはずだ。ドイツの敗戦はこの時点ですでに明白だったからだ。モムはシャルル＝ルーに、「シャネルにはジャンヌ・ダルクの血が流れている」と述べ、シャネルの行為は一時《いっとき》も早く、祖国フランスを救おうとした愛国心によるものであることを強調したが、ディンクラージもシェーレンベルクもモムも、そろってシャネルの熱にうかされたのだろうか。

シャネルがこのドイツ人の愛人、ハンス・フォン・ディンクラージといつ出会ったのかは不明だ。ドイツで捕虜になっていた姉のジュリアの息子の本国送還を、パリ占領のドイツ総司令本部を訪ねて要請した日だったのだろうか。いずれにせよ二人は占領下のパリで、《幸福だったので、人目につかずに三年近くの歳月をすごした》（『リレギュリエール』）ことは事実だ。

ディンクラージは一八九六年、ハノーヴァーの貴族の家に生まれた。シャネルより十三歳年下だ。母親は英国人だったので英仏語に堪能《たんのう》だった。一九三三年から一年間、ナチの宣伝活動の責任者、ヨーゼフ・ゲッベルスの指示でパリのドイツ大使館で報道担当として働いた。その後、再度パリに戻り、開戦と同時にスイスに移住したが、ドイツのパリ占領と共にまたパリに来た。仏独の社交界ではスパッツ（スズメ）と呼ばれていた。

ディンクラージとスイスのローザンヌで会ったことのあるミシェル・デオンは、「長身のものすごい美男子で魅力的だった。多分、スパイだったと思うが、私には有能なスパイというより美貌《びぼう》を武器にした典型的なジゴロに見えた」と証言する。デオンがシャネルに伝記を依頼されたことは先に述べたが、この伝記執筆のために五一―五二年にかけてシャネルの住むローザンヌをよく訪ねた。隠遁生活中のシャネルはディンクラージと一緒に暮らしていたという。

「シャネルは早く寝るので、我々はローザンヌに当時一軒しかなかったナイト・クラブに毎夜繰り出したが、ディンクラージは女性たちによくもてた。だがシャネルに結婚を申し込んだが断られた、と言って嘆いていた。シャネルにもう会いたくない、と言われて泣いていたこともある。彼は私の知る限りでも戦前からパリの社交界で何人もの有名夫人を愛人にしていたが、それも仕事だったのだろうか。いずれにせよシャネルは彼がスパイだったことは知らなかったはずだ」

シャルル＝ルーも、「シャネルは一度もディンクラージと結婚しようとは思わなかったはずだ。当時の彼女の頭には仕事しかなかったから」と証言する。

一方、ベルリン在住のハンス＝ボド・フォン・ディンクラージは一九四四年のクリスマスの夜、一家で囲んだ食事風景をよく覚えていた。彼が「おじさん」と呼ぶディンクラージが参加しており、「チャーチルのことを話していたからだ」という。ディンクラージとは、彼の父親と自分の祖父が兄弟という関係だ。当時の敵国、英国の首相を話題にする「おじさん」の話が印象的だったという。

名字をたよりにドイツの電話帳から探し出し、一九九七年にベルリンのホテルで会ったハンス＝ボドは当時、ベルリン市営放送・自由ベルリン放送のＣＭ部長を最後に定年退職し、同放送局の交響楽団の名誉役員を務めていた。一九二九年四月生まれだから一九四四年当時、十五歳だった。

「おじさんはチャーチルとマドリードで会うことになっていたが、チャーチルはついに来なかった、と言っていた。おじさんは英仏語がペラペラで優雅でかっこいい男だった。士官学校を出て中尉だったはずだが制服姿を見たことはない。帝国治安総局で

ハンス＝ボド

働いていたのかもしれない」

ハンス＝ボドは当初、私との会見を拒否し、いまだにナチが身内にいたことを公《おおやけ》にしたくないドイツの社会風土をうかがわせたが、結局、外国の新聞記者という気安さからか、会見を承諾してくれた。会見場には八二年に死亡した父親とディンクラージの間で交わされた約二〇〇通の往復書簡やシャネルに関する雑誌記事などを持参してくれた。

「この夕食会には私の祖母は同席しなかった。ユダヤ人だったからだ。胸には黄色の星印をつけていた。父は母親がユダヤ人ということで軍人や官吏にはなれず、経理士をしていた」という。ディンクラージ自身、ユダヤ系の女性と結婚するが一九二七年前には離婚したことも明らかにした。ヒトラーが登場する前のドイツ社会では、ドイツの上流階級とユダヤ人との結婚がごく普通に行なわれていたわけである。少なくともディンクラージ自身にも彼の一族にもユダヤ人への偏見はなかったと言える。

「私の父はおじさんがシャネルの愛人だったことを知っていたと思うが、家族の前で話したことはない。実は私もそのことを知ったのは最近だ。ドイツのマスコミがさかんに報道しはじめたからだ」

ディンクラージからの往復書簡の消印はローザンヌとスペイン領土の地中海の島、マジョルカ*になっていた。ミシェル・デオンの証言通り、ディンクラージはドイツの敗戦と同時に中立国スイスに亡命し、そこでシャネルと共に暮らしたが、いつマジョルカ島に行ったのかは不明だ。書簡の五三年の消印はマジョルカになっているので、少なくとも同年にはシャネルと別れ、この島に行ったと見られる。デオンがディンクラージにローザンヌで会ったのは五一年か五二年という証言とも符合する。スペイン総統フランコとアルゼンチンのペロンはナチに共感していたので、戦後、スペインやアルゼンチンなどの南米に逃亡したナチの関係者は多い。

ハンス＝ボドはさすがに書簡のコピーは取らせてくれなかったが、内容については、「シャネルに言及した書簡はなぜか一通もない。父がおじさんに昔のコネを利用して就職口を見つけてくれるように頼んだり、おじさんからはマジョルカに遊びに来い、との誘いなどだけだ」と明かした。

「叔母さんが一度、マジョルカ島に行って帰ってきた時、放送局に勤めていた私にシ

マジョルカ島　地中海西部にあるスペイン領の島。近世初頭以来、地中海貿易の中心地として栄え、起伏に富んだ地形の美しさと温暖な気候で、避寒地としても知られる。

ャネルと彼の話をドラマにしたら面白いと思うと勧めたが、当時はまったく関心がなかった」とも言った。

また、CM部長として米国に出張した時、オランダ人の老医師が、「ハンスさんの関係者ではないか」と懐《なつ》かしげに話しかけてきたこともあるという。「おじさんはパリをはじめ戦前の欧州の社交界で有名だったようで」と苦笑する。

敗戦の時、ハンス＝ボドは高校生だった。ベルリンの自宅は英軍に接収され、「五時間で家を出なければならなかった」という。一家は、両親がフランクフルトに行き、彼だけはベルリン（西）に残った。しかし大学には行けず、アルバイトをして放送学校を卒業して就職した。「生きていくのがやっとだった。第二次大戦後のドイツ人はみんなそうだった。元ナチのおじさんのことなど考えている暇などなかった」と明かす。シャネルの一生がフランスの二十世紀と重なるなら、彼の物語と一家の物語もそのまま、ドイツの二十世紀と重なる。

彼の父親は一九六〇年後半にドイツのバイエルンでディンクラージと再会したという。ディンクラージがミュンヘン近くのベルヒト・ガーデンで亡《な》くなったのはシャネルの死後の一九七六年三月二十四日だ。ザルツブルクで火葬にし、生まれ故郷のハノーヴァーの墓地に埋葬した。死亡証明書には「マジョルカ在住。独身」となっていた

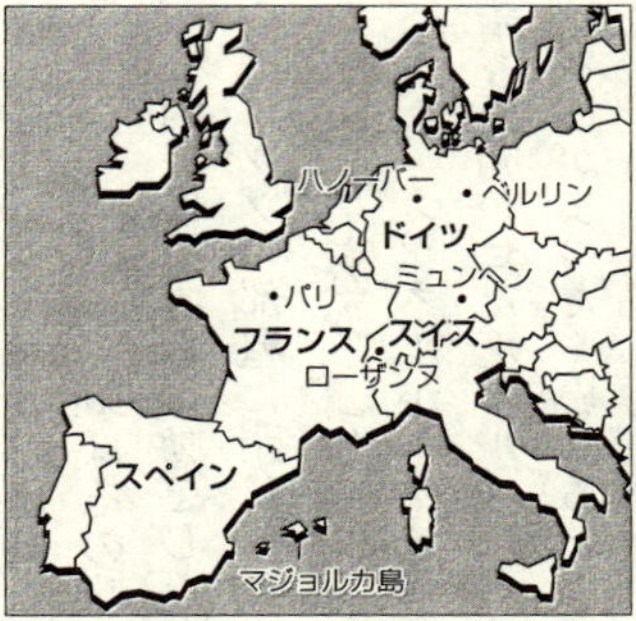

という。ハンス＝ボドは、「晩年はテオドール・モムの娘と暮らしていた。愛人だったのかもしれない」と推測する。

モムはシャルル＝ルーがシャネルの伝記を執筆中に、この娘に付き添われてパリにやってきている。シャルル＝ルーの証言によると、彼女の自宅を訪ねた彼は、「われわれを許してくれるでしょうか」と言った。彼女が「もちろんですよ。もう戦争は終わりました」と答えると、何度もうなずいた、という。

シャルル＝ルーがシャネルの友人たちから非難された理由の一つは、シャネルの伝記の中で、シャネルが隠していた生地やバルサンやカペルからの経済的援助を明らかにしただけではなく、条件法を使用したとはいえ、戦中のベルリン行きを記した点だ。シャネルにドイツ人の愛人がいたことは周知の事実だったが、戦時下に敵国の首都で情報担当のトップと会見したことはシャネルに「対独協力者」のレッテルを貼《は》りかねないからだ。

事実、シャネルは自由解放の時、フランス国内軍*に尋問されたが、一時間で釈放されている。シャルル＝ルーはシャネルが即時釈放されたのは、「チャーチルの介入があったから」と断言する。チャーチルはその時、こう言ったと伝えられる。「彼女は大胆かもしれないが、国益に反する行動をしたことは一度もない。彼女の恋人はドイツ人だったが、彼らはリッツの部屋に閉じこもっていた。彼女は彼に情報も与えなかったし、彼との愛を吹聴《ふいちょう》もしなかった。だから彼女を静かにしておきなさい」

ただ、シャネルがスイスに行ったのは自らの意志であり、スイスで再会して半生を語って聞かせたポール・モーランがヴィシー政府の外交官として国外追放されたのとは事情がまったく異なるといえる。

シャネルがベルリンで会ったシェーレンベルクは戦後、ニュルンベルク国際軍事法廷で、禁固六年の判決を受ける。判決中、最も軽い刑だった。この時、すでに肝臓ガンを病んでいた元国家保安本部第六局（国外諜報）局長は一九五一年に出所し、一九五二年三月に死去する。葬儀の費用は、ディアギレフの時と同様、シャネルが支払ったことが判明している。

ベルリンで私が会った英国人ジャーナリスト、シモン・スレブルニーはシェーレンベルクの息子に会ったことがある。その時、息子は、「父はシャネルと非常に親しい関係にあった」と述べ、シャネルとシェーレンベルクが一時、愛人関係にあったことを肯定したという。シェーレンベルクもディンクラージに劣らず美青年だったそうだが、この話の真偽は確かめようがない。ただ、シャネルが葬儀の費用を出したことが、それを裏付けているとも言えるが、クロード・ドレイに言わせると、シャネルには「そういう親切なところがある」ので、それだけでは証拠にはならない。

レジスタンスと対独協力《コラボ》

シャネルが英独の単独交渉という「途方もない冒険」（ミシェル・デオン）を思い立った背景に、「シャネルの五番」があったことについてはすでに述べた。その時に触れたユダヤ人迫害の象徴として知られるユダヤ人排斥法では、「全《すべ》てのユダヤ人は自己の所有する企業の所有権を放棄しなければならない」などとされ、ユダヤ人の財産は銀行預金から生命保険、あるいは「アーリア化」を目的に接収された財産まで、全てを放棄するように規制していた。二〇〇〇年四月にこの法律などを根拠に第二次大戦中に強奪されたユダヤ系住民の財産を調査していた委員会が当時のジョスパン首相

フランス国内軍（FFI）　ナチス占領下のパリでレジスタンスを組織するなど、一九四四年八月二十五日のパリ解放に大きな役割を果たした。

に提出した報告によると、強奪金額は当時の金額で約五二億フラン、報告当時の金額で約八八億フラン（約一三億五〇〇〇万円）に達することが明らかにされている。

強奪の対象になったユダヤ系住民は約三三万人に上り、これらの財産のうち九〇—九五％は戦後の一九四七年に返還されたが、所有者がドイツの強制収容所で死亡するなどして返還不能になった財産もある。委員会はフランス国家がまだ保管している金額を総額約一四億フラン（約二・一億ユーロ）と換算し、これをジョスパン首相が創設した「記念基金」の資金にすべきだと提案した。

これとは別途に占領ドイツ軍が強奪した美術品なども約一〇万点あり、一九四五年にはこのうちの六万一二三三点がフランス国内で発見され、四万五四四一点が所有者に返還された。所有者不明の美術品はルーヴル美術館などフランスの公立美術館内に保存されている。

周囲からこの法律のことを聞かされたシャネルは、「五番」を取り返す時が来たと考えたが、ヴェルテメール兄弟は香水会社をフランス人に委託していたため、結局、奪還することはできなかった。しかし、一時もじっとしていられないシャネルはこの事件をきっかけに、英独の単独講和による戦争の早期終結計画に乗り出したとみられる。戦争が終わりしだい、正式にヴェルテメール兄弟と「五番」について協議しようというわけだ。ドイツ人の愛人のスパイにそそのかされた行動、という陳腐な筋書き、というより、シャネルの自分の作品に対する愛着と執念という風にこの事件を解釈した方がずっと自然だ。

歴史家のミシェル・ヴィノックは、第一次大戦が戦死者約一五〇万人、重傷を含む負傷者約三〇〇万人を出した「物理的衝撃」だったのに対し、第二次大戦は、「精神的衝撃」だったと指摘している。確かに第二次大戦の将兵の死者は八万四〇〇〇人、民間の死者は八万人、負傷者二〇万人、捕虜一五〇万人と少ないが、四年間のドイツ占領と対独協力政権・ヴィシー政府の樹立という事実上の敗戦に終わった第二次大戦で受けたフランス人の精神的衝撃と傷は深く、現在も消えてはいない。第一次大戦が「勝利の幻想」だったのに対し、第二次大戦は「歴史から抹殺すべき思い出」(粛清裁判におけるアンドレ・モルネ検事総長)という苦い味に満ちた「人工的勝利」だった。

そしてシャネルにとっても第一次大戦と第二次大戦は相反する結果をもたらした。第一次大戦で戦場に行った男性に代わって登場した働く女性の出現やそれに伴う女性の独立と解放は、デザイナーとしての職業的大成功をもたらすと同時に女性として初めて世界規模で巨額の富を築いた経済的自立という歴史的な好結果をもたらした。しかし第二次大戦はスイスでの約十年に及ぶ事実上の亡命生活と対独協力者という疑義をもたらした。クロード・ドレイは、シャネルが最後の愛人だったドイツ人のディンクラージについて、「彼の母親は英国人だった、とよく話していた」と述べ、シャネルにとって、ディンクラージは英国人だったと指摘している。シャネルはディンクラージにボーイ・カペルやウエストミンスター公と同じ英国人の面影を見たのだろうか。

また、ドレイは、「シャネルには英独単独講和の計画が、結果的に対独協力（コラボ）になるという意識などはまったくなかった」と繰り返し証言するが、意地の悪い世間はそうは見なかった。スイス行きは、こうした世間を静めるために誰かがつけた知恵ではなかったか。その誰かは、あるいはチャーチルだったかもしれない。

シャネルにかぎらず、ドイツ兵士と交際するフランス女性が多かったことは、ドイツ占領下のフランスでドイツ人との間の私生児が八万人も誕生したことでも分かる。占領軍が長期間、同じ都市に駐留することで、金や便宜のためではなく、単に友情や愛情からドイツ人と交際するフランス人がいたこともまた事実だ。

ヴィシー政府と対独協力者を厳しく断罪した歴史家、ジャン・ドフラーヌも、《愛には戦争など関係なかった。しかし、このような関係は「解放」時に罰せられることになった》と、同情的に述べている。こうした女性たちが、自由解放後に髪を切られ、見せしめのため丸坊主《まるぼうず》にされたことは当時のニュース写真やニュース映画などで報道されている。

しかし、《ドイツの勝利を願う。それなくしては、ボルシェヴィズムが将来いたるところで根をおろすことになる》と述べ、一見、正当な口実を挙げながらも結局は国家を裏切ることになったピエール・ラヴァルのように、政治家はもとより知識階級の中にも対独協力に心を奪われた者は多い。

第二次大戦前のフランスは一九二九年の世界恐慌《きょうこう》とフランス政界を包んだ汚職事件、スタヴィスキー事件の後遺症で社会全体が不安定の中で漂っていた。頻発する大規模なストライキや一九三六年の人民戦線の成立や社会福祉法などが保守層に衝撃を与える一方で、一九三七年にはドイツ人がフランス国内に「第五列」、つまりフランス国家を転覆させるためのスパイを組織しているとの噂《うわさ》がしきりに流れた。

一方で、ナチの全体主義がフランスの右翼には徐々に強い影響を与えはじめ、《レオン・ブルムよりもヒトラーを》と叫ぶ者が出現し、健全な保守主義者が不健全な極右へと変身していった。そしてドイツのチェコスロヴァキア、ポーランドへの侵攻の悪夢が現実となり、ドイツのパリ占領、ヴィシー政府の樹立と歴史は坂道を転げ落ちていく。ロンドンに亡命して、レジスタンスを呼びかけたドゴールは、「フランスを支える人々のほぼ全員が義務を放棄した」と嘆き、レジスタンスの闘士だったジャーナリストのフランソワーズ・ジルーも「バター一キログラムのために大半が国を裏切った」と悲しんだように、ファシストの学者や作家、ジャーナリストだけが対独協力者ではなかった。

シャネルの伝記を書いたポール・モーランもヴィシー政府の外交官だった。父親がコラボだったミシェル・デオンは戦後、長年、そのために苦しんだ。しかし、二人とも後に、その文学的功績を称《たた》えられてフランス学士院の会員に選出されたことは前述した。

しかしモーランの学士院入りにはドゴール将軍が強く反対したため、実現したのは将軍の死に前後してのことだった。このことで、モーランは最後までドゴール将軍を恨んでいたことが二〇〇一年二月に出版された「日記」で明らかになった。この日記は、モーランの死後三十年近く経ったことから公表されたもので、一九六八年六月一日から一九七六年四月十日までが記されている。モーランが心臓発作で亡くなったのは三ヵ月後の七月二十三日だ。

ただ、八十八歳で亡くなったモーランの老人の繰り言のような部分が多く、モーランの文学者としての高い評価に影を落としたとの指摘もある。また、死後三十年云々はいかにも短すぎた。関係者の大部分がまだ生存しているからだ。

この日記にはシャネルもしばしば登場する。一九七二年十月二日の記述にはこうある。《一九四三年十一月以来、スイスでシャネルと毎日会っていたJJは昨日、こう言った。『シャネルのマドリードへの旅行は寓話《ぐうわ》だ。それ以上にチャーチルと会うことは夢でしかない』と》。シャネルの友人たちにとって、「帽子作戦」は実に馬鹿《ばか》げた行為だったことを示唆する記述だ。

また一九七四年十二月二日には、シャネルの伝記を贈ってきたシャルル＝ルーに対して、次のような礼状をしたためたことが記されている。《ココは彼女の記録を書こうと努力した。彼女は達成できなかった……偽りの過去が真実に場所を譲った……。あなたは彼女が失敗したところで成功した。厳しい筆と容赦のない目でここに固定した。彼女は理解し、愛しもしよう……この本は私に青春のイマージュを想起させる……》

次いでシャネルやエティエンヌ・ド・ボーモン伯爵《はくしゃく》夫妻が出席した《一九三五年、わが家の庭でのパリの夏の夕食》の思い出が記されている。この席でモーランの妻のエレーヌが、《老婆《ろうば》用の服を作ってくださらない》と頼むと、シャネルは《老婆なんていませんよ》と答える。ド・ボーモン伯爵も《そうそう、老婆なんていません。いるのは若い女性とレディーだけですよ》と相づちを打つなど、夏の一夜の洒落《しゃれ》た雰囲気が伝わってくる。

同年十二月八日には、《シャネル論争》について記されている。《フィガロ・リテレール（『フィガロ』紙発行の文学紙）がシャルル＝ルーに異議申し立てをした。双方とも正しい。シャネルはドイツ人としてはスパッツ（ディンクラージのあだ名）しか知らない。シャネルはドイツ人を愛したのではない。しかし、彼女はスイスで四七年ごろ、Sに会った。彼女は彼を島の城に連れていった（当時、彼はスペイン領の地中海のバレアール諸島に住んでいた）。私はベルリンへの旅行も聞いたことがない。シャネルは私の前では自由にすべてを話したのに……》などと述べ、シャルル＝ルーの本が発行と同時に論争を呼んだことが記されている。

また、同年十二月三十一日には、シャルル＝ルーとガストン・ドフェール夫妻からの年賀状への礼状をしたため、その中で、シャルル＝ルーが著書の中で不明とした《シャネルを自由解放の時、事件から救った人物》について、こう書き送ったと記している。《それは内務省の役人で、シャネルに興味を持っていた奇妙な好人物。シャネルをはじめ多数の女性たちの友人で、役人のランクとしては高い位置ではなく、単なる警察署長だったと思う……》と。

一九七五年十月十三日には、モーランが一九四七年から四八年にかけての二週間、シャネルに招待されたスイス・サンモリッツのホテルでシャネルが自ら語った伝記のメモを出版人のピエール・ブレ氏に渡したが、自分は出版には反対であることなども記している。結局、このメモが『ラリュール・ド・シャネル』の題名で一九七六年に出版され、モーランの最後の本となる。この本はモーランのいかにもモーランらしいノスタルジーに溢《あふ》れた序文に加え、亡命者同士の悲哀と孤独が全編の基調となって流れている。伝記としては、シャルル＝ルーの本が出版された後だけに、虚偽となってしまったわけだが、むしろ、文学作品として高い評価を得た。

対独協力では戦後、裁判で有罪になった者も多い。ジャーナリストのブラジヤックは自首し、裁判の結果、銃殺された。俳優のサッシャ・ギトリや女優のアルレッティも戦中のドイツ人との派手な交際により戦後、「対独協力者」の烙印《らくいん》が押された。シャネルやピカソとも交流のあったマックス・ジャコブ*はユダヤ人であるがゆえにドイツ軍に逮捕され収容所で殺害された。シャルル＝ルーは、シャネルがジャコブを助けようとすれば助けられたかもしれないのに、自分の恋に夢中でジャコブのために何もしなかった、と今でも非難している。

国際関係研究所特別顧問のドミニク・モイジは、「あの時代のフランス人で、ヴィシー政府に反対し、本当にレジスタンスをしたフランス人はドゴール将軍などごく少数だ。一方、本当に対独協力をした者もごく少数だ。フランス人のうち、自分の態度が他人に比較して良かったとか悪かったとか言える者はいないはずだ」と指摘している。

ドイツの占領、対独協力、そして「実質的敗戦」という苦い経験は、戦後のフランスに「内なる敵」を生んだ。この「内なる敵」は戦場の欧州にとっては熱い戦争だった冷戦の最中、「臭い物には蓋《ふた》」というわけで、一時、忘れられていたが、冷戦が民主主義の勝利で終わり、当面の敵だったソ連崩壊後、再び論議を呼んでいる。

ヴィシー政府の要職にあり、ジスカールデスタン政権下で閣僚も務めたモーリス・パポンが「反人道罪」で裁かれ、十年の禁固刑の判決を受けたのは、その好例だ。ヴィシー政府の警察長官で、やはり「反人道罪」で告訴されたブスケ（九三年に精神異常者に暗殺された）とミッテラン元大統領との交際も激しい批判を呼んだ。

レジスタンスの実在の人物を描いた映画「リュシー・オブラック」（監督クロード・ベリ）も一九九七年春の封切と同時に論議を呼んだ。オブラック夫妻はレジスタンスの英雄ではなく裏切り者とする史家や証言が出現する一方で、夫妻が証拠や証言を集めて反論するなどレジスタンスに関してもまだ不明な部分が多く、フランスの戦後はまだ、完全に終わってはいない。

しかし一方で、第二次大戦後のフランスはドイツとの和解の歴史でもあった。ドゴール、ポンピドゥー、ジスカールデスタン、ミッテラン、シラクら第五共和制の歴代大統領は例外なく対独関係を外交の最優先事項にしている。冷戦終了までは、ソ連という共通の敵があったことにもよるが、「仏独の良好な関係なくしてフランスの未来も欧州の未来もない」（モイジ）との認識によるからだ。それはフランスでは保革を越えた国民的合意でもある。

こうした仏独の歴史的背景を考えた時、一九八三年からシャネルの店のデザイナーを務めるのがドイツ人、カール・ラガーフェルドであることは興味深い。シャネルの死後、一時、後退気味だった店を再建し、現在の隆盛を招いたのはラガーフェルドに

マックス・ジャコブ（一八七六～一九四四） 生活苦のためさまざまな職業につきながら、アポリネール、ピカソなどと前衛的な芸術運動に従事する。一九一五年、カトリックに改宗し修道院の門衛として生活した。

ブスケ暗殺事件 ヴィシー政府の警察長官で、多数のユダヤ人を強制収容所に送り込んだフランスの実業家ブスケが九三年、パリの自宅で暗殺された事件。ブスケは四九年に五年間公民権停止の判決を受けたが、レジスタンスに協力したとして処分は見送られていた。

現在のシャネルのデザイナー　カール・ラガーフェルド

よるところが大きい。シャネルという枠に縛られながら、シュミーズ・ドレスなどのシャネルの伝統を生かし、かつ大胆で若々しい個性を打ち立てたラガーフェルドの才能が並々ならぬものであることは衆目の一致するところだ。

ラガーフェルドは仏独が戦争に突入する直前、一九三八年にドイツ北部ハンブルクで生まれた。父親はコンデンス・ミルクの大手「グロリア」などを抱える実業家で、母親は戦争中もパリからオートクチュールを取り寄せて着ていたというシャネルとは対照的な恵まれた少年時代を送った。この母親の影響で四歳からデッサンを始め、十四歳でパリに留学した。十六歳の時、繊維会社が企画したデザイン・コンクールに優勝し、ピエール・バルマンの店に入った。この時のコンクールでは二人が同時優勝したが、もう一人がイヴ・サンローランだった。

独仏英伊語を自由に話し、デッサン画に才能を示し、十八世紀絵画のコレクションでも知られるが、最近これを手放した。デザインに没頭するためだという。タバコ、アルコールをたしなまず、朝六時から働き、「簡素で贅沢《ぜいたく》、落ち着いているが悦楽的で繊細で完璧《かんぺき》。そういうモードが目標」という点ではシャネルとの共通点は多い。

七十歳のカムバック

シャネルが第二次大戦中に閉めたカンボン通りの店を再開し、復帰第一回のコレクションを開催したのは一九五四年二月五日である。七十歳になっていた。「五日」を選んだのは、シャネルが「五」という数字がお気に入りだったからだ。大成功した「シャネルの五番」にちなんだとも言われる。

しかし、人生の晩年を迎えたシャネルがなぜ、復帰を決意したのだろう。一時的に引退したデザイナーが最も時代に敏感で移ろいやすいモードという世界でカムバックすることが、いかに困難かを知り抜いていたのは、仲間のデザイナーたちを次々と皆殺しにしてきたシャネル自身のはずだ。確かに、第二次大戦中と戦争直後という時代がシャネルの意思とは無関係に一時的引退を余儀なくさせたのは事実だ。高価なオートクチュールもニューモードも時代の要求とは無縁だったうえ、スイスで隠遁生活を送らざるをえない「ドイツ人の愛人」の存在があった。

しかも、この時期、パリのモード界に君臨していたのは、「ニュールック」の呼称とともに囃《はや》されたクリスチャン・ディオールだった。ディオールはフランス北部ノルマンディ出身で、地方のフランスのブルジョア階級の贅沢な雰囲気を身につけていた。「ニュールック」とはいえ、このディオールの持つ雰囲気が、第二次大戦を実質的な敗戦で迎えたフランス人のノスタルジーをかき立てたのはいうまでもない。ディオールはすでに映画や演劇の衣装を手掛けていたが、彼の才能を見込んだフランス大手繊維会社のオーナー、マルセル・ブーサックが後ろ盾《だて》になって、一九四七年二月十二日、パリ・モンテーニュ大通り三十番地に開いた店で、初めてのコレクションを発表した。この時、ディオールは働き盛りの四十二歳だった。

この第一回のショーについて、米国のモード雑誌『ハーパーズ・バザー』のモード記者、カーメル・スノーは、《ディオールよ、これこそ、真の革命だ。あなたの服こそニュールックだ!》と書いた。《ニュールック》の誕生である。ウエストを極端に絞ったフレアスカートが基準の若々しいスタイルだ。登場したマヌカン九〇人は全員が一〇センチのハイヒールを履き、中には周囲一四メートルのバイヤス裁《だ》ちのスカートを優雅に翻《ひるがえ》してみせる者もいた。フランスの女性作家コレットは、戦後のナイロン（フランス語の発音ではニロン）時代の到来とかけて、「ニィウルークの時代」と呼んで、新しい流行をからかった。

ディオールもブーサックも、「上流階級の限られた女性が着る服」が目的だった。最初から大衆を相手にするつもりはなかった。また、「毛皮はもとより、頭から足の先まで一貫して女性の装《よそお》いの面倒をみる」というのも彼らの哲学で、この年、「ミス・ディオール」と名付けた香水も売り出した。いずれにしても、戦争が終わり、女性が新たに女性らしい服を求めていた時代に、ディオールの女らしさを強調したこのスタイルが受けたのは当然だった。それにパリには第二次大戦の主役である金持ちの米軍とその家族がいた。一九四九年にはパリを本部に北大西洋条約機構（NATO）が創設され、その主翼の米軍はパリに引き続き、居残った。彼らがパリを後にするのは、フランスがNATOの軍事部門から脱退した一九六六年である。

シャネルが復帰した時、友人のマレーネ・ディートリッヒは、「なんでまた、厄介なことを始めたの」と聞いた。パリのモード界はディオールのほかにもジヴァンシー、バレンシアガといった新人たちが登場し、好評を博していた。シャネルの出る幕はないと見るのが妥当だった。シャネルは、「すごくうんざりしているのよ、あなたなんかに分からないわよ」と答えた。シャネルの晩年の友人で心理学者でもある作家のクロード・ドレイは、シャネルが復帰の決意を固めた最大理由は「ディオールだ」と言う。

自分が葬《ほうむ》ったはずのウエストを絞り、女性の自由を奪ったスタイルの復活で人気を得たばかりか、シャネルの専売特許のような香水の販売まで手掛けたディオール。「シャネルは自分が一掃したコルセットやゲピエール（ウエスト・ニッパーの一種）に女性を閉じ込めたディオールに我慢できなかったのだと思う」というのがドレイの分析だ。

第一回の復帰コレクションの日、カンボン通りの店は、眠れる森の美女の目覚めとばかりに、米国や英国からも駆けつけたマスコミでごった返した。彼らはそこに、伝説的な鏡の装飾やコロマンデルの屏風《びょうぶ》を発見して感動する。しかしシャネルがアトリエを二つだけ開いて復帰した第一回のコレクションは散々の結果だった。フランスのマスコミはそろって酷評した。

当時の代表的日刊紙『ロウロール』が、《柔らかみのないウールのカーディガン・

スーツ、貧相な黒のドレス、地味なプリントのかわいそうな花嫁、タイトでもフレアでもないスカート。一九三〇年代のモデル。胸もウエストも肩もないモデル……》と書いたように、「シャネルの時代は終わった」「流行遅れ」というのが、フランスのマスコミの一致した評価だった。

シャネルと共にカンボン通りに復帰したマノンはコレクションの翌日、シャネルがカンカンになってこう言ったのを覚えている。「マノン、今にみんなにもわかる時がくるわ」と。そう、みんなはシャネルが正しかったことをたちまち悟る。当時、世界的に影響があった米国の週刊誌『ライフ』がコレクションの直後の三月一日号で、「シャネル復帰」を写真入りで大々的に報道したのだ。

同誌はまず、戦後の米国の読者にこうシャネルを紹介する。《世界で最も有名な香水の名の背後に隠されたガブリエル・シャネルはすでに戦前にデザイナーとして最も有名だった》と。この記事は、「シャネルの五番」がいかに世界市場を席巻《せっけん》していたかを物語ると同時に、デザイナーとしてのシャネルが忘れられた存在だったことも示している。そして記事はこう続ける。シャネルが発表した「ヤング・ルック」がいかに「着心地が良く、簡素でエレガントである」かを強調し、「臆病《おくびょう》な個人顧客にはお気に召さないかもしれないが、大衆が影響を受けるのは明白だ」と述べ、シャネルの未来を保証した。

ディオールを絶賛した『ハーパーズ・バザー』はそもそも、無名のシャネルを一九一六年に初めて取り上げて認めたが、シャネルの良さに再度夢中になる。そして当時、グラビア・ページで世界中を魅了していた『ライフ』はシャネルの第三回のコレクションの後、三ページを捧《ささ》げ、《ガブリエル・シャネルはモードより最良のものをもたらした。革命である》と書いた。シャネルの完全復帰である。

米国の参戦で勝利に終わった第二次大戦は、戦後の欧州に米国的価値観をいっそう普及させる結果にもなった。シャネルを最初に認めたのも米国雑誌なら、一九五四年にシャネルの復帰を真っ先に評価したのも米国の総合週刊誌だった。このことは二十世紀が、欧州の没落と米国の台頭の世紀であったことを考えると暗示的だ。シャネルはまさにこの点でも二十世紀を先取りして生きたことになる。シャネルはよく、周囲に「父親はアメリカに行った」と言ったが、こうしたウソをつくことで無意識のうちに米国への賛辞と感謝を表明したかったのかもしれない。

フランス国内のマスコミでシャネルを真っ先に支持したのは、エレーヌ・ラザレフが主宰する新しい女性週刊誌『エル』だった。一九五八年十一月号で『エル』は、《一〇〇〇万人の女性がシャネルに投票した》と書いた。『エル』が標榜《ひょうぼう》する戦後の新しい女性像、「活発でエレガント、精神的にも経済的にも自立している」は、まさにシャネル・モードが目指す女性像でもあった。

エレーヌは夫のピエール・ラザレフと共に戦時中、米国に亡命していたが、帰国したばかりだった。ピエール・ラザレフは六〇—七〇年代にかけてフランスの代表的大衆紙『フランス・ソワール』の全盛期を築いた新聞人だ。クロード・ドレイは、「エレーヌは米国にいたため、ユダヤ人だったけれど、フランス国内の対独協力問題には無関心という逆説的なところがあった。それに彼女は本物のジャーナリストだったから、新しい物、良い物を見分けるセンスがあった」と指摘する。

オートクチュールの発表には莫大《ばくだい》な資金が必要なことは今も当時もデザイナーの悩みの種だが、シャネルの復帰を財政的に助けたピエール・ヴェルテメールもまた、第二次世界大戦中は米国に亡命し、当時のアメリカの良き空気を吸った一人だった。シャルル＝ルーによると、「シャネルの五番」の販売権や製作権で争ったヴェルテメールは、「あなたには才能がある」と言ってシャネルへの資金援助をただちに申し出、シャネルもこれを素直に受け入れたという。

シャネルは当時、《男性は活動する女性にどういう服を着せるべきかわかっていない。本当に仕立ての良い服とは、女性が歩いたりダンスをしたり、乗馬したりできる服》と述べて、ディオールら男性デザイナーを批判した。シャネルは以前、ポワレが一世を風靡《ふうび》していたころ、《もし男性たちが今年は小さい頭が流行だと言ったら、大きな頭の持ち主の私はセーヌに身を投げなければならないの》と言って、流行のくだらなさを揶揄《やゆ》したが、シャネルの他のデザイナーに対する痛烈な批評は相変わらずだった。

シャネルは生涯、コピーを恐れず、その点でも二十世紀という大量生産時代を予感していたが、その大量生産時代とともに、二十世紀の特徴にマスコミの影響力があり、宣伝の力があることもシャネルは直感的に察知していた。このことはモデルの使い方にもみられる。

シャネルの店ではかつて、亡命ロシア貴族が働いたが、戦後、再開した店でも職業モデルではなく、上流階級の令嬢たち約二〇人がモデル代わりを務めた。その一人、オディル・ビルザーはパリのサンシュルピス寺院の近くの自宅で、「シャネルのモデルを務めたころの私の名前はプリンセス・クロイ。旧姓はド・バイユル」と述べ、彼女がプリンスの称号を持つフランスの大貴族の出身であることを強調した。

オディルは今でも銀髪のショートカットが似合うモダンでお洒落な女性だが、このヘア・スタイルはシャネルの店に初めて行った日に、シャネル自身が首からぶらさげていたハサミで髪をカットして以来、堅持しているのだという。

「仕事は非常にきつかった。シャネルはモデルに服を着せたまま、何時間も仮縫いをやり、コレクションの時は顧客からは見えない店の階段の七段目に座って、張り巡らした鏡を通してモデルの動きを見た。そして良くないと思った服はさっさと廃棄処分にした。またモデルがちょっとでもへまをしたり、太るとコレクションの時に着るドレスの数を減らした。でも娘のように私たちを可愛《かわい》がり、専用の衣装係を一人ひとりにつけ、欲しいものは何でも与えてくれた。食事もいつも一緒だった」

彼女たちは昼も夜も私生活でもシャネルの作品を着た。戦後も階級社会が残存し、その影響が強いフランスでは、彼女たちはまさに歩く広告塔だったわけだ。次にシャネルの宣伝を担《にな》ったのが映画女優たちだ。

一九五八年製作のルイ・マルの傑作「恋人たち」の中でジャンヌ・モローが着た服はすべてシャネルの作品だった。モローは後にピエール・カルダンと一時、交際し、彼の服の愛好者になるが、カルダンが登場するまで、モローが愛用したのはシャネルだった。一九六一年のアラン・レネの代表作「去年マリエンバートで」では、デルフィーヌ・セイリグが着た黒のクレープデシンが作品に決定的な役割を果たしているが、これもシャネルの作品だ。ロミー・シュナイダーもカトリーヌ・ドヌーヴも私生活を通して宣伝に一役買った。エリザベス・テイラーも顧客だった。クロード・ドレイによると、「ヴィスコンティが初めてロミー・シュナイダーを連れてシャネルの店にやってきた時、彼女はまったくあか抜けなかった。それがシャネルの助言でみるみる洗練され、パリジェンヌになった」。確かにヴィスコンティ監督が一九六二年に製作した「ボッカチオ'70」で、ロミー・シュナイダーは可憐《かれん》さから脱皮してその特異な美しさを発揮するようになるが、シャネルの作品の恩恵もあるかもしれない。

マリリン・モンローは、「寝るときに身につけるのはシャネルの五番だけよ」と言って、香水の宣伝に大いに貢献したが、ジャクリーヌ・ケネディも、まったく自分の意思ともシャネルの意思とも無関係にシャネルの宣伝を務めることになった。一九六三年十一月二十二日、米南部ダラスで暗殺された夫の血しぶきを浴びたピンクのスーツを着た大統領夫人の姿はテレビを通じて世界中に伝播《でんぱ》され、人々の脳裏に焼き付き、二十世紀の忘れられない歴史の一シーンとなったが、このピンクのスーツもそろいの帽子もシャネルの作品である。

「皆殺しの天使」の孤独と栄光

アンドレ・マルローは、ドゴール政権下での文化相時代に、「外国で有名なフランス人はドゴール、シャネル、ピカソだ」と言ったと伝えられる。このうちピカソはもちろん、スペイン人だ。フランス人は、フランスでその才能を開花させたり、フランスでその才能を認められ、その結果、世界的に認知された人物は全員フランス人だと主張する傾向があるが、マルローはもちろん、ピカソがスペイン人であることは先刻承知のうえで、多少自嘲《じちょう》気味にこの言葉を吐いたのではないかと思う。つまり、世界に通用するフランス人、特に芸術家が第二次大戦後、少数になりつつあることを慨嘆した言葉のようにも聞こえる。

一方、一九九八年四月発行の米国の週刊誌『タイム』は、二十世紀を終わるに当たって、「われらの世紀で最も影響を与えた指導者、革命家二〇人」の特集を組んだ。ところが、この中に、フランス人が選ばれて然《しか》るべきだと考えていたシャルル・ドゴールの名はなかった。ドゴールの伝記を上梓《じょうし》したばかりの歴史作家、マックス・ガロをはじめ、フランスのマスコミはそろって、「この人選はまったくスキャンダルだ！　米国人はドゴールにばかにされて我慢できないので仕返しをしているのだ」（ガロ）、「米国人から忘れられた偉大なるシャルル」（『リベラシオン』紙）などと悲憤《ひふん》慷慨《こうがい》した。

ちなみに、ガロはドゴールの政敵であることを喧伝《けんでん》したフランソワ・ミッテランが大統領に就任した一九八一年に誕生した左派連合内閣、モーロア首相の下で報道官を務めた。それが、ドゴールの伝記、というより、むしろ壮大なオマージュ、賛歌を書いた点について私が質問した時、「自分は社会主義者ではない。共和主義者である」と述べ、何の矛盾もないことを強調した。ドゴールについては、左派系の哲学者、アンドレ・グリュックスマンやレジス・ドブレも近著で一種のオマージュを捧げている。前者は、『ドゴールよ、いずこにいたもう』（九五年）で「ドゴールがフランスに適用した方法から学ぶべき点」を書き、国家元首の役割を説いている。

ドブレは一時、チェ・ゲバラの指南役でもあったが、投獄されていたボリビアの刑務所から出所できたのは、ドゴールのお陰だったといわれている。『あしたのドゴール』（九六年）、『娘に語る共和国』（九八年）は、真の共和主義者のドゴールを語ることによって、フランス革命に端を発した共和主義とは何かを説いている。

第二次大戦でロンドンに亡命してレジスタンスを呼びかけ、最終的にはフランスを戦勝国に導いたドゴールは、党派を越えた多数のフランス人にとって——晩年の治世に反対した者も含めて、救国の士であり、二十世紀の英雄であるだけに、この『タイム』の人選にフランスの「栄光」や「独立」、「大国」を主張してやまなかったドゴールに対する米国のいわれのない敵意を感じざるをえなかったというわけだ。

ところで、『タイム』が同年五月に掲載した、「二十世紀に最も影響を与えた芸術家二〇人」の中にはフランス人が二人、選出された。ココ・シャネルと建築家のル・コルビュジエである。つまり、米国の週刊誌はフランス救国の英雄より、デザイナーのシャネルをフランスの二十世紀の代表として高い評価を示したというわけだ。

ドゴールへの『タイム』の扱いに見られるように、米国人のドゴール嫌いは多分に、第二次大戦中の米大統領、フランクリン・ルーズヴェルトがドゴール嫌いだったことに端を発している。ルーズヴェルトのドゴール嫌いは、一九四五年二月のヤルタ会談にドゴールを呼ばなかったことでも十分、分かる。このドゴール嫌いの傾向はドゴールの英国亡命を支援した英国の首相、ウィンストン・チャーチルにもいえる。ドゴールとチャーチルは、「反ナチス」「反全体主義」「反宥和政策」という政治信条はもとより、個人的にも「貴族出身」「教養人」「文章家」「愛国者」「捕虜収容所からの脱走体験」といった多くの共通項がありながら、チャーチルはドゴールの「高慢さ」「世界中をばかにした態度」には何度か腹を立てている。この点でも、ドゴールが十九世紀的なフランスの価値観を一身に備えた代表者なら、シャネルはグローバル時代を先取りしたコスモポリタンだったと言える。シャネルが「二十世紀は米国の世紀」

と言われるその米国から熱烈に支持された最大の理由はここにあろう。

もっともシャネルが密《ひそ》かに、ドゴールを熱烈に支持していたことは、フランソワーズ・ジルーが二〇〇一年に出版したエッセー集『人はいつも幸福とはかぎらない』の中でも明らかにされている。ジルーはフランスの代表的週刊誌『レクスプレス』の共同創立者で編集長も務めた著名なジャーナリストで、当時、シャネルとは懇意にしていた。

ジルーは、このエッセー集の中で、《シャネルは何の見返りも期待せずに、よく私に服を提供した》と述べ、そのシャネルの好意に対して、《一度だけ、自分の権力を行使した。ピエール・マンデス＝フランスとの会合だ。それが彼女の夢だったから》と記している。

ジルーはシャネルとマンデス＝フランスを引き合わせるべく、自宅の夕食に二人を招待する。そこで、ジルーが《予期したこと、恐れていたこと》が起きる。つまりシャネルがひとたび話し出すと止まらないという事態が。

《それでシャネルが一時間半、途切れなく何について話したか。誰について話したか。彼女のアイドルのドゴールについてだった！　彼女はどちらかといえば対独協力者だったのに！　マンデス＝フランスは啞然《あぜん》としていた。彼は決してこの夕食のこと

を忘れることはなかった》

ジルーは、この会合の前、《私はマンデスに彼女が何者であるか、どんな人間かをすべて告げて、彼が彼女の罠《わな》にはまらないようにした》とも述べている。ジルーが事前にシャネルに関する予備知識を十分に与えたのには理由がある。シャネルは当時、二度目の名声と富に囲まれていたが、ジルーに言わせると、《無愛想で傲慢《ごうまん》で意地悪で高慢ちきな老女だった》。ジルーはある日、シャネルの店のサロンで開かれた夕食会で、マレーネ・ディートリッヒと同席になる。ディートリッヒはシャネルが嫌悪《けんお》しているのを承知のうえで、挑発するように男装で登場する。

《シャネルはディートリッヒを嫌悪していた。だが、ディートリッヒを嫌悪しない者がいただろうか。それはたった一つの理由による。歳月が彼女を改竄《かいざん》したにもかかわらず、彼女が相変わらず魅力を発散していたからだ》。そのディートリッヒが帰っていくと、シャネルは早速、ジルーにこう言う。《あのバカを見た？　皺《しわ》を隠すために、いつも口を開けているのだから！》

ジルーはその後、シャネルについて、こう続けている。《とても有名で、とても金持ちで、とても孤独……》。しかし、ジルーは、ジャーナリストとしての時代を透視する鋭い観察眼から、マンデスに、シャネルが《二十世紀の偉大な人物の一人》であ

ガブリエル・ラブリューニ

ることも忘れずに告げている。ジルーがジスカールデスタン政権の女性の地位相や文化相を歴任したころ、閣僚として公式の場で着用したのは、サンローランと並んでシャネルの服が多かった。

シャネルの墓はパリから遠く離れたスイス・ローザンヌにある。隠遁時代によく泊まった瀟洒《しょうしゃ》なホテル、ボー・リヴァージュがすぐ近くにある。私が一九九七年三月初旬の寒い日に訪れた時、墓地にはシャネルの好きだった白色のパンジーが咲き乱れていた。墓の管理人によると、訪問者が植えていくので、花は絶えることがないという。墓の隣には五輪を復活させたフランス人、クーベルタン男爵*の墓もある。マルローは彼の名前も加えるべきだったかもしれない。

哲学者のグリュックスマンは、「二十世紀の特徴は人々が生まれた土地で死ななくなったことだ」と定義するが、シャネルはその意味でも、まちがいなく、二十世紀の人間だった。ただ、シャネルの白色のパンジーに囲まれた墓には、故郷を遠く離れた孤独が感じられ、シャネルが第二次大戦後の祖国の仕打ちに深く傷ついていたことがうかがえる。しょせん、天才は故郷に受け入れられず、ということか。

シャネルの姉ジュリアの息子の娘、ガブリエル・ラブリューニは、「大叔母はローザンヌは清潔で静かな町、あそこなら静かに休めると言っていた」と述べ、ローザンヌに永眠することが、シャネルの遺志だったことを強調した。彼女は南仏に住む妹と共にシャネルの正統相続人である。

シャネルの相続を巡って、シャネルに長年仕えたリッツの給仕人が相続を主張した事件などもあり、ラブリューニはマスコミを避けて暮らしてきた。しかし、「もう昔のことだから」とインタビューに応じてくれた。パリ郊外で暮らしているが、時々、使用するというパリ十二区の質素なアパルトマンで会った時、開口一番、「大叔母が家族を遠ざけていた、というのは間違い。大叔母は仕事と家族を別にしていたかっただけです。私は特に名付け親として可愛がってくれた」と証言した。部屋には「シャネルの五番」の大小の瓶がいくつも飾られていた。

ジュリアが死んだ時、六歳だったラブリューニの父親はシャネルとカペルの世話で

ピエール・ド・クーベルタン（一八六三〜一九三七）　国際オリンピック委員会の創始者。一八九二年、スポーツを通じて世界平和に貢献しようと、古代ギリシアのオリンピア競技復活の構想をソルボンヌ大学で発表し、九六年に第一回オリンピック大会の開催にこぎつけた。

英国の寄宿学校に送られた。成人してからはロンドンに出したシャネルの店を任せられた。戦争中は動員され、一家はピレネー山脈の近くに移転した。シャネルが従業員を近くに疎開《そかい》させたこともある。

シャネルは父親の影響で英語が達者なラブリューニを連れて戦争直後、米国に四ヵ月滞在したことがある。米国に滞在中のピエール・ヴェルテメールと「シャネルの五番」の販売権について交渉するためだった。「昼は厳しい交渉を行なったが、でも夜はピエール・ヴェルテメールの家族も含めて、みんなで和気あいあいと夕食をした」と彼女は当時を振り返る。

「シャネルの遺産は基金としてスイスで保管され、私たちは毎月、そこからお給料のようにお金をもらっています。一度にたくさんお金が入ると良くないと大叔母は考えたのでしょう。またこの基金は内緒で芸術家などを支援しているようです。でも詳しいことは知りません」。米誌『タイム』によると、シャネルの遺産は一五〇〇万フラン、二〇〇〇年の金額に換算すると一億六〇〇〇万フラン（約三二億円）だ。

シャネルの弁護士のルネ・ド・シャンブランは基金の存在は認めたが、六六年から死の時まで務めたもう一人の弁護士のロベール・バダンテール*は「職業上の秘密を漏らすつもりはない」と述べ、遺言や基金に関しては口を閉ざした。ド・シャンブラン

シャネルの墓には今も花が絶えることがない

は第二次大戦中、ヴィシー政府で首相を務めたピエール・ラヴァルの女婿《むすめむこ》である。彼はシャンゼリゼ大通りで現在も弁護士事務所を開いているが、事務所のある二十世紀初頭に建設された広大な建物の一階は現在、各種の店が並んでいるアーケードになっており、階上は雑居ビルになっているが、彼の父親が建てたものだという。

事務所の廊下の天井からは、アールデコの素晴らしいシャンデリアがいくつも下がって、長い廊下を照らしていたが、「これはバカラ製である」と彼はちょっと自慢げに教えてくれた。インタビューの最中にかかってきた電話には、「いつものようにマキシムで昼食をしよう」と約束していた。今ではもう殆《ほとん》ど消えてしまった戦前のフランスの大ブルジョア階級による暮らしぶりがまだ、ここではひっそりと続いていた。

一方のバダンテールは、インタビューを申し込んだ時、「カメラを忘れずに持っていらっしゃい。良い被写体があるから」とわざわざ言い添えた。ミッテラン社会党政権が誕生した時の法相で、死刑廃止の法案を起草し、憲法評議会議長も務めた後、一九九五年以来、上院議員である。憲法評議会議長時代、ボスニアなどの難民援助を「内政不干渉」を盾に手をこまねく各国の態度を批判し、「干渉の権利」を主張していたフランスの立場についてインタビューしたことがある。「干渉の権利」は「国境なき医師団」の共同創始者であるベルナール・クシュネルらも唱えており、ナチのユダヤ人迫害を国際赤十字さえも見過ごした第二次大戦への反省などから出発した考え方だ。

バダンテールはユダヤ系である。当然ながら、「干渉の権利」について、法的見解も交えて強く主張した。その時はいかにも憲法の番人らしい厳しい雰囲気だったが、この時は別人のように柔和な表情で、リュクサンブール公園に近い彼の事務所に迎えてくれた。

「良い被写体」は事務机の上にあった。薄紫色のクリスタル製のネコだった。ある裁判で勝った時、「シャネルが十八世紀のシャムネコよ、と言って贈ってくれたものです。法務省でも憲法評議会でも私の執務室の机の上に置いていたマスコット。娘に遺贈するつもり」と紹介してくれた。

バダンテールはシャネルの顧問弁護士時代、二週間に一度、シャネルの店の上の個室で昼食を共にした。「シャネルの話はいつも描写も分析も正確で時には猛烈に批判的だったが、それを威厳溢れる調子で語った。『レザネ・フォール』の話になると、まるでその時代が一人の人物のように話した。それで、『あなたはまるでドゴールみたいに話しますね』、と冗談を言ったことがある」

「彼女は私が注意深く話を聞くのに満足していた。モードについてもテオリーがあった。服は人間の体に着せるもので体を隠すものではない。しかし体の関節を見せるべきではない。だから醜い膝《ひざ》は見せるべきではないと言っていた」

ドレイは、「シャネルはピグマリオンだ」と繰り返す。ドレイに作家になるように勧めたほか、多くの芸術家を援助したからだ。シャルル＝ルーもシャネルに触発されてモード記者から作家の道を歩んだ。バダンテールがシャネルの弁護士になった時はまだ、まったくの無名の若い弁護士だった。ド・シャンブランの場合も、彼の事務所

ロベール・バダンテール（一九二八〜）　フランスの政治家、弁護士。一九七一年に社会党入党。七四年からパリ第一大学教授を務め、ミッテラン政権で法相となる。

ロベール・バダンテールとシャネルの贈り物のクリスタル製の猫

開きの当日、米国で修業を積んだとの噂を聞いてやってきた最初の顧客だった。

シャネルには良い生地を見抜くように、人の才能も見抜けたのかもしれない。そして遺産の基金では今も多くの若者がそれとは知らずにシャネルの世話になっているようだ。

そして誰もが、「シャネルは痛烈だったが魅力的で大好きだった」と証言する。外交官の娘だが社会党の闘士で、ミッテラン時代の内相、故ガストン・ドフェール夫人でもあるシャルル＝ルーは、「シャネルは保守主義者で反動的」と非難するが、それでも「シャネルは好きですか」との質問に一瞬涙ぐみ、「もちろん」と答えた。

「エレーヌ・ラザレフがアップにしている私のヘア・スタイルが流行遅れだから髪を切れと言った時、シャネルはカンカンに怒った。そのヘア・スタイルはあなたのもの。誰が何と言っても変えてはだめ」と。彼女は現在でも、このヘア・スタイルを続けている。

シャネルのお気に入りのお針子だったマノンはシャネルが死んだ時、衣装戸棚には白地とベージュの地に紺の縁取りをしたシャネル・スーツがたったの二着しかなかった、と証言した。戦前のパリの社交界で、ある夜、「シャネルのドレス」を着ていた女性が一七人いたのに、誰も本物を着ていなかった、というエピソードをシャネルがポール・モーランに楽しそうに語っているが、自身は本物のシャネル・スーツを何度も縫い直して着ていたわけだ。

シャネルはコレクション前は夜も殆ど眠らず、食事も殆ど取らず、文字どおり、不眠不休で準備をした。そうやって確立したものは、ジルーがシャネルの死亡記事で指摘したように、《モードではなく、スタイルだった》。シャネルは生涯独身だったが、結局、二十世紀という時代と結婚したと言えよう。そして時代もこの類《たぐ》い稀《まれ》な女性を時代の良き理解者として愛した、と。

あとがき

本書は産経新聞の大型企画「20世紀特派員」の枠組みで一九九七年六月二日から七月十八日まで「皆殺しの天使」の題名で連載され、加筆して『シャネルの真実』(人文書院)と改題されて二〇〇二年に出版された。文庫化にあたり、新聞や同書に掲載されていた注釈や写真は多少、省いた。

産経新聞の企画は二十世紀を終わるに当たり、《常に「いま」を追い続けてきた新聞記者が歴史、それも私たちにとってもっとも近しい歴史である二十世紀を取材対象にして、何が書けるか》(「20世紀特派員」プロローグ)が主要テーマだった。つまり、主人公はあくまでも、「二十世紀」であり、特派員が在勤するその国が舞台だった。

ガブリエル・シャネル(一八八三—一九七一)はその意味で二十世紀という時代、女性解放と消費社会の到来という二つの大きな潮流をまさに具現している人物だった。実はこの重大な意味に気づいたのは、連載のための取材をはじめてからだった。

この取材で改めて、シャネルが誕生した当時の第三共和制からシャネルが死去した第五共和制のフランスの歴史を探る結果にもなった。初めての国民総動員と同盟国が重大な意味を持つ第一次世界大戦から第二次世界大戦へと、まさに「激動」という表現がぴったりのヨーロッパのど真ん中のフランス——地理的にも歴史的にも政治、文化、経済の点でもあらゆる点でど真ん中に位置するフランスの歴史を辿《たど》り、探ることでもあった。

この時代はまた、いまだに世界中にフランスのイメージを定着させた（実は「自由、平等、博愛」を国是とするフランス共和国という素顔があるのだが）あだ花のような、いや文化が燃え盛ったベル・エポックやレザネ・フォール（狂気の時代）も含まれていた。シャネルはこのフランスの二十世紀のあらゆる面の具現者でもあった。

もちろん、「ココ・シャネル」という人物の心の奥底にどれだけ迫ることができるかとの核ともなる課題があった。モード記者でない筆者にとってもシャネルが「モードの女王」であることぐらいの知識はあったが、実は取材に着手したころは、「シャネル、フー（シャネル、誰？）」だった。作家のポール・モーランはコルセットなどの服装面のみならず、十九世紀的なものをすべて葬り去ったという意味で、シャネルを「皆殺しの天使」と呼んだが、その創作の背景は何か。「典雅だが着心地が良く、しかも着崩れしない」（フランソワーズ・ジルー）と指摘されるその創作の源泉は何か。そして永遠のブランドである「シャネル・バッグ」や「シャネル・スーツ」「シャネルの五番」に代表される「シャネル」の秘密は何か。

見開きで二ページという連載を約一ヵ月続けるのは、他の連載を担当した特派員も全員そうだったと思うが、日々のニュースに追われる日刊紙の新聞記者にとってはかなりキツイ仕事だった。しかも特派員の場合、政経社文スポーツと本社なら部署が分かれている対象を追わねばならない。パリ支局の場合は支局のないイタリア、スペイン、ポルトガル、ギリシアなど南欧も守備範囲のうえ欧州統合の進捗が著しかった欧州連合の取材もあった。しかし、シャネルという人物の魅力と二十世紀の歴史の波に巻き込まれて、なんとか無事に終えることができた。

今回の講談社＋α文庫化に当たり、当時の連載記事を点検していたら、四回目の連載日六月五日にはシラク右派政権の下にジョスパン左派内閣が誕生というニュースが外信面のトップを占めていた。女性が三分の一を占める組閣リストをジョスパン新首相が提出したとある。フランスは現在、閣僚数を男女同数にするなどPARITÉ（同等）の考えが普遍化している。シャネルは経済的に独立したばかりか大成功した初の女性という意味でもまさにフランスの二十世紀の代表者だ。

シャネルが死去してすでに四十五年経つ。いまさらながらにシャネルを直接知っている知人、友人、元従業員、弁護士などに取材できたことは非常に幸運だったと思う。特にシャネルの晩年の友人で死去した日も昼食を共にしたクロード・ドレイには深く感謝している。彼女の紹介がなかったら、「シャネル本社」の広報部長ド・クレモントネールが気安く取材に応じてくれたかどうか。彼女はカンボン通りのシャネルの店の上階にあるシャネルの部屋を案内してくれたほか何度か店内で取材に応じてくれた。

ドレイとは取材をきっかけに親しくなった。彼女が会員でプールを利用しているフォーブール・サントノレ通りにある「同盟国クラブ」のレストランでしばしば昼食を共にした。妹の作家フローランス・ドレイが名誉あるフランス学士院の会員に就任した式典にも招待してくれた。彼女に会うたびに愛用している「シャネルの五番」の移り香が数日間は私の髪や衣服に残り、彼女のシャネルへの激しい敬愛ぶりを知らされた。二〇一三年の秋、夫の著名な外科医ラウル・トゥビアナを亡くされてからは元気があまりなく、以降もまだお目にかかっていない。もっともレアのビフテキが好物で車を飛ばしてやってくる彼女のことだから元気を取り戻すことだろう。

シャネルの本格的伝記『リレギュリエール』(一九七四)でシャネルの少女時代の秘密を初めて解き明かしたエドモンド・シャルル＝ルーにも何度か長時間の取材に応じていただいた。彼女が同書を執筆した当時、第二次世界大戦中の秘密文書が解禁されていなかったので、すべて憶測で書く以外なかったが、私がワシントンで解禁文書を見た話をしたら、自分の憶測がほぼ当たっていたと喜んでいた。

シャネルから伝記の執筆を頼まれ、最後のドイツ人の愛人とも会ったことのある作家ミシェル・デオンは移住先のアイルランドからやってきて取材に応じてくれた。約一年後に出版した『マダム・ローズ（薔薇夫人）』も送ってくれた。シャネルがモデルとみられるマダム・ローズが主人公なので、取材当時、「シャネルのことを話すのは久しぶりだ」と懐かしそうに繰り返していたので、あるいは私の取材が同書の執筆の動機になったのかもしれない、と勝手に想像している。

シャネルのアトリエの主任だったマノン・リギュエール、姉の孫でシャネルの相続人でもあるガブリエル・ラブリューニ、モデルだったオディル・ビルザー、個人弁護士だったロベール・バダンテールにルネ・ド・シャンブラン、最後の愛人だったドイツ人の縁者のハンス＝ボド・フォン・ディンクラージやジャーナリストのフランソワーズ・ジルー。取材した相手が例外なく「シャネル」については熱っぽく語ってくれた。

バダンテールは死刑廃止を決めたミッテラン左派政権時代の法相や憲法評議会議長を歴任したが、取材当時も現在も上院議員で取材も上院に近い自宅で行われた。憲法評議会議長時代、ドイツ・ナチのユダヤ人大量虐殺を薄々知りながら「内政不干渉」を口実に沈黙した国際社会を非難していた。「国境なき医師団」の共同創始者ベルナール・クシュネルも当時、同様に「干渉の権利」を主張していたので、この問題について議長室で取材した時は謹厳な「法の番人」そのものだったが、シャネルについての取材の時は、まったく違った印象だった。シャネルからの贈り物のクリスタルのネコを前に相好を崩さんばかりだった。

バダンテールはユダヤ系だが、もう一人の弁護士ド・シャンブランはヴィシー政府時代の首相を務め、戦後処刑されたピエール・ラヴァルの女婿だ。シャネルはそんなことは知らずに二人を個人弁護士にしたわけだ。この辺にも二十世紀のフランスの歴史の複雑さを垣間見る思いがした。

二十世紀という「時代」を解き明かす手助けをしてくれた哲学者のアンドレ・グリュックスマン、歴史家のピエール・ノラにミシェル・ヴィノック、フランス国際関係研究所（IFRI）の特別顧問ドミニク・モイジ、女性解放運動の闘士で弁護士のジゼル・アリミ、ホテル・リッツのキュエ広報部長（当時）、ジャーナリストの先輩として、様々な助言を与えてくれたマルセル・ジュグラリス……。

新聞連載から二十年近く経ち、すでに鬼籍に入った人もいる。二〇一六年一月に九十五歳で亡くなったシャルル＝ルーは女性週刊誌『エル』の記者からフランス版『ヴォーグ』の編集長になったころからシャネルと親しくなった。シャネルの伝記でシャネルの秘密を暴いたとしてパリのシャネル本社からは出入り禁止になった、と言って笑っていた。権威ある仏文学賞「ゴンクール賞」の審査委員長も務めたので各種メディアは競って訃報を報じた。その洪水のような情報に接しながら、シャネルの忠告に従ってアップのヘア・スタイルを生涯続けると公言していた当時を思い出した。若い時から晩年までの追悼写真の彼女は例外なくアップ姿で、シャネルの言ったとおり非常に似合っていた。

アンドレ・グリュックスマンも二〇一五年十一月に亡くなった。グリュックスマンには赴任直後の一九九一年一月に勃発した湾岸戦争以来、何か重大事件が発生するたびに彼の意見を聞きに行った。最初の時、テープレコーダー（まだテープの時代だった）と九〇分用のテープを持参したらテープが短すぎた。以後、一二〇分のテープと六〇分の二本のテープを持参し、わざわざ香を焚いて迎えてくれた自宅で毎回、納得のいくまで話を聞いた。私にとっては知的高揚を味わえる至福の時だった。シャネルに関しても、フランス女性とドイツ、イタリアの女性との相違を明快に分析してくれた。

ジルーも二〇〇三年一月に鬼籍に入った。文化相も務めた彼女の著作を何冊か翻訳したこともあり、自宅に何度か伺った。「シャネル」の取材後に出版したエッセー集でシャネルがディートリッヒの悪口を言った逸話を紹介していたので本にするときに引用させてもらった。ド・シャンブランも鬼籍に入った。彼の弁護士事務所は取材当時、支局からは目と鼻の先にあり、親の代から一族が建物全体の所有者だということだったが、今は一階には新興のモード店が入っている。

お針子のマノンや姪孫《てっそん》のラブリューニとはその後、連絡が途絶えた。マノンは取材の時、カンボン通りのシャネルの店でレジを務めていた同僚と一緒に現れた。記憶が曖昧になると、彼女に助けを求めて正確を期した。

ジャーナリストのジュグラリスも二〇一〇年二月に亡くなった。全盛期の『フランス・ソワール』をはじめ『フィガロ』、週刊誌『ルポワン』などの東京中心の極東特派員を長年務めた後、故郷に近い南仏ヴェゾン・ラ・ロメーヌに引退したが、そこは根っからの新聞記者のこと、時々パリに出てきた。

あるとき、いつものように、何を取材しているのか、と訊くので「シャネル」と答えると「ミジア」のことを即刻、調べろといった。また特派員時代に、兵役代わりに日本で働いていた男に某仏モード会社の東京支社への就職口を世話してやったら、今や「シャネル・ジャポン」の社長になっているといって、リシャール・コラスがパリに来た時に紹介してくれた。

ミジアの存在をそれまで知らなかったのでジュグラリスの忠告は非常に貴重だった。支局には『フランス・ソワール』の社長ピエール・ラザレフの訃報を遺影入りで一面トップで報じた同紙の紙面が額に入れて掲げてあった。夫人のエレーヌは戦後のシャネル復活を助けたシャネルの友人でもあったので、「エレーヌが生きていたら紹介できたのに」と残念がった。

そのほかにも多くの人に助けられた。明治時代に閑院宮《かんいんのみや》らが留学した資料を山のような古文書の中から探し出す手伝いをしてくれたソーミュールの仏陸軍機甲・偵察訓練学校の広報担当大尉やパリ郊外ヴァンセンヌの仏国防省公文書館の係員、米ワシントン郊外の国立公文書館で第二次世界大戦関係の膨大な解禁秘密文書の中からシャネル関係の書類の見つけ方のヒントを与えてくれた案内係、スイス・ローザンヌのシャネルの墓に案内してくれた係員など私には忘れがたい人たちだ。

シャネルを直接に知っている人は今後、ますます少なくなるだろう。ただ、シャネルが亡くなって四十五年、二十世紀が終わり、二十一世紀もすでに二十年近く経つがシャネルの生き方もシャネル・ブランドもますます輝きを増している。不死身のシャネルに栄光あれ！

また、ご多忙にもかかわらず解説をお書きいただいた鹿島茂氏にも深くお礼を申し上げます。第二帝政時代の専門部門はもとより豊富な知識に裏付けされた解説によって読者も非常に助けられることと思います。さらに筆者に対する過分なご評価に赤面至極、陳腐な表現ながら穴に入りたいとはこういう気持ちのことかと思いました。最後にこの度の文庫化でご尽力いただいた講談社学芸部の山崎比呂志氏と同社企画部の青山遊氏に御礼を申し上げます。

二〇一六年三月一日　パリ

山口昌子

参考文献

Edmonde Charles-Roux : *L'Irrégulière ou mon itinéraire Chanel*, Grasset, 1974.（『シャネル　ザ・ファッション』榊原晃三訳、新潮社、一九八〇年）

Edmonde Charles-Roux : *Le Temps Chanel*, Chêne-Grasset, 1996.

Claude Delay : *Chanel Solitaire*, Gallimard, 1983.

Paul Morand : *L'Allure de Chanel*, Hermann, Éditeurs des Sciences et des Arts, nouvelle édition du texte original (1976), avec illustration de Karl Lagerfeld, 1996.（『獅子《しし》座《ざ》の女シャネル』秦早穂子訳、文化出版局、一九七七年）

Paul Morand : *Journal Inutile, Tome I:1968-1972, Tome II:1973-1976*, Gallimard, 2001.

Paul Morand : *Le Bazar de la Charité* (*Fin de Siècle*), Stock, 1957.

Louise de Vilmorin : *Mémoires de Coco*, Jours de France, 1971, Le Promeneur, 1999.

Henry Gidel : *Coco Chanel*, Flammarion, 2000.

Arthur Gold et Robert Fizdale : *Misia*, Gallimard, 1980.

Michel Déon : *Bagages pour Vancouver*, Édition de la Table Ronde, 1985.

Michel Déon : *Madame Rose*, Albin Michel, 1998.

Maurice Sachs : *Au Temps du Bœuf sur le Toit*, Grasset, 1987.

Alain Decaux : *C'était le XXe Siècle*, Perrin, 1996.

Alain Decaux : *Histoire des Françaises*, Perrin, 1972.

Bruno du Roselle : *La Mode*, Imprimerie Nationale Éditions, 1980.（『20世紀モード史』西村愛子訳、平凡社、一九九五年）

Herbert Lottman : *Colette*, Fayard, 1990.

Pierre Milza : *Sources de la France du XXe Siècle*, Larousse, 1997.

Henri Michel : *Pétain et le Régime de Vichy*, «Que sais-je» Presses Universitaires de France, 1978.（『ヴィシー政権』長谷川公昭訳、白水社、一九七九年）

Jean Defrasne : *Histoire de la Collaboration*, «Que sais-je» Presses Universitaires de France, 1982.（『対独協力の歴史』大久保敏彦／松本真一郎訳、白水社、一九九〇年）

Chanel: The Couturière at Work, The Victoria and Albert Museum.

Chanel: Ouverture pour la Mode à Marseille, Musées de Marseille.

Florence Montreynaud : *Le XXe Siècle des Femmes*, Nathan, 1995.

Marc Augé : *Paris Années 30*, Hazan, 1996.
Carol Mann : *Paris Années Folles*, Somogy Édition D'Art, 1996.
Jean Marais : *Histoires de ma Vie*, Albin Michel, 1993.
Dominique Paoli : Il Y A Cent Ans : *L'Incendie du Bazar de la Charité*, Mémorial du Bazar de la Charité, 1997.
Frank Horvat et Catherine Join-Diéterle : *De la Mode & des Jardins*, Paris Musées, 1997.
François Baudot : *Chanel: Mémoire de la Mode*, Éditions Assouline, 1996.
Guy Breton : *Histoires d'Amour de l'Histoire de France*, Tome X, Édition Noir et Blanc, 1965.（『フランスの歴史をつくった女たち』（第10巻）曽村保信訳、中央公論社、一九九五年）
海野弘『ココ・シャネルの星座』中央公論社、一九八九年
ジャン・ルスロ／ミッシェル・マノル編『ピエール・ルヴェルディ』高橋彦明訳、思潮社、一九六九年
司馬遼太郎『坂の上の雲』文春文庫、一九七八年
ブノワット・グルー『フェミニズムの歴史』山口昌子訳、白水社、一九八二年

フランソワーズ・ジルー『マリー・キュリー』山口昌子訳、新潮社、一九八四年
飯島耕一『アポリネール』美術出版社、一九六六年
マルセル・プルースト『失われた時を求めて』井上究一郎訳、ちくま文庫、一九九二―九三年
アンドレ・モーロワ『フランス史』（上・下）平岡昇ほか訳、新潮社、一九五二年
日本フランス語フランス文学会編『フランス文学辞典』白水社、一九七四年
『アポリネール詩集』堀口大學訳、新潮社、一九七九年
井上幸治編『フランス史』山川出版社、一九八九年

＊なお、訳書のあるものも原書にあたった。

解説

鹿島茂

産経新聞を定期購読している人は決して多くはない。多くはないが、その数は減ることはない。いわば、強固なる少数派である。

この強固なる少数派は世間では保守派とされているが、じつは、この強固なる少数派の産経新聞読者の中には、もう一つ、保守とか右翼といった政治思想とはまったく関係のない理由から定期購読を続けている分派がある。

それは、世に言うフランコフィル（フランス好き）の連中、それも、ファッションやグルメなどのソフトな面でのフランスではなく、政治・経済・文化などのハードな面でのフランスを知りたいと願うフランコフィルである。

こうしたフランコフィルにとって、産経新聞以外は、まったくなんの役にもたたないのである。朝日も読売も日経も毎日も全部ダメ。

理由は簡単。特派員の質が一桁《ひとけた》違うのだ。

他紙の特派員の送ってくるフランス関連の記事が、アルバイトに翻訳させたフランスの新聞やインターネット記事のコピー・アンド・ペイストにすぎないのに対し、産経新聞のそれは、フランス人よりもフランスのことを知悉《ちしつ》した特派員が自ら関係者に直撃インタビューした、しかも、深い学識に裏打ちされた独自の観点からの記事だからである。

そのことは、どんな記事でも数行読んだだけでわかる。ああ、この人は本当にデキる人なんだなと。

かくして、フランコフィルは全員、産経新聞の定期購読者となる。フランスに関する本当の情報を得たいと思ったら、そうするほかはないからである。

このフランコフィルの全面的信頼を集める産経新聞特派員が、本書の著者、山口昌子である。フランコフィルの間では、産経新聞といえば山口昌子、山口昌子といえば産経新聞というほど両者はイコールで結ばれているのである。

で、その山口昌子が、産経新聞の「二十世紀特派員」という大型企画で、二十世紀を変えたフランス人を一人取り上げて徹底取材せよと命じられたとき、だれを選んだかといえば、これがシャネルだった。

ガブリエル・ココ・シャネルこそは、装飾性に基礎を置く十九世紀の美学を一撃のもとに葬《ほうむ》り去り、機能性を重視する二十世紀の美学を確立すると同時に、男に従属せずに、一人で生きてゆく女性という「生き方」を身をもって示した「二十世紀人」の代表と考えたからである。

では、シャネルとは、いったい、どんな人間だったのか？

じつは、これがわかっているようで、わからないのだ。あまりにも多くの伝説に包まれ、しかも、その伝説の多くが彼女自身が創《つく》り出したり、語ったりしたものだからである。

たとえば、その出生地である。シャネル伝の類《たぐ》いで必ず言及されるポール・モーランの『アリュール・ド・シャネル』（翻訳は、秦早穂子訳の『獅子座《ししざ》の女シャネル』文化出版局と山田登世子訳の『シャネル　人生を語る』中公文庫の二つがあるが、後者の方が正確）を繙《ひもと》くと、シャネルはオーヴェルニュ地方で生まれたということになっているが、エドモンド・シャルル＝ルーが克明な調査によって書き上げた伝記『リレギュリエール』によると、シャネルの出生地はロワール地方のソーミュールだとしている。

また、事実上の孤児になった幼いシャネルが養育されたのは、前者では二人の叔母の家となっているが、後者ではリムーザン地方のオーバジーヌの修道院付属の孤児院だったとされる。

いったいどちらが本当なのか？

　こうなったとき、ジャーナリストである著者の取るべき態度は一つしかない。現地に直接足を運んで、「裏を取ってくる」ことである。

　かくして、二つの伝記を比較対照すべく、シャネルの秘密の解明が始まるが、しかし、本書の特徴は、伝記作家によくあるような「探偵」の仕事ではない。著者が試みようとしているのは、シャネルという、ある意味、二十世紀を創り出したといえる巨人の幼年時代を、十九世紀末のソーミュールとオーバジーヌという時間と空間に置きなおしてみることだ。いいかえれば、シャネルのような、その時代には超例外的だが、次の時代を創り出すような才能がこうした時空間から、どのようにして飛び出してきたか、その必然性を探ることだ。

　本書の特色はまさにこの点にある。すなわち、著者の努力は、十九世紀末のソーミュールやオーバジーヌという田舎町の状況や雰囲気を当時の資料から再現し、後にシャネルが生み出すことになる二十世紀的モードの原点を客観的にあぶり出すことに情熱が注がれるが、その際、時代状況的な理解を助けるために、同じ時期の日仏関係というファクターを導入することを忘れない。

　たとえば、シャネルの生まれたソーミュールという町について知るため、著者はパリ郊外ヴァンセンヌにあるフランス国防省公文書館に出向くが、そこにある日本関係の書類の中に、ソーミュールの騎兵学校に関する報告を見いだし、幼年時代のシャネルと日露戦争前の日本を一気に同じ舞台に載せて見せる。

「一八八三年はシャネルが生まれた年である。明治維新後の日本は当時、さかんに海外に士官を留学生として送っていたわけだ。この『ソーミュールの学校』の存在こそ、シャネルの父親アルベールが妻のジャンヌと生まれたばかりの長女ジュリアを連れて、この地に移転した理由にほかならない。（中略）女たらしではあったが、商才もあった露天商アルベールが目を付けたのは毎年、この騎兵学校前の広場シャルドネールで開催される騎兵たちの騎馬ショー『カルーゼル』を見物にやってくる観光客だった。彼らにクレープ菓子やソーセージを売ろうというわけだ。（中略）日露戦争で最左翼を守って活躍した秋山好古《よしふる》は当時、パリ郊外にあったサンシールの陸軍士官学校で騎兵学を学んだが、最右翼を守った『宮さま旅団』を指揮した閑院宮載仁親王《かんいんのみやことひと》はサンシールのほかに、この『ソーミュールの学校』でも学んだ」

もちろん、こうしたシャネルとソーミュール騎兵学校への日本人留学生の併記はそれだけでは終わらない。そこからさらに、司馬遼太郎《しばりょうたろう》の『坂の上の雲』の秋山好古の格好良い騎兵将校の制服に話が飛んだ後、ソーミュール観察のこんな結論が導きだされるのである。

「《騎兵将校というのは各国とも他の兵科の将校と服装がちがっている》といわれるが、日本の場合、軍服の中でも騎兵の制服が飛び切り華やかなのはドイツ式ではなく、お洒落《しやれ》なフランス陸軍の影響を受けたからに違いない。ソーミュールの『陸軍機甲・偵察訓練学校』の附属博物館には歴代の騎兵の制服が展示されているが、黒、ブルー、ベージュの色を基調にした制服と金ボタンや詰め襟スタイルはどことなく、シャネル・スーツの特色に似ている。それに、シャネルのモード哲学が騎兵の特質を示している。二十世紀を迎え、女性が一人で自由に車の乗り降りができるということを前提にしたそのモードは、十九世紀の絞りに絞っていたウエストをゆったりと解放し、床に引きずっていたスカート丈も短めにするなど何よりも機動性を尊重しているからだ。

シャネル・スーツの原型が騎兵の制服にあったことも今では殆《ほとん》ど定説になっているのもうなずける。騎兵の町、ソーミュールはシャネルの生地であるばかりか、シャネル・スーツのルーツでもあるわけだ」

もう一つ、わたしがさすがは山口昌子と感心したのは、シャネルが十一歳のときに送られたと思しきオーバジーヌのサン・テティエンヌ修道院を初めて見たときの次のような印象。

「坂道の頂上にたどり着き、教会と僧院を間近に仰ぎ見た時、『あっ、シャネルの色』と思わず声が出た。先入観のせいだろうか、黒い屋根とベージュの色の壁は、パリのカンボン通りの店の黒とベージュと同じ色だった。そして、この黒とベージュはシャネルの基本色として、世界中のシャネルの店で使われており、室内装飾を勝手に変えることは契約違反となる。

もちろん、この基本色はシャネル・モードの基本色でもある。それに無駄をいっさい排した峻厳《しゅんげん》としたこの典型的なロマネスク様式も、ある意味でシャネルの原型と言えないだろうか」

ロマネスク様式修道院の簡素な色彩とデザインとシャネル・モードの関係、それは、著者が推測する通りに濃厚である。

その補強となるような考え方を一つお目にかけよう。

「とつおいつ、問題をあらゆる面からひっくり返してみた末に、彼は到達すべき目標は要するに次のごときものだと料簡《りょうけん》した。すなわち、陽気なものと悲しいものとを調和させる古都。というよりむしろ、悲しいものにその陋醜《ろうしゅう》の色合いをそっくり残しておいて、しかも部屋の全体に一種の雅致と気品とを印づけること。安手の金ぴかなものが寄り集まって贅沢《ぜいたく》と高価の趣《おもむ》きを添えている劇場のような外観を打破すること。むしろ立派な織物を使ってみすぼらしい印象を与えるといったような、まったく反対の効果を獲得すること。一言にして言えば、紛れもないシャルトルウズ会修道士の僧房のようでありながら、しかも事実はまったくそうでないような部屋をつくること」

ユイスマンスの『さかしま』の一節である。世の中のすべての事柄に関して反対(さかしま)の生活を送ろうと決意し、パリ近郊の一軒家に引きこもり、「さかしま」の美学に磨きをかけようとするデ・ゼサントにとって、贅を尽くして人工的に再現された「シャルトルウズ会修道士の僧房」のような質素きわまりない部屋が理想なのであったが、シャネルが、「安手の金ぴかなものが寄り集まって贅沢と高価の趣きを添えている劇場のような外観」の十九世紀モードを一瞬のうちに抹殺しようとしてアイディアを仰いだのも、デ・ゼサントと同じく、ロマネスク修道院の簡素さの美学であったにちがいない。

実際たいへんな読書家であったシャネルが、当時、少し気のきいた文学青年なら必ず読んでいたはずの『さかしま』を手に取った可能性は充分にある。もしかすると、この一節を目にしたとき、シャネルは、「デ・ゼサントは私だ!」と叫んだのかもしれない。そして、その瞬間に、僧院のインテリアや外観ばかりか、自分たちが僧院で着せられていた制服がイメージの中に蘇《よみがえ》ったのだろう。

「僧院の黒い屋根とベージュ色の壁は孤独な少女たちの目には冷酷に映ったはずだ。シャネルがこの僧院の凜《りん》とした姿形と、ほとんど色彩らしい色彩のない美しさに気が付いたのは、いつごろのことだろう。孤児院の生活を忘れたころに、その美しさが蘇《よみがえ》ってきたのだろうか。

そして孤児たちが着ていた白と黒の制服。『黒』はシャネルにとって、最初にデザイナーとして注目された『小さな黒い服』以来、『シャネルの色』となっているが、その起源は孤児たちの着用した黒いスカートかもしれない」

革命家の原点は幼年時代の体験にあるとするなら、山口昌子はまさに、二十世紀文化最高の革命家シャネルの原点に確実に辿《たど》りついたのである。

「わたしの人生はずっと幼年時代の続きだった。人間の運命が決まるのはまさにこの時期よ。その頃の夢が一生を左右する」(『シャネル　人生を語る』)

二十世紀初頭にあっては、まだ強固な少数派にすぎなかったシャネルをその原点にまで追跡することができたのも、強固な少数者である新聞の外信部記者の並外れた情熱があったからにほかならない。

シャネルは、強固な少数派の女性を夢中にさせるようである。

（二〇〇八年三月、フランス文学者）

本書は、平成十四年四月に人文書院より刊行された
『シャネルの真実』を、改訂のうえ文庫化したものです。

山口昌子―元産経新聞パリ支局長。慶應義塾大学文学部仏文科卒業後、フランス政府給費留学生として新聞中央研究所（CFJ）に学ぶ。産経新聞入社後、教養部、夕刊フジ、外信部次長、特集部編集委員を経て、1990（平成2）年5月よりパリ支局長。1994年にボーン・上田記念国際記者賞を受賞、2001年にフランス共和国より国家功労勲章シュヴァリエ、2010年に同章オフィシエをそれぞれ受章。2013年、レジオン・ドヌール勲章シュヴァリエを受章。

講談社+α文庫　ココ・シャネルの真実《しんじつ》

山口昌子《やまぐちしょうこ》　©YAMAGUCHI Shoko 2016

本書のコピー、スキャン、デジタル化等の無断複製は著作権法上での例外を除き禁じられています。本書を代行業者等の第三者に依頼してスキャンやデジタル化することは、たとえ個人や家庭内の利用でも著作権法違反です。

2016年5月19日第1刷発行

発行者――鈴木　哲
発行所――株式会社　講談社
東京都文京区音羽2-12-21　〒112-8001
電話　編集(03)5395-3522
販売(03)5395-4415
業務(03)5395-3615

デザイン――鈴木成一デザイン室
カバー印刷――凸版印刷株式会社
印刷――慶昌堂印刷株式会社
製本――株式会社国宝社

落丁本・乱丁本は購入書店名を明記のうえ、小社業務あてにお送りください。
送料は小社負担にてお取り替えします。
なお、この本の内容についてのお問い合わせは
第一事業局企画部「＋α文庫」あてにお願いいたします。
Printed in Japan ISBN978-4-06-281670-0
定価はカバーに表示してあります。

講談社+α文庫 Ⓔ歴史

*オールカラー 完全版 世界遺産 第2巻 ヨーロッパ②
講談社 編　PPS通信社 写真　水村光男 監修
フランス、イギリス、スペイン。絶対君主の威厳と富の蓄積が人類に残した珠玉の遺産！
940円 E 32-2

*歴史ドラマが100倍おもしろくなる 江戸300藩 読む辞典
八幡和郎
歴史ドラマ、時代小説が100倍楽しめることウケあいの超うんちく話が満載！
800円 E 35-6

新 歴史の真実 混迷する世界の救世主ニッポン
前野徹
石原慎太郎氏が絶賛のベストセラー文庫化!! 世界で初めてアジアから見た世界史観を確立
781円 E 41-1

*日本をダメにした売国奴は誰だ！
前野徹
捏造《ねつぞう》された歴史を徹底論破!! 憂国の識者、経済人、政治家が語り継いだ真実の戦後史!!
686円 E 41-2

*決定版 東海道五十三次ガイド
東海道ネットワークの会21
読むだけでも「五十三次の旅」気分が味わえるもっとも詳細&コンパクトな東海道大百科!!
820円 E 44-1

*日本の神様と神社 神話と歴史の謎を解く
恵美嘉樹
日本神話を紹介しながら、実際の歴史の謎を気鋭の著者が解く！ わくわく古代史最前線！
705円 E 53-1

*マンガ「書」の歴史と名作手本 王羲之と顔真卿
魚住和晃・編著　櫻あおい・絵
日本人なら知っておきたい「書」の常識を楽しいマンガで。王羲之や顔真卿の逸話満載！
820円 E 54-1

マンガ「書」の黄金時代と名作手本 宋から民国の名書家たち
魚住和晃・編著　栗田みよこ・絵
唐以後の書家、蘇軾、呉昌碩、米芾たちの古典を咀嚼した独自の芸術を画期的マンガ化！
790円 E 54-2

画文集 炭鉱に生きる 地の底の人生記録
山本作兵衛
画と文で丹念に描かれた明治・大正・昭和の炭鉱の暮らし。日本初の世界記憶遺産登録
850円 E 55-1

ココ・シャネルの真実
山口昌子
シャネルの謎をとき、20世紀の激動を読む。敏腕特派員が渾身の取材で描いた現代史！
820円 E 56-1

*印は書き下ろし・オリジナル作品
表示価格はすべて本体価格(税別)です。本体価格は変更することがあります

マンガ 老荘の思想
蔡志忠・作画 和田武司・訳 野末陳平・監修
超然と自由に生きる老子、荘子の思想をマンガ化。世界各国で翻訳されたベストセラー!!
750円 E 5-1

マンガ 孔子の思想
蔡志忠・作画 和田武司・訳 野末陳平・監修
二五〇〇年受けつがれてきた思想家の魅力を描いた世界的ベストセラー。新カバー版登場
690円 E 5-2

マンガ 孫子《そんし》・韓非子《かんぴし》の思想
蔡志忠・作画 和田武司・訳 野末陳平・監修
深い人間洞察と非情なまでの厳しさ。勝者の鉄則を明らかにした二大思想をマンガで描く
750円 E 5-3

*マンガ 菜根譚《さいこんたん》・世説新語《せせつしんご》の思想
蔡志忠・作画 和田武司・訳 野末陳平・監修
乱世を生きぬいた賢人たちの処世術と数々のエピソードが現代にも通じる真理を啓示する
700円 E 5-7

マンガ 禅の思想
蔡志忠・作画 和田武司・訳 野末陳平・監修
悟りとは、無とは!? アタマで理解しようと力《りき》まず、気楽に禅に接するための一冊!!
780円 E 5-8

*マンガ 孟子《もうし》・大学《だいがく》・中庸《ちゅうよう》の思想
蔡志忠・作画 和田武司・訳 野末陳平・監修
政治・道徳・天道観など、中国の儒教思想の源流を比喩《ひゆ》や寓話《ぐうわ》、名言で導く必読の書!!
680円 E 5-9

マンガ 皇妃エリザベート
名香智子 ジャン・デ・カール原作 塚本哲也監修・解説
今なお、全世界の人々を魅了する、美と個性の皇妃の数奇な運命を華麗なタッチで描く!!
1000円 E 28-1

*オールカラー 完全版 世界遺産 第1巻 ヨーロッパ①
講談社 編 PPS通信社 写真 水村光男 監修
美しい写真! 歴史的背景がわかりやすい! ギリシア・ローマ、キリスト教文化の遺産!
940円 E 32-1

*印は書き下ろし・オリジナル作品

表示価格はすべて本体価格(税別)です。本体価格は変更することがあります

やめられない心 毒になる「依存」
クレイグ・ナッケン 玉置悟 訳
人生を取り戻すために。『毒になる親』『不幸にする親』に続く、心と人間関係の問題に迫る第3弾！
700円 F 35-3

そうだったのか現代思想 ニーチェからフーコーまで
小阪修平
難解な現代思想をだれにでもわかりやすく解説する。これ一冊ですべてがわかる決定版!!
1100円 F 37-1

＊**天才柳沢教授の生活 マンガで学ぶ男性脳「男はここまで純情です」セレクト18**
山下和美 黒川伊保子・解説
「モーニング」連載マンガを書籍文庫化。典型的男性脳の権化、教授を分析して男を知る！
667円 F 50-1

＊**天才柳沢教授の生活 マンガで学ぶ男性脳「男はこんなにおバカです！」セレクト16**
山下和美 黒川伊保子・解説
「モーニング」連載マンガを男性脳で解説。教授を理解してワガママな男を手玉にとろう！
667円 F 50-2

決定版 タオ指圧入門
遠藤喨及
いのちを司《つかさど》る「気のルート」をついに解明。奇跡の手を持つ男が、心身に効く究極の手技を伝授！
800円 F 51-1

妙慶尼流「悩む女」こそ「幸せ」になれる 本当の愛を手にするための仏教の教え
川村妙慶
100万人の老若男女を悩みから救ったカリスマ女性僧侶が親鸞聖人の教えから愛を説く
619円 F 52-1

＊**いまさら入門 親鸞**
川村妙慶
日本で一番簡単で面白い「親鸞聖人」の伝記誕生。読めば心が軽くなる！
648円 F 52-2

毒になる母 自己愛マザーに苦しむ子供
キャリル・マクブライド 江口泰子 訳
私の不幸は母のせい？ 自己愛が強すぎる母親の束縛から逃れ、真の自分を取り戻す本
630円 F 53-1

内向型人間のすごい力 静かな人が世界を変える
スーザン・ケイン 古草秀子 訳
引っ込み思案、対人関係が苦手、シャイ……内向型の人にこそ秘められたパワーがあった！
840円 F 54-1

講義ライブ **だから仏教は面白い！**
魚川祐司
ブッダは「ニートになれ！」と言った!? 仏教の核心が楽しくわかる、最強の入門講座！
840円 F 55-1

＊印は書き下ろし・オリジナル作品

表示価格はすべて本体価格（税別）です。本体価格は変更することがあります

ユダヤ五〇〇〇年の知恵
ラビ・M・トケイヤー 加瀬英明 訳
ユダヤ人の勇気、心、決断力、発想を膨大な聖典『タルムード(偉大な研究)』から学ぶ
740円 F 2-1

西野流呼吸法 生命エネルギー「気」の真髄
西野皓三
人間の潜在能力を最大限に引き出し成功へ導く驚異のメソッド! 人生に奇跡は起きる!
800円 F 11-2

「家族」という名の孤独
斎藤学
「健全な家族」という「思い込み」が、不幸を招く。今、「家族」はどうあるべきなのか!!
780円 F 12-3

マンガ 聖書物語〈旧約篇〉
樋口雅一 山口昇 監修
面白い!! 旧約聖書の世界を完全に再現。登場する人々の生き方考え方までわかる労作!!
1200円 F 20-1

マンガ 聖書物語〈新約篇〉
樋口雅一 山口昇 監修
イエスはどう生き、何を伝えたのか、その教えはどう広がったのか。よくわかる聖書!!
860円 F 20-2

EQ こころの知能指数
ダニエル・ゴールマン 土屋京子 訳
人の能力はIQでは測れない。人生に必要なのはEQだ!! 現代人必読の大ベストセラー
980円 F 23-1

心の傷を癒《いや》すカウンセリング366日 今日一日のアファメーション
西尾和美
「自分はだめだ!」と悲観的にならず、前向きに生きるための本。自分を愛し、大切に!
940円 F 24-1

毒になる親 一生苦しむ子供
スーザン・フォワード 玉置悟 訳
悩める人生、トラウマの最大の原因は「親」!! 勇気をもって親からの呪縛《じゅばく》をとく希望の書!!
780円 F 35-1

不幸にする親 人生を奪われる子供
ダン・ニューハース 玉置悟 訳
人生のトラウマ「親の支配」から脱する方法とは。『毒になる親』の解決編、待望の文庫化!
780円 F 35-2

＊印は書き下ろし・オリジナル作品

表示価格はすべて本体価格(税別)です。本体価格は変更することがあります

講談社+α文庫 Ⓖビジネス・ノンフィクション

＊世界一わかりやすい「インバスケット思考」	鳥原隆志	累計50万部突破の人気シリーズ初の文庫オリジナル。あなたの究極の判断力が試される！	630円	G 271-1
誘蛾灯 二つの連続不審死事件	青木 理	上田美由紀、35歳。彼女の周りで6人の男が死んだ。木嶋佳苗事件に並ぶ怪事件の真相！	880円	G 272-1
宿澤広朗 運を支配した男	加藤 仁	天才ラガーマン兼三井住友銀行専務取締役。日本代表の復活は彼の情熱と戦略が成し遂げた！	720円	G 273-1
巨悪を許すな！ 国税記者の事件簿	田中周紀	東京地検特捜部・新人検事の参考書！ 伝説の国税担当記者が描く実録マルサの世界！	880円	G 274-1
南シナ海が〝中国海〟になる日 中国海洋覇権の野望	ロバート・D・カプラン 奥山真司 訳	米中衝突は不可避となった！ 中国による新帝国主義の危険な覇権ゲームが始まる	920円	G 275-1
打撃の神髄 榎本喜八伝	松井 浩	イチローよりも早く1000本安打を達成した、神の域を見た伝説の強打者、その魂の記録。	820円	G 276-1
電通マン36人に教わった36通りの「鬼」気くばり	ホイチョイ・プロダクションズ	博報堂はなぜ電通を超えられないのか。努力しないで気くばりだけで成功する方法	460円	G 277-1
映画の奈落 完結編 北陸代理戦争事件	伊藤彰彦	公開直後、主人公のモデルとなった組長が殺害された映画をめぐる迫真のドキュメント！	900円	G 278-1
監禁 奪われた18年間	ジェイシー・デュガード 古屋美登里 訳	11歳で誘拐され、18年にわたる監禁生活から救出された女性の全米を涙に包んだ感動の手記！	900円	G 279-1
ドキュメント パナソニック人事抗争史	岩瀬達哉	なんであいつが役員に？ 名門・松下電器の凋落は人事抗争にあった！ 驚愕の裏面史	630円	G 281-1

＊印は書き下ろし・オリジナル作品

表示価格はすべて本体価格（税別）です。本体価格は変更することがあります